酒逢知己千杯少

話不投機半句多

술상 위의 중국

중국 고유 인명과 지명 등은 신해혁명을 기점으로 이전은 우리 한자 음으로 표기하고 이후는 중국 현지 발음 표기를 우선했으며 필요한 경우에는 양음을 병기했습니다.

「이 도서의 국립중앙도서관 출판예정도서목록(CIP)은 서지정보유통지원시스템 홈페이지(http://seoji.nl.go.kr)와 국가자료공동목록시스템(http://www.nl.go.kr/kolisnet)에서 이용하실 수 있습니다.(CIP제어번호: CIP2016020759)」

술향기가 들려주는
중국의 어제와 오늘

술상 위의 중국

고광석 지음

섬앤섬

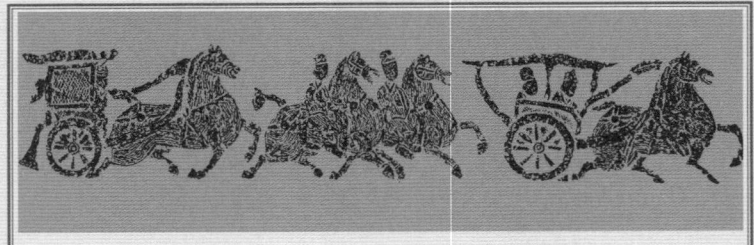

펴내는 말

《중화요리에 담은 중국》이라는 책을 펴낸 것이 2002년의 일이다. 그때 독자들에게 중국의 차와 술에 관한 책을 다시 펴냄으로써 중국의 음식문화에 대한 여정을 마무리하겠노라 약속한 바 있는데, 이번에 이 책을 내게 되어 이 약속은 일부나마 지키게 되었으나 시간이 많이 경과되어 게으름만 드러내고 말았다.

필자가 왜 이런 약속을 했는가 하면 중국의 음식문화를 제대로 이해하려면 요리와 술, 차 가운데 어느 하나도 빼놓을 수가 없는 까닭이다. 중국에서 모임은 차로 시작해서 요리와 술로 즐기다가 다시 차로 끝내기 마련이다. 그러기에 중국에서 차, 요리, 술은 셋이 아니라 하나라고 할 수 있다.

실제로 독자들은 이 책에서 중국의 장구한 역사 속에서 펼쳐진 드라마를 눈앞에서 보듯 느끼게 될 것이며, 술과 술자리가 중국 역사에서 어떤 역할을 했는지 확인하게 될 것이다.

지면 관계상 필자가 준비했던 푸짐한 내용은 이번에도 많이 줄여야 했다. 필자의 부족한 필력에 덧붙여 아쉬운 점은 바로 이것이다. 또한 내용에서도 필자가 가지고 있는 지식과 정보의 한계로 부분에 따라서는 다른 분들의 생각과 다를 수도 있다는 점

미리 양해 바란다. 이 점은 필자가 한국인이라서 생기는 문제는 아니고 중국인이라 해도 마찬가지일 것이다. 역사적 사실에 대해서는 책에 따라서 달리 기록되는 경우가 많고, 문장의 해석 또한 사람에 따라 다른 것은 흔히 있는 일이기 때문이다. 이것은 지금도 언론이 사회문제를 보도할 때 매체에 따라 내용이 달라지는 경우가 있음을 이해한다면 수긍이 갈 것으로 본다.

술과 관련해 중국의 선현들이 남긴 시 등의 문장을 소개하는 것은 불가피했다. 술의 맛을 내주고 향을 더하기 때문이다. 번역은 기존 번역문도 참고했으나 가능하면 작자의 의도나 당시의 분위기를 살리는 데 중점을 두었다. 그러다 보니 일부 번역의 경우는 한학에는 조예가 깊더라도 중국어나 역사적 배경에 대한 이해가 다소 부족한 탓으로 해석상에 약간의 차이가 있음을 확인하는 성과도 있었다. 그러나 여기에서도 필자는 전문 번역가나 문인이 아니기에 필자의 해석이 반드시 옳다고 주장할 의도는 전혀 없고, 그저 이런 식의 표현도 가능하겠구나 하는 정도로 이해를 바랄 뿐이다.

끝으로 이제 자판 두드리기를 마치려니 아내에게 한마디 하지 않을 수 없다. 찻상에 노트북을 올려놓고 늦은 밤까지 작업을 하는 바람에 덩달아 밤잠을 설치며 고생이 적지 않았을 터. 그래도

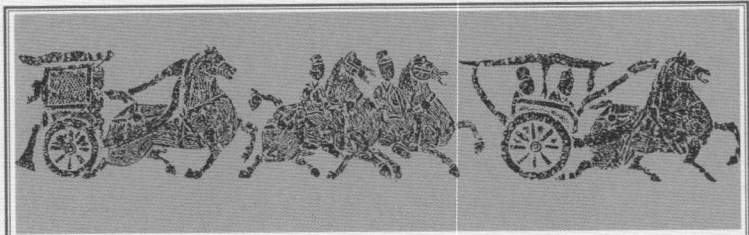

힘든 작업을 무난하게 마칠 수 있었던 것은 역시 늦은 밤 차를 내놓으며 말없이 격려해준 아내의 정성 때문이 아니었을까 싶다. 그래서 이 책의 곳곳에는 술내음에 더해 푸얼차普耳茶의 향이 은은하게 풍겨날 것이다.

또한 언제고 술잔을 기울이며 마음을 풀고 대화가 가능한 중국 상무부의 진주陳洲 국장 같은 술벗이 있음도 큰 도움이 되었다. 그와 함께라면 천 잔의 술도 많지가 않고 하룻밤의 얘기도 길지가 않다. 자료 수집과 출간에 많은 도움을 준 에코어스의 정소진 대표와 조선족 사업가로서 이런저런 궂은일에 많은 도움을 준 주인찬朱寅燦 회장 부부에게도 감사의 뜻을 표하고 싶다. 또한 섬앤섬의 한희덕 대표와 편집진의 노고도 잊을 수가 없다. 2016년 여름은 유례없이 무덥고 길었지만 이들은 원고를 꼼꼼히 살피고 오류를 최소화해서 좋은 책을 만드느라 고생이 많았다. 깊은 감사를 드린다.

그러나 뭐니 뭐니 해도 이 책을 만든 가장 중요한 목적은 한중 간의 교역을 늘리려고 불철주야 고생하고 있는 우리 기업인들이나, 양국 간의 문화교류협력에 관심이 많은 이들에게 조금이나마 도움이 되고자 하는 데 있음을 강조하고 싶다. 음식과 술로 중국을 풀어내려는 본뜻은 바로 여기에 있다.

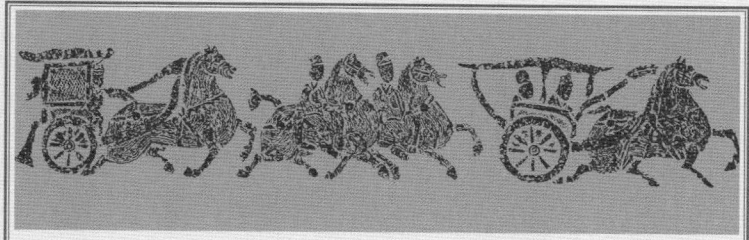

 1992년 수교 이래로 전 분야에 걸쳐 한중 간의 우호관계가 그 어느 때보다 깊어졌음에도 불구하고 기회만 보이면 한중 간의 틈을 벌이려는 자들이 있어 눈에 거슬린다. 양국의 공생공영을 바라는 오랜 친구들과 함께 두 나라의 미래를 따뜻하게 만드는 데 도움이 되고 싶다.

2016년 8월 30일
곤지암 정개산 산자락에서
고광석

차

례

펴내는 말 4

제1부 중국의 술

중국 술의 역사 14
황제黃帝의 선물인가 두강杜康의 작품인가 / 酒[술]의 어원 / 누룩과 중국술의 분류 / 국가공인 명주의 탄생

소흥주紹興酒 샤오싱지우 **28**
분주汾酒 휜지우 **34**
마오타이주茅台酒 마오타이지우 **37**
서봉주西鳳酒 시펑지우 **43**
오량액五粮液 우량예 **46**
검남춘劍南春 지엔난춘 **49**
낭주郎酒 랑지우 **52**
노주노교특국주瀘州老窖特麴酒 루저우라오지아오터취지우 **54**
고정공주古井貢酒 구징꽁지우 **58**
동주董酒 동지우 **61**
양하대국주洋河大麴酒 양허따취지우 **64**
전흥대국주全興大麴酒 취앤싱따취지우 **66**
고량주高粱酒 까오량지우 **68**
태백주太白酒 타이빠이지우 **70**

두강주^{杜康酒 뚜캉지우} 74
죽엽청^{竹葉靑 주예칭} 81
삼화주^{三花酒 싼후아지우} 84
향교주^{香橋酒 시앙챠오지우} 88
삼편주^{三鞭酒 싼삐엔지우} 92
신풍주^{新豊酒 신펑지우} 94
수정방^{水井坊 수이징팡}과 주귀 97

제2부 술이 빚어낸 역사

■ 나라를 다스리는 술
연못에는 술이 가득하고 고기는 숲을 이루니(酒池肉林) 109
어진 왕이 올리는 문왕공주^{文王貢酒} 113
이복형제가 나누는 눈물의 이별주 115
관중이 술을 싫어하는 이유 117
말 도둑에게 술을 주고 목숨을 구한 진나라 목공 121
나라를 위해서는 술도 끊고 122
술자리의 용서로 나라를 일으킨 왕 126
술자리에서 칼을 뽑으면 133
술잔과 도마 사이를 벗어나지 않고도 천리 밖을 본 안자 134
목숨을 빼앗는 술자리의 실수 143
공자의 술 실력 148
강물에 술을 부어 마시며 전의를 불태우고 150
복수의 나라 중국 153
완벽한 보물과 재상 인상여 155
한 말에도 취하고 한 섬에도 취하고 158
진^秦의 천하통일을 막으려는 소진^{蘇秦}의 몸부림 162

말 한마디로 왕을 쥐고 흔드는 장의 168
위나라 왕에게 드리는 충고 168
술 취한 자들의 오줌세례에 대한 복수 170
술자리로 만들어낸 황제 172
항우의 치명적인 실수, 홍문연 181
재상이 술로 지새는 까닭 186
한무제와 동방삭 188
모난 돌이 정 맞는다 190
오랑캐의 술자리에서 시종 노릇을 한 황제들 194
술 취한 척 목숨을 구한 사람들 198
최후의 한 잔을 원하는 황제들 200
술로 신하를 시험하는 황제들 202
황제와 갖는 술자리 대화 209
불꽃같이 살다간 여인 추근 211
모택동의 스트레스 해소법 214
주은래와 마오타이주 216
총리와 사령관의 술 대결 220

◼ 문학과 사랑에 향을 더해 주는 술
중국인들의 가슴을 울리는 러브 스토리 229
형의 미움을 받아 죽은 조식曺植 232
술에 의탁해 세상을 잊은 죽림칠현 236
진정한 애주가 도연명 241
술 때문에 파면을 당하는 한이 있어도 244
술꾼의 영원한 사부 이태백 247
소문난 외상쟁이 두보 254
과거에 떨어질 때와 붙었을 때 256

현실을 즐긴 백거이 258
술꾼의 뜻하는 바는 264
술이 임자를 만나면 천 잔도 적고 266
양조 레시피 《주경》을 펴낸 주현, 소동파 268
최고의 미녀 문인 이청조^{李淸照} 271
술에 취해 호랑이를 때려잡다 274
석 잔만 마셔라 277
홍루의 꿈을 꾸다 간 조설근^{曹雪芹} 279
노신과 태조주 280

제 3부 안주^{按酒}와 주법^{酒法}

안주 286

새우찜 바이주샤 / 통돼지구이 카오루주 / 삶은 내장과 거위고기 / 탕수육과 탕추러우 / 마오쉐왕과 허파무침 푸치페이피엔 / 닭고기볶음 꿍바오지띵 / 삼겹살조림 홍샤오러우 / 소동파식 돼지고기 졸임 똥퍼러우 / 상하이 게찜 상하이따쟈시에 / 집집마다 만복이 깃들라 취앤쟈푸 / 북경 오리구이 / 신선로와 훠궈

Tip 맛있는 안주를 찾기 위한 중화요리 이해의 숨은 열쇠 318

주법 336

一部

중국의 술

중국 술의 역사

중국 사람들은 술을 모든 약의 으뜸(酒百藥之長)으로 생각한다(한漢의 왕망王莽은 소금이 먹을거리의 으뜸이요, 술은 백 가지 약의 으뜸이라 하였다). 그러나 맹물 같은 술도 차보다는 낫다(薄薄酒勝茶湯)고 여긴다. 우리가 냉수 마시는 것보다 더 자주 차를 마시는 중국 사람들이 하는 말이다. 뿐만 아니라 술은 하늘이 내려준 아름다운 상(酒天之美祿)이라 하며 아꼈다. 서양에서는 술을 라틴어로 아쿠아 바이티$^{Aqua\ Vitae}$ 즉 생명의 물이라고 했다. 술을 두고 생각하는 데는 양의 동서가 다르지 않음을 알 수 있는 말이다. 다만 아무리 약이나 생명의 물이라고 해도 지나쳐서 좋을 것이 없음은 분명하다.

우리나라 동의보감에서도 '술은 혈맥을 소통케 하고 위로 오르는 성질이 있어, 적당히 조금 마시면 정신을 강화하나 지나치면 목숨을 위태롭게 한다.'라고 한 것을 보아도 그렇다. 실제로 이 책에서 우리는 이러한 사례를 충분히 확인하게 될 것이다.

그러면 중국 사람들은 술이 어떻게 생겨난 것으로 생각할까?

일설에 따르면 술을 처음으로 만들어 먹은 것은 원숭이라고 한다. 산에 사는 원숭이들이 웅덩이에 떨어진 과일이 발효된 것을 마시고 뛰노는 것을 본 나무꾼이 흉내 냄으로써 인간들도 술을 담가 먹게 되었다. 이는《청패류초淸稗類鈔》라는 책에 나오는 이야기이다. 그런데 이 말이 맞다면 지금도 원숭이가 많은 곳에서 비슷한 사례가 발견되어야 할 터인데 과문한 탓인지는 몰라도 아직 그런 이야기는 들어본 적이 없으니 확신할 수는 없는 말이다.

옛 중국인들의 글에는 주성酒星이라는 단어가 자주 등장한다. 하늘에 우주를 관장하는 여러 신이 있는데 그 가운데 주성酒星이라는 신이 술을 처음 만들었다는 것이다. 이태백의 시〈월하독작月下獨酌〉에서 '하늘이 술을 사랑하지 않는다면 주성은 하늘에 없으리(天若不愛酒 酒星不在天)'라고 하는 것도 이런 생각에서 나온 구절이다.

그러나 좀 더 합리적인 근원을 찾아가면 우리는《주례周禮》라는 책에 나오는 '예락醴酪'이라는 글자를 만나게 된다. 원시시대에 수렵과 채집으로 생활을 꾸리던 사람들은 동물을 길들여 가축으로 키우면서 암컷에서 나는 젖을 먹게 되었다. 이때 다 먹지 못하고 남겨둔 젖이 과일과 함께 발효해서 자연스레 만들어진 천연 알코올을 마시면서 예락이라 이름지었다는 것이다. 이것이 중국에 글자가 생긴 뒤 술과 관련해 맨 처음 나오는 단어이다.

신석기시대에 이르러 농경생활을 하게 되면서 곡물 생산이 늘었지만 수확한 곡물을 보관하는 기술은 아직 발달하지 않은 탓으로 곡물이 당화과정을 거치면서 천연 발효되는 것을 자연스레 발견하게 되었다. 산동山東의 대문구大汶口에서 발견한 유적을 보면 지금으로부터 6~7천 년 전쯤에 곡주를 만들어 먹지 않았나 생각하고 있다.

이상은 술이 만들어지게 된 배경을 이야기한 것이지만, 문헌적으로는 두 가지 설이 팽팽하게 대립하고 있다.

황제의 선물인가 두강의 작품인가

황제설은 한족漢族이 자신들의 시조라 믿는 황제黃帝(중국 전설상의 임금)가 처음 술을 만들었다는 설로, 이는 한나라 때의 《황제내경黃帝內經》이라는 책에서 황제가 술 담그는 법에 대해 토론하는 장면을 그 근거로 하고 있다.

한편 서한西漢 때에 유향劉向이 편집한 《전국책戰國策》에는 "옛날 황제黃帝의 딸 의적儀狄이 술을 맛있게 빚어 우왕禹王(하나라의 임금)에게 올렸더니 우왕이 이를 맛본 다음에 술을 끊고 의적을 멀리하면서, '앞으로 반드시 술로서 나라를 망치는 자가 있으리라'고 하였다."는 기록이 있다.

물론 이런 기록만으로 의적이 처음 술을 만들었다는 것을 인정하기 어려운 점도 있고, 황제나 요, 순이 모두 술을 즐겼다는 전설도 있는데 그보다 훨씬 후대의 우왕이 처음으로 술을 맛보았다는 것도 모순이 아닐 수 없으나 어쨌든 지금으로부터 4천여 년 전에 중국에 술이 있었다는 점, 아직 대중화되지는 않았다는 점 그리고 최소한 의적이 술을 맛있게 담글 줄 아는 여인이었다는 점만은 수긍할 수 있다 하겠다.

반면, 두강이 중국 역사상 최초로 술을 빚은 사람이라고 기록에 처음 나오는 것은 후한後漢 때의 《설문해자說文解字》라는 사전이다. 이 책에는 '소강이 수수로 술을 처음 만들었는데 소강은 두강을 말한다(少康始作秫酒 少康杜康也)'라는 풀이가 나온다. 이밖에 《여씨춘추呂氏春秋》라든가 《전국책全國策》에도 두강에 대한 기록은 많다. 두강은 삼국시대의 영웅 조조의 글에도 등장하는데, 글에도 능했던 그의 〈단가행短歌行〉이라는 시가 다음과 같이 전해온다.

한나라 시대 고분 화상석에 그려진 고대 양조 모습

 술을 마시면 노래를 부르니 인생이 살면 얼마나 사는가 對酒當歌
人生幾何
 아침이슬 같은데 흘러간 날 참으로 많다 譬如朝霧 去日苦多
 슬퍼 탄식해도 수심은 잊을 길 없으니 慨當以慷 憂思難忘
 풀어주는 것은 오로지 두강뿐이로다 何以解憂 惟有杜康

 여기에서 두강은 술의 대명사로 사용된 것이며 이는 두강이 술을 최초로 빚었다는 설에 근거를 둔 것이다. 이 두강에 대해서는 황제 시대의 사람이라는 설과 하나라 우왕 시대 사람이라는 설, 혹은 주[周]나라 사람이라는 설 등이 있으나 지금도 하남[河南]성 여양[汝陽] 현에 가면 두강샘[杜康泉], 두강묘, 두강선장[杜康仙庄] 등이 남아 있고 매년 두강묘에서 술의 시조로서 제사 지내고 있어 두강이 술을 처음으로 만들었음을 사실화하고 있다. 그리고 서진[西晉] 때의 《박물지[博物誌]》에 보면 '두강은 술을 잘 빚었다(杜康善造酒)'라는 말이 나오고 술이라면

지기 싫어하는 도연명^{陶淵明}도 의적이 술을 만들었고 두강은 이를 발전시켰다(儀狄造酒 杜康潤色之)고 하였다.

이상으로 보면 중국인들에게 대체로 인정받고 있는 것은 도연명의 말처럼 의적이 처음 만들고 두강이 발전시킨 것으로 생각되지만, 어느 한 사람이 술을 만들었다는 것은 논리적으로 불가능한 일이어서 두강이나 의적도 술을 잘 빚은 명인 중 하나가 아니었을까 싶다.

사실 의적이나 두강이 살았다 하더라도 그때의 하나라는 중국 대륙의 극히 일부분이었을 뿐이다. 대륙이 하나의 나라로 모습을 갖춘 것은 진시황 때의 일이니 그 이전에는 지역마다 나름의 민족 전설이 있고 역사가 있어 제각각 전해지다가 통일 국가가 되면서부터 마치 한 민족의 전설인 것처럼 정리되었을 것이라 생각한다.

내친김에 우리나라와 일본에서는 술이 어떻게 시작하였는지 잠깐 살펴보기로 하자.

《단군세기^{檀君世紀}》에 보면 11대 단군인 도해^{道奚}는 하늘에 제사 지낸 다음 술을 널리 내려 모든 사람들과 술잔을 돌리며 즐기고, 살생을 금하고 사형 제도를 없앨 것을 선포했다고 전한다. 중국의《삼국지^{三國誌}》〈위지^{魏誌}〉'동이전^{東夷傳}'에는 우리나라 사람들이 하늘에 제사 지내며 밤낮으로 춤추고 노래한다고 했고, 고려 말 이승휴^{李承休}의《제왕운기^{帝王韻記}》에도 하느님의 아들 해모수^{解慕漱}가 아름다운 처녀 셋을 초대하여 술 대접을 한 끝에 그중 유화^{柳花}한테서 주몽^{朱蒙}을 낳았고, 이 고주몽이 뒤에 고구려를 세웠다고 하였으니 술로써 맺어진 인연이 우리 역사의 첫 장에도 자주 등장함을 알 수 있다. 다만 아쉽게도 우리나라에서 술을 누가 맨 먼저 만들었는지는 알 수가 없다.

이에 비해 일본에 술이 처음 등장한 것에 대해서는 어원학적인 풀이가 좀 더 가능하다. 일본에서 술의 신으로 모셔지는 수수고리^{須須許理}는 본래 백제 사람으로 일본에 건너가 술을 빚어 당시 일본 왕인 응신^{應神}에게 바쳤다고 그들의 《고사기^{古事記}》에 기록되어 있다. 이 때 응신은,

　수수고리가 빚은 술에 須須許理(すすこり)が 釀みし御酒に
　나는 취했네 われ醉ひにけり
　무사태평해지는 술, 즐겁게 해주는 술에 事和酒咲(ことなぐしゑぐし)酒に
　나는 완전히 취해 버렸네 われ醉ひにけり

라며 흥겨워 했다고 한다. 그러면 수수고리는 무엇인가. 술을 내리는 항아리를 고리라고 하는 것으로 보아 '술항아리'를 뜻하는 술고리가 변형된 것이라는 설도 있고, '술 거르는 이'를 뜻하는 옛말로 해석하기도 한다. 일본의 고대 역사책에서 모호하기만 했던 부분들이 우리나라 사투리나 옛말을 이용하여 요즈음 새롭게 해석되고 있는 것을 보면 관련 분야 학자들의 더 큰 분발이 아쉽다.

酒[술]의 어원

술을 뜻하는 한자 酒[주]는 酉[유]라는 글자에서 비롯되었다.

酉는 밑이 뾰족하고 목이 긴 항아리의 겉모양에서 따온 상형문자이며 이 항아리에 물을 뜻하는 삼수(氵) 변이 붙어 오늘의 酒^주 자를

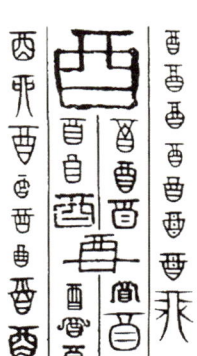

이루게 된 것이다. 이 항아리에 대해 좀 더 알아보기로 하자.

추장^{酋長}이라 하면 어떤 부족의 우두머리를 뜻하는 말이다. 이것은 술이나 항아리와 무슨 관계가 있는 것일까? 관계가 있다. 추장의 추^{酋}자는 항아리의 주둥이 위로 향기가 올라오는 모습을 묘사한 것으로 술을 담그는 직업인을 뜻하는 것이다. 이미 널리 알려져 있듯이 원시시대에는 제사를 받드는 사람이 무리의 으뜸이었음을 우리는 잘 알고 있다. 유대인의 제사장이 그렇고, 중국의 고대 군왕들이 그러하며 우리의 단군이 또한 그렇다.

누룩과 중국술의 분류

누룩을 한자로는 국^{麴}이라 한다. 그러나 중국 대륙에서는 간체자^{簡體字}로, 중국어 발음이 같고 간단한 글자를 택해 곡^{曲}이라고 한다. 그래서 지금 본토에서 만드는 술병을 보면 술 이름에 국^{麴}은 없고 곡^{曲}이 들어가 있을 뿐이다. 누룩은 술의 뼈(酒之骨)라고도 하고 술의 혼(酒之魂)이라고도 한다.

중국 누룩은 크게 나누어 대국^{大麴}, 소국^{小麴}, 부국^{麩麴}의 세 가지가 있다.

대국은 모양이 벽돌만큼 크기 때문에 붙여진 이름이다. 원료로는 소맥, 대맥, 완두콩, 노란 콩 등의 곡물을 갈아 물을 부어 반죽하여 벽돌 크기로 만든 다음 석 달 가량 저장해 두면 미생물의 작용으로 발효가 되면서 누룩이 된다. 분주^{汾酒} 등의 백주^{白酒}는 모두 이 대국을 써서 만든다.

소국은 크기가 대국보다 작기 때문에 붙여진 이름이다. 원료로는 주로 쌀, 쌀겨 또는 소맥을 사용하며 반죽할 때 약초를 넣으므로 약국^{藥麴}이라고도 한다. 소국은 반고체 형태로 발효하며 기온이 높은

누룩을 빚는 모습(좌)과 쌓아 놓은 대국

남부 지방에서 만들기에 적합한 작은 누룩이다. 소흥주紹興酒 류의 황주黃酒는 소국으로 만든다. 백주에도 소국으로 만드는 것이 있지만 향은 대국으로 만드는 것에 미치지 못한다.

부국은 밀기울로 만든 누룩이므로 원가도 덜 먹히고 양식을 절약하는 장점이 있으며 만드는 데 걸리는 시간도 비교적 짧다. 금주국주金州麴酒가 부국으로 만드는 술이다.

중국술은 그 만드는 방법에 따라서 황주黃酒, 백주白酒, 노주露酒로 분류한다.

황주는 멥쌀, 차조 따위로 만드는 발효 양조주로서 양조에 오랜 시간이 걸리므로 노주老酒라고도 한다. 남부지방에서는 찹쌀, 북부지방에서는 차조를 주원료로 하고 발효에는 보리누룩을 쓰므로 짙은 황색을 띠어서 황주라고 부르게 된 것이다. 알코올 도수가 비교적 낮아 14~16% 정도이고 맛이 진하면서도 부드러워서 각종 요리의 맛을 내는 데는 주로 황주를 쓰고 있다. 중국의 고대 소설에서 영웅호걸들이 주막에서 술 한말을 덥혀 달라고 할 때의 술은 황주로 보면 틀림없다. 백주를 데워서 한 말을 먹는다면 그것은 인

중국의 술— 21

간도 아니기 때문이다. 황주를 대표하는 술로는 단연 소흥주^{紹興酒}가 손꼽힌다.

빠이지우라 하는 백주는 증류주를 일컫는 말로서 소주^{燒酒}라고도 한다. 고량^{高粱}(수수)을 주원료로 하며 색이 없고 투명하지만 알코올 도수는 대개 50%가 넘는다. 백주가 등장한 데 대해서는 학설이 분분하다. 어떤 학자들은 청동기 유물에 증류기가 있는 것을 들어 후한으로 소급하기도 하지만 또 다른 학자들은 《제민요술^{濟民要術}》에 주주^{酎酒}라는 문자가 들어 있는 것으로 보아 남북조시대라고도 한다. 그런가 하면 어떤 학자들은 당시^{唐詩}에 소주^{燒酒}라는 글귀가 있는 것을 들어 당나라를 기원으로 삼기도 하고 다른 이는 고대 벽화를 근거로 송과 금나라를 근원으로 생각하기도 한다.

그러나 원나라 때부터 중국에 널리 퍼져 즐기게 되었다는 설이 그래도 가장 폭넓게 받아들여지는 통설이 아닌가 싶다. 왜냐하면 명나라 때 이시진^{李時珍}이 쓴 《본초강목^{本草綱目}》의 곡부^{穀部}에 보면 '소주는 옛날 원나라 때 그 제조기술을 개발했다'고 말하고, 이어서 어떻게 소주를 얻는지에 대해 설명하고 있기 때문이다.

1996년 요녕성에서 청나라 도광제^{道光帝} 때(1821~1850년)의 술 창고가 출토되어 150년 이상 된 술을 4톤 가량 찾았는데 중국 정부의 허가를 받아 중국 역사상 최초로 황제의 연호를 사용한 '도광^{道光} 25'라는 상표를 붙여 판매하기 시작했다. 가격은 병당 수백만 원 이상이다. 필자도 한 병을 선물 받았지만 차마 마시지 못하고 아끼고 있는 중이다. 그러나 가장 오래된 술은 1980년 하남에서 옛 묘를 발굴하던 중 출토해 현재 북경 고궁박물원에서 보관 중인데 이것은 무려 3천 년 전 은^殷나라 후기의 것으로 끈적한 형태로 남아 있다고 한다.

아무튼 백주 계통의 독한 술은 원래 북쪽 추운 지방의 유목민족

중국 역사상 최초로 황제의 연호를 사용한 백주 '道光 25'

들이 즐기던 것이다. 실제로 우리나라도 고려 말 조정에서 "오랑캐 땅에서 전해진 기술로 독한 술을 만들어 먹고 취하여 눈을 희번덕거리며 음란하게 춤을 춘다."며 논란이 벌어진 것으로 보아 비슷한 경로로 전해진 듯하다.

요즘은 소비자들의 기호를 반영해 38도 전후로 도수를 낮춘 술도 인기를 모으고 있지만 아무튼 백주는 전체 술 생산량의 80%를 차지하는 중국을 대표하는 술로서의 위상을 견지하고 있다. 대표적인 백주로는 분주(汾酒), 모태주(茅台酒), 오량액(五糧液) 등이 있다.

노주(露酒)는 서양의 리큐어처럼 과실이나 꽃을 넣어 향을 내는 배

리큐어 같은 배합주인 노주

합주를 일컫는다. 장미꽃 향이 나는 문괴노주玫瑰露酒, 계수나무 꽃 향이 나는 계화진주桂花陳酒 등이 유명하다. 도수는 비교적 높아 40%가 넘으며 대체로 단맛이 강하다.

국가 공인 명주의 탄생

중국에서 이름난 술을 꼽자면 사람마다 의견이 다르겠으나 오랜 역사를 통해 변함없이 중국인들의 사랑을 받아온 술은 절강성 소흥의 소흥주紹興酒, 산서의 분주汾酒, 섬서의 서봉주西鳳酒, 사천의 노교주老窖酒일 것이다.

독자들은 저 유명한 마오타이주茅台酒가 왜 빠졌는지 의아하게 생각하겠지만 마오타이는 사실 개발된 역사가 그리 오래지 않은 술이다. 이 점은 근래 인기가 높은 오량액五糧液이나 주귀酒鬼, 수정방水井坊도 마찬가지이다. 오량액은 해방 이후 개발한 술이고, 주귀와 수정방은 고가품 개발 전략으로 최근에 만들어 냈으니 역사라고 할 것도 없는 탓이다. 심지어 최근에는 서양의 위스키나 브랜디를 본떠서 마오타이며 소흥주도 8년산이니, 20년산이니, 30년산이니 하며 화려하게 포장해 놓고 높은 가격에 팔고 있지만, 필자로서는 그다지 신뢰하지 않는다. 시판하고 있는 저가의 술만으로도 족하거늘 믿을 수도 없는 숫자를 두고 무슨 더 큰 욕심을 부리겠는가 말이다.

오늘날 중국정부가 공식적으로 인정하는 명주들은 전국평주회의全國評酒會議에서 결정하는 것으로, 1952년의 1차 대회에서 정한 8대 명주를 소개하면 다음 표와 같다.

중국 8대 명주(1952년 선정)

종 류	술 이 름	도수(%)	생 산 지
백주白酒	분주汾酒	65	산서山西
	서봉주西鳳酒	65	섬서陝西
	모태주茅台酒	55	귀주貴州
	노교주老窖酒	60	사천四川
황주黃酒	소흥주紹興酒	15-20	절강浙江
과실주	홍포도주紅葡萄酒	16	산동山東
브랜디	금장백란지金奬白蘭地	40	산동山東
베르뭇Vermouth	미미사味美思	17-18	산동山東

그러나 건국 초기인 1952년에 여덟 개를 지정했던 국가 공인 명주는 1989년에 마지막으로 열린 제5회 대회에서는 무려 17개로 늘어났는데 어찌된 영문인지 황주 계통의 술과 기타 술들은 모두 빠지고 오로지 백주만 선정되었다.

필자의 개인적인 생각으로는 국가 공인 명주냐 아니냐는 그다지 큰 의미가 없다고 생각한다. 실제로 필자는 중국의 어느 지방을 가도 그 지방 특유의 특산주가 있을 뿐더러 조악한 병에 포장은 보잘것 없어도 나름의 독특한 향과 맛을 가지고 있는 고유의 개성에 매혹되곤 하였다.

1989년 국가 공인 명주

제조 회사	상표	상품명	향 종류	대회
귀주모태주창 貴州茅台酒廠	廠天牌, 貴州牌	茅台酒	장향醬香	1~5회
행화촌분주총공사 杏花村汾酒总公司	古井亭, 長城牌	汾酒	맑은향	1~5회
노주곡주창 瀘州曲酒廠	瀘州牌	瀘州老窖	짙은 향	1~5회
서봉주창 西鳳酒廠	西鳳牌	西鳳酒	기타 향	1,2,4,5회
오량액주창 五粮液酒廠	五粮液牌	五粮液酒	짙은 향	2~5회
호주고정주창 亳州古井酒廠	古井牌	古井貢酒	짙은 향	2~5회
성도전흥주창 成都全兴酒廠	全兴牌	全兴大曲酒	짙은 향	2,4,5회
준의동주창 遵義董酒廠	董牌	董酒	기타 향	2~5회
면죽검남춘주창 绵竹剑南春酒廠	劍南春牌	劍南春酒	짙은 향	3, 4, 5회
양하주창 洋河酒廠	羊禾牌, 洋河牌	洋河大曲	짙은 향	3, 4, 5회
쌍구주창 双沟酒廠	雙溝牌	雙溝大曲	짙은 향	4, 5회
무한시주창 武汉市酒廠	黃鶴樓牌	黃鶴樓酒	짙은 향	4, 5회
고린랑주창 古蔺郎酒廠	郎泉牌	郎酒	장향	4, 5회
상덕무릉주창 常德武陵酒廠	武陵牌	武陵酒	장향	5회
보풍주창 寶豊酒廠	寶豊牌	寶豊酒	맑은 향	5회
녹읍송하주창 鹿邑宋河酒廠	宋河牌	宋河粮液	짙은 향	5회
사홍타패주창 射洪沱牌酒廠	陀牌	陀牌曲酒	짙은 향	5회

우리나라는 일제강점기에 쌀을 일본으로 반출하기 위한 총독부 정책에 따라 곡주 생산과 가정의 양조가 제한 또는 금지되었고, 해방 후에도 만성적인 식량 부족으로 이러한 금주정책이 계속되면서 각 지방 특산 명주의 전통이 사라진 것이 한둘이 아니다. 술을 사랑하는 필자로서는 중국의 각 지방 명주 맛이 더욱 별다르게 느껴

졌다. 왜냐하면 그네들의 식량 사정은 우리보다 더하면 더했지 덜하지 않았기 때문이다. 요즘 우리나라에서도 막걸리 비롯한 전통주 개발이 활발해지고는 있지만, 누룩을 비롯해 쌀과 같은 주원료를 대부분 수입산에 의존하고 있는 점은 매우 아쉽다.

중국 서민들의 사랑을 받는 대중주 북경 이과두주

그러나 최근에는 위 도표와 같은 중국 정부의 공인을 받는 명주의 권위에도 이변이 생겨나고 있다. 중국의 국가통계국이 몇해 전에실시한 여론조사에 따르면 중국인이 선호하는 10대 백주에서 1위 자리는 오량액五粮液이었고 오랫동안 수위를 차지하던 마오타이가 2위로 밀려났는가 하면 싫어하는 순위에서는 마오타이가 첫째였다.

이 조사에서 중국인들이 좋아하는 술의 순위는 사천四川의 오량액, 귀주貴州의 마오타이, 사천 노주瀘州의 노교특곡老窖特曲, 강소江蘇 양하대곡洋河大曲, 사천의 첨장尖庄, 섬서의 서봉주西鳳酒, 산서山西의 죽엽청竹葉青, 북경의 이과두주二鍋頭酒, 사천의 검남춘劍南春이었다. 반면에 싫어하는 술의 순위는 마오타이주, 서봉주, 이과두주 등의 순이었는데 통계국 측은 이러한 뜻밖의 결과에 대해 마오타이의 경우 가짜가 너무 많은 탓이라 하였다.

자, 이제 역사와 전통을 자랑하는 이름난 중국 명주의 세계로 직접 들어가보자.

소흥주(샤오싱지우)

　소흥은 절강^{浙江}의 항주^{杭州} 옆에 위치하고 있으며, 춘추시대에 월나라가 위치한 곳으로 남쪽으로는 회계산^{會稽山}을 베고 있다.

　회계산이라고 하면 중국 역사에 관심 있는 분들에게는 매우 익숙한 곳이다. 월나라에 패한 뒤 땔나무 위에서 자면서 아버지의 복수를 다짐한 오나라의 부차^{夫差}가 월을 치자 월의 구천^{勾踐}은 회계산으로 도망쳤다가 뇌물을 쓰고 겨우 목숨을 건질 수가 있었다. 구천은 회계에서 돌아오자 쓸개를 옆에 두고 이것을 핥으면서 "너는 회계의 수치를 잊었는가?"하며 스스로를 채찍질했다. 그로부터 20년이 흘러 구천은 다시 오나라를 쳤고 싸움에 진 부차가 자살을 하면서 오나라는 멸망하고 말았다.

　이상은 많은 사람들이 알고 있는 와신상담^{臥薪嘗膽}의 고사이거니와 이 이야기의 배경이 바로 회계산이다.

　소흥은 예나 제나 역사를 만들어 가는 고장이다.

　근대에 들어서도 중국의 문호 노신^{魯迅}이 바로 이곳에서 태어났으며, 중국인의 존경을 한 몸에 받는 주은래도 이곳 출신이다. 오늘까지도 많은 중국인의 사랑을 받는 여성혁명가 추근^{秋瑾}은 청나라 말기에 태어나 결혼한 부인의 몸으로 혁명 활동에 참여하던 중 체포되어 이곳 네거리에서 처형을 당했다.

　부근의 우릉^{禹陵}은 하나라 임금 우^禹의 묘라 하는데 그는 순^舜 임금의 명을 받고 13년 동안 치수^{治水}에 전념하여, 세 번이나 집을 지나치면서도 집에 들르지 않은 열정으로 임금의 자리를 물려받아 하나라를 세운 것으로 알려져 있다.

　이곳 소흥에서 빚어내는 소흥주는 중국의 황주^{黃酒} 중에서도 가장 역사가 오래된 술로서 사실상 중국을 대표하는 술이라 하겠다. 소흥주는 찹쌀을 보리누룩으로 발효시켜 감호^{鑒湖}의 물을 이용해 담그는데 알코올 도수는 15~20%이고 갈색을 띠고 있으며 오래 묵은 것

중국술 가운데 역사가 가장 오래 된 전통주인 소흥주의 신제품 〈동방신양〉

일수록 좋다.

소흥주에는 약간 쓴 맛이 도는 탑표^{塔牌} 소흥가반주^{紹興加飯酒}와 고월용산표^{古越龍山牌} 원홍주^{元紅酒}, 단 맛이 도는 향설주^{香雪酒}, 선양주^{善釀酒} 등이 있다.

이중에서 가반주는 가반^{加飯}이라는 이름 때문에 많은 사람들이 반주로 먹는 술로 알고 있으나 사실은 그렇지 않다. 가반주는 다른 소흥주보다 찹쌀을 10%가량 더 사용하므로 이러한 이름을 얻게 된 것이다. 짙은 노란색을 띤 가반주는 원홍주보다도 달며 소흥주 중에서 고급품으로 수출량도 많다.

원홍주는 소흥주 전체 생산량의 80%를 차지할 정도로 생산량이 많다. 1979년의 전국평주회의에서 우량주로 선정되었다. 원홍주^{元紅酒}라는 이름은 술가마를 붉게 칠하므로 붙여진 것이라 하기도 하며, 과거시험에 장원하듯이 가장 맛있는 술이라 일컫는 데서 붙여졌다고도 한다.

이밖에도 소흥주에는 유명한 화조주^{花雕酒}가 있다. 화조주는 가반주의 하나이지만 백년까지 묵히기도 하므로 소흥주 중에서 특히 고급에 속한다. 소흥 지방에서는 예로부터 딸아이를 낳게 되면 가반주를 빚어 미녀나 꽃을 그려 넣은 항아리[花雕]에 담아 두었다가 딸

탑표 소흥주와 여아주

의 혼례를 치르는 날 축하주로 내놓는 습속이 있었다고 한다. 그래서 이 술은 화조주라고도 하고 여아주女兒酒라고도 한다. 이런 까닭에 술을 얼마만큼 묵혔느냐의 차이가 있을 뿐 가반주나 화조주나 모두 한가지로 가반주에 속하는 것이다.

이렇게 해서 특히 오래 묵힌 술은 이름 앞에 진년陳年이라는 수식어를 붙인다. 여기서 진陳은 오래되었음을 뜻하는 말이다. 중국 사람들이 "좋은 술은 오래 묵기를 두려워하지 않는다(好酒不怕陳)"고 할 때도 마찬가지의 뜻이다.

노신의 소설 〈풍파風波〉와 〈공을기孔乙己〉에는 함형주점咸亨酒店이 등장한다. 소흥의 노신 생가 근처에 이 주점이 새로 문을 열어 관광객의 발길을 끌고 있다. 분위기도 있는 만큼 콩 안주와 함께 마시는 소흥주의 맛이 각별하다. 그러나 소흥주를 비롯한 황주는 백주의 기세에 밀려 생산량이 지속적으로 줄고 있고 1989년에 개최된 제5차 주류평가대회에서는 오로지 18가지의 백주만이 국가명주로 선정되었으니 세태가 독한 것을 즐기는 탓이 아닌가 싶다.

오랜 전통을 자랑하는 또 다른 황주, 즉묵노주

　물론 황주에는 소흥주 말고도 유명한 명주들이 많다. 예를 들어 산동 청도에는 즉묵노주^{卽墨老酒}가 있다. 이 노주는 중국 북방을 대표하는 황주로서 '남쪽에 소흥이 있다면 북에는 즉묵이 있다(南紹興北卽墨)'는 말이 이를 증명해 준다. 이 이름이 등장한 것은 송나라 때인 11세기 무렵으로 이미 천 년의 역사를 자랑하는 술이다. 즉묵노주는 즉묵 특산의 쌀을 원료로 하고 노산^{嶗山}의 지하수를 사용해 양조하는데 1년 이상을 저장하여 숙성시킴으로써 풍미를 더욱 좋게 만들고 있다. 도수는 12도 정도로 순한 편이다.

　같은 산동의 난릉미주^{蘭陵美酒} 역시 달면서 도수가 약간 높은 황주의 하나이다. 창산^{蒼山}현 난릉에서 생산하는데 역사는 유구하여 4천 년 전 상나라 때로 거슬러 올라간다. 이시진이 지은 《본초강목》과 갑골문자에 보면 '창기주^{鬯其酒}'라는 표현이 나오는데 이것은 당시 흑미를 사용해 담그던 술로서 난릉미주의 원형이라고 한다. 강소성 서주^{徐州}의 한나라 때 묘에서 두 통의 술이 발굴된 적이 있는데 진흙으로 봉해진 위에 '난릉함인^{蘭陵函印}'이라는 표시가 있었음과, 이태백

난릉미주

의 시 〈객중행^{客中行}〉에도 난릉의 미주에 대한 예찬이 있는 것으로 보아 한과 당 시대에 이미 난릉미주가 보편적으로 사랑을 받던 술이었음을 알 수 있다.

송나라 때 난릉미주는 더욱 품격을 갖추어 전국의 대부분 주점들이 문 앞에 손님을 호객하는 뜻으로 모두 '난릉미주'라는 패를 걸었다고 한다.

난릉미주도 쌀을 원료로 하는데 보리누룩을 발효시키고 옥수수, 대추, 설탕, 용안육^{龍眼肉}, 장미 등을 부원료로 하여 만든다. 최근의 연구결과에 따르면 난릉의 지하수는 달거나 짠 두 가지 맛이 있는데 짠 것은 보통의 음용수로는 쓰지 못하고 오로지 양조시에만 사용한다고 한다. 난릉미주는 투명하면서도 약간의 호박색을 띠고, 달면서도 입에 착 달라붙는다.

이밖에도 복건성 용암^{龍岩}의 신라천패^{新羅泉牌} 침항주^{沉缸酒}, 강서성 구강^{九江}의 구강 봉항주^{封缸酒}, 요녕성 대련^{大連}의 요해패^{遼海牌}, 대련황주^{大連黃酒}, 강소성 무석^{無錫}의 무석혜천주^{無錫惠泉酒}, 강소성 단양^{丹陽}의 단양패^{丹陽牌} 봉항주^{封缸酒}, 광동성 흥녕^{興寧}의 흥녕진주홍^{興寧眞珠紅}, 복건성 연강^{連江}의 연강장원홍^{連江壯元紅} 등이 유명하다.

이제부터는 백주의 넓은 세계로 들어가보자.

분주(휜지우)

분주를 맛보기 전에 먼저 당나라 두목(杜牧)의 시를 한 수 음미해 보자.

청명을 맞아 비는 부슬부슬 淸明時節雨紛紛
길손의 마음을 흔드는데 路上行人欲斷魂
주막이 어디 있느냐 물으니 借問酒家何處有
목동은 멀리 행화촌을 가리킨다 牧童遙指杏花村

위의 시에서 말하는 행화촌은 바로 분주의 명산지인 분양(汾陽) 현의 한 마을이다. 행화촌은 명나라 타도를 목적으로 농민들을 이끌고 북경으로 진출하던 이자성(李自成)이 이곳에 묵었을 때 촌민들이 분주를 바치자 그가 맛보고 "선(善)과 미(美)를 다 갖추었구나!"하고 감탄한 뒤로 진선촌(盡善村)으로 부르기도 하였다.

두목의 위 시는 너무나 유명해서 우리나라 사람들도 알 정도인데

　분주 술병에는 이 시가 적혀 있어 마치 광고 문안처럼 보이기도 한다. 지금 행화촌의 술박물관에는 유명인사들이 이 시와 관련해 남긴 3천여 점의 글과 그림이 보관되어 있는데 그 중에는 모택동이 친필로 쓴 것도 있다.

　분주는 백주 중에서 역사가 가장 오래되어 마오타이주^{茅台酒}며 서봉주^{西鳳酒}, 죽엽청^{竹葉靑}이 모두 이 분주를 뿌리로 하고 있음을 알아야 한다. 역사가 1,500년쯤 되는 분주는 향내가 좋을 뿐만 아니라 뒷맛이 상큼하고 갈증을 풀어주는 효과까지 있어 색, 향, 맛이 모두 뛰어난 삼절^{三絶}이라고 부르기도 한다. 그래서 옛날부터 감천가양^{甘泉佳釀}(좋은 샘물로 잘 빚은 좋은 술), 액체보석^{液體寶石}이라는 찬사를 받아 왔다.

　분주는 행화촌에서 나는 일파조^{一把抓}(한손에 쥔다는 뜻)라는 수수를 원료로 하여 누룩을 섞고 이곳의 신천수^{神泉水}에서 나는 샘물을 부어 땅에 묻은 다음 3주 동안 천천히 발효시켜 증류하고, 다시 이러한 과정을 두 번 더 되풀이하여 만든다. 이 신천수에는 다음과 같은 이야기가 전해 온다.

  옛날 하노^{賀魯}라는 용감한 장군이 있었다.
  어느 날 전쟁에 이기고 돌아오다가 행화촌을 지날 때에 이곳의 술이 훌륭하다는 말을 듣고 주점에 들러 술을 청했다. 한참 마시고 있을 때 밖에서 그가 타고 온 말이 큰 소리로 우는 것을 듣고는 주인을 불러 말에게 술지게미를 한 더미 먹이도록 분부하였다.
  장군이 항아리를 비울 무렵 말도 술지게미를 다 먹어 둘 다 취해 버렸다. 술집 주인은 쉬었다 가라고 말렸지만 호방한 대장군이 그 말을 들을 리가 없다. 몽롱한 정신으로 말을 타고 가던 장군이 무심결에 말의 궁둥이에 채찍을 가하자 말은 깜짝 놀라 쏜살같이 달리다가 마을의 서쪽 어귀에 이르러서 쓰러지고 말았다. 장군도 땅에 떨어졌음은 물론이다.
  병사들이 황급히 좇아와 장군을 부축해 일으켰다. 다행히 큰 상처를 입지는 않았으나 말의 앞발이 땅에 깊숙이 박혀 빼내기가 여간 어려운 일이 아니었다. 여럿이 힘을 합해 겨우 발을 빼내자 그 자리에서 맑은 샘물이 솟아 올라왔다. 병사들이 마셔보니 차가우면서도 맛이 좋아 상큼했다. 장군도 한 모금을 마시자 술이 금방 깨었고 말도 이 물을 마시고서는 기운을 차렸다. 이후로 이곳의 샘은 아무리 가물어도 마르는 법이 없어 신천수라고 부르게 되었다고 한다. 분주는 바로 이 신천수의 물로 담그는 것이니 그 맛이 유별나지 않을 수가 없다.
  마오타이 마을에서는 이 분주를 어머니로 하여 마오타이주, 죽엽청, 백옥주^{白玉酒}, 계화주^{桂花酒} 등을 만들고 있다.

모태주(마오타이지우)

마오타이주^{茅台酒}가 생산되는 귀주는 "하늘은 맑은 날이 3일도 없고, 땅에는 평야가 삼리^{三里}도 없으며, 사람들은 세 푼의 돈도 없다(天無三日晴 地無三里平 人無三分銀)"고 할 정도로 오지인 곳이다.

지금의 모태진^{茅台鎭}은 원래 매우 작은 어촌으로 도처에 띠가 군락을 이루고 자라서 모촌^{茅村}이라고 불렀다. 띠는 한자로 모^{茅}라고 하는데 볏과의 여러해살이 풀로서 들이나 길가에 무더기로 자라는 식물이다. 모촌은 18세기 중엽 청나라 건륭제 시절, 길을 넓히고 하천을 준설하면서 띠의 군락지가 많이 사라졌지만, 배가 다니기 편해지면서 수륙 교통의 요충지가 되었고 청나라 말기에 이르면서 모태진으로 발전하게 되었다.

세계적으로 유명한 마오타이는 이곳 모태에서 생산되는 증류주 곧 빠이주이다. 붉은 수수와 밀을 주원료(최근에는 쌀도 사용)로 하는 마오타이는 알코올 도수가 53%로 높으며 비교적 저온다습한 장

마오타이주

소에서 한 달 가량의 발효과정과 아홉 번에 걸친 증류를 통해 총 9개월에 걸친 제조과정을 마친 뒤 동굴에서 3년 이상 저장한다. 이 과정에서 모향^{茅香}, 또는 장향^{醬香}(간장 향)이라고 하는 맛이 더해져 마오타이주만의 독특한 풍미를 갖추게 된다. 그러나 익숙하지 않은 사람들은 바로 이 향 때문에 마오타이를 싫어하기도 한다.

어쨌든 중국정부가 국가명주로 지정한 첫 번째 명예를 자랑하는 마오타이는 지금도 중국에서 나라의 큰 손님들을 맞이할 때면 자신 있게 내놓는 술로서 중국의 백주를 대표한다고 해도 과언이 아니다. 하지만 마오타이주의 역사는 200여 년에 지나지 않으며 다른 지역에 알려지게 된 계기가 된 것은 모택동의 홍군이 장정을 떠나기 전, 귀주에 머물고부터이다.

중국공산당이 국민당 정부군의 추격으로 크고 작은 수많은 전투를 치르며 귀주^{貴州}에 도착한 것은 1935년 초였다. 중국 공산당 역사에서 모택동이 집권하게 되는 계기를 만든 회의가 이곳에서 치러졌다. 중국 공산당은 이곳 준의^{遵義}에서 계속 장정을 떠날 것인지 다시 맞대결을

1935년 1월 귀주성에서 열린 준의회의 당시의 주은래(좌)와 모택동(중앙)

할 것인지를 놓고 치열한 노선 싸움을 한 끝에 장정을 떠나자는 모택동을 중심으로 한 지도체제를 확정했다. 준의회의를 전후하여 홍군은 앞으로 다가올 대장정에 대비하며 12일 간의 충분한 휴식을 취할 수 있었다. 이 때 홍군 장병들이 접한 술이 바로 마오타이주였다. 홍군들에게 예정되어 있는 장정은 히말라야 산맥과 티베트 고원지대를 통과하는 길이어서 그 앞날에 어떤 고생이 기다리고 있을지는 불을 보듯 뻔한 일이었다. 그래서 홍군은 여기서 이곳의 향토주인 마오타이를 흠뻑 마시며 혁명 의지를 불태웠던 것이다.

고생할 때 겪은 추억과 입맛은 누구도 쉽게 잊지 못하는 것이 인지상정이다. 1949년 중화인민공화국이 수립되자 중국정부의 지도자들이 모였는데 여기서 주은래 총리의 제청으로 마오타이주는 건국기념행사의 공식 국가연회용 술(國酒)로 지정되었다. 이후 마오타이는 미국과 수교하는 과정에서 애주가 닉슨 대통령의 극찬으로 명성을 떨치게 되고, 레이건이 북경의 만찬회 석상에서 독한 맛에 얼굴을 찌푸리는 모습이 TV 뉴스에 보도된 후로는 전 세계에 모르는 사람이 없게 되었다. 조선 시대 피난길에 생선 도루묵이 선조 임금의 입맛을 사로잡았으나 궁궐로 돌아와 다시 먹어보고선 도로 물리라는 푸대접을 받았던 것과는 사뭇 대조적인 평판이다.

그러면 이 마오타이주가 중국의 변두리에서 그것도 약 300년 전에 비로소 등장하게 된 사연을 알아보자.

마오타이는 산서^{山西}의 분주^{汾酒}에 그 뿌리를 두고 있다.

18세기 초 청나라 강희제 때 분주의 고향 분양^{汾陽}에는 가부^{賈富}라는 상인이 살았다. 그는 하루 세끼 식사에 분주를 빠뜨리는 법이 없었고 먼 길을 떠날 때도 반드시 술통을 가지고 다닐 정도로 애주가였다.

그가 언젠가 멀리 귀주^{貴州}로 장삿길을 떠났을 때의 일이다. 이번에도 예외 없이 술을 충분히 준비한다고는 하였지만 워낙 먼 길이고 보니 귀주에 도착할 즈음에는 그만 술이 떨어지고 말았다. 하는 수 없이 주막에 들러 식사를 하면서 그는 주인을 불러 좋은 술을 내오도록 부탁하였다. 그러나 주인이 내온 술을 한 모금 마시고는 그 맛에 실망하여 "경치는 아름다운데 좋은 술은 없구나."하고 탄식하며 가져온 술이 떨어진 것을 아쉬워했다. 주인이 아끼던 비장의 술을 몇 통 가지고 나와 다시 평가해 달라고 부탁했으나 실망은 여전했다. 비록 오래 묵었으나 맛이 좋지는 않다는 가부의 종합 평가를 들은 주인이 그에게 좋은 술을 빚는 방법을 가르쳐 달라고 간곡히 요청했다. 이를 받아들인 가부가 이듬해에 분주를 빚는 기술자와 함께 원료용 누룩이며 여러 가지 도구들을 갖고 돌아와 귀주에 양조장을 차렸다.

마오타이에서 생산하는 분주는 처음에는 화모주^{華茅酒}(화마오지우)라고 불렀는데, 이는 고대 한자에서 화^{華}와 화^{花}가 통해서 화모주^{華茅酒}가 곧 화모주^{花茅酒}였기 때문이다. 화모주는 달리 말하면 행화촌 방식의 마오타이주^{杏花茅酒}라는 뜻이다.

반면, 마오타이주가 오랜 역사를 가졌다는 주장도 있다.

언젠가 마오타이전^{茅台鎭}에 큰 눈이 내리고 강추위가 몰아쳐 사람들 모두가 문을 걸어 잠그고 추위가 지나가기를 기다렸던 적이 있다고 한다. 이때 백발의 한 노파가 어느 청년의 집을 찾아와 문을 두드렸는데 그 젊은이는 조금도 성가시게 생각하지 않고 노파를 안으로 모셨을 뿐만 아니라 얼른 불을 피워 추위에 떠는 노파를 따뜻하게 덥혀주고 뜨거운 밥과 함께 집에서 담근 술까지 권했다. 식사가 끝난 뒤에는 침대도 노파에게 양보하고 자신은 난로가 바닥에 누워 잠을 청했다. 꿈결에 어디선가 거문고 소리가 들리면서 아름다운 선녀가 손에 빛나는 술잔을 들고 나타났는데 술 향기가 주위를 진동했다. 선녀는 "참으로 좋은 마음씨입니다. 내가 이제 한 물웅덩이를 가르쳐 드릴 터인즉 그 물로써 술을 빚어 마시면 오래도록 건강하고 장수할 것입니다." 하고서는 사라졌다.

젊은이가 잠이 깨고 보니 노파는 사라졌고, 문밖으로 나가자 눈도 그치고 바람도 잠잠해졌는데 집 앞 어딘가에서 졸졸 물 흐르는 소리가 들렸다. 젊은이는 그 소리를 따라 올라가 샘을 찾아내고 그 물로 술을 빚기 시작했다. 마오타이 병에 그려져 있는 하늘을 나는 선녀[飛仙]의 도안은 바로 이 선녀를 모델로 한 것이라 한다.

마오타이를 만드는 데 가장 중요한 물은 원래 이곳 모태진 부근의 샘물이었으나 산사태로 무너진 후에는 인근 강물을 사용하고 있다고 한다. 이같이 유명한 마오타이는 값이 비싼 것이 흠이라면 흠이다. 게다가 양조기술이 복잡하고 공정이 긴 탓으로 생산을 늘리는 데에도 한계가 있어 본토에서조차 심심치 않게 가짜 마오타이 적발 사건이 보도되고는 한다. 아마도 마오타이는 세상에서 가짜가 가장 많은 술일지도 모른다.

마오타이에 국한된 것은 아니지만 지난 10여 년 사이에 술 때문에 병을 얻은 자가 5천여 명이며 40여 명이 눈이 멀었고 200명 가까운 사람이 목숨을 잃었다고 한다. 메틸 알코올로 만들어 향료만 적당히 섞은 탓이다. 요즘은 80년 산이라는 등 고급화 전략도 펴는데 가격이 무려 500만 원이 넘어 기가 막힐 지경이다. 그래서 중국의 주요 기관들은 아예 자체 수요를 위해 주문생산을 하기도 한다.

마오타이는 하마터면 미국의 백악관을 불태울 뻔한 적도 있다.

술을 엄청 좋아했던 미국의 닉슨대통령이 중국 방문 후 가져온 마오타이를 열고 술을 마시다가 탁자에 약간 엎지르게 되었다. 불이 붙은 성냥개비가 이 위에 떨어져 황급히 끄긴 했지만 자칫 대형사고로 커질 수도 있었던 일이다. 헨리 키신저의 회고록에 나오는 이야기이다.

서봉주(시펑지우)

서봉주西鳳酒는 섬서陝西 봉상鳳翔에서 나는 술이다.

수수를 주원료로 하는 증류주로 누룩은 보리와 완두콩으로 만들며 알코올 도수는 65%로 높은 편이다. 서봉주의 명성은 16세기 명나라 때에 널리 알려졌다고 하지만 그 이전에도 이 일대에서 유림주柳林酒로 사람들의 사랑을 받았다고 한다. 이 지역에서 청동으로 만든 서주西周 시대의 술 관련 용기들이 다량으로 출토되고 사기史記에는 진秦 목공穆公이 말을 훔친 도둑들에게 유림주柳林酒를 주어 감화시켰다는 대목이 나올 뿐만 아니라, 소동파가 자신의 시에서 '유림의 술이 빼어나고 동호의 버들이 아름답다(柳林酒東湖柳)'고 읊은 것을 보면, '유림의 술'이 바로 서봉주를 가리키는 것이라 짐작된다. 봉상의 동호는 항주의 서호와 마찬가지로 소동파가 백성들의 농사를 돕기 위해 인공으로 파서 만든 호수이거니와 그 둘레에 심은 버드나무가 아름답기 그지없는 곳이다.

한편, 유림의 술과 관련해서는 다음과 같은 이야기가 전해 온다.

서봉주 대봉향

당나라 고종 때 이부시랑吏部侍郎 배행검裵行儉이 당나라를 방문하고 돌아가는 페르시아 왕자 일행을 전송하고 오는 길에 봉상鳳翔에 이르렀을 때 오래 묵은 술 냄새가 바람결에 진하게 퍼지더니 눈앞에 날던 벌이며 나비가 느닷없이 땅 위에 떨어지는 것을 목격하게 되었다. 기이하게 생각한 배행검이 원인을 알아보라 일렀더니 시오리 밖 유림진柳林鎭의 어떤 사람이 집을 수리하려고 땅을 파다가 삼백년이나 묵은 술독을 발견하여 사람들이 함께 나누어 마시는 참이라고 했다. 그런데, 그 향이 얼마나 짙었던지 바람을 타고 퍼지는 술향에 벌과 나비까지 취해 떨어진 것이다.

세월이 흘러 소동파가 이곳에 부임했는데, 식도락가로서 한 말씀 남기지 않을 수가 없었다. 그의 다른 시에 '꽃이 피어 좋은 술을 마시니 어찌 취하지 않으리(花開美酒曷不醉)'라는 구절이 있는데 여기서 좋은 술이 바로 서봉주를 일컫는 것임은 두말할 필요도 없겠다.

그러면 서봉주의 병 도안에 들어 있는 용과 봉황은 무슨 사연을 가지고 있는 것일까? 《열선전列仙傳》이라는 책에 보면 진秦 목공穆公의 딸 농옥弄玉과 그녀의 남편 소사簫史의 이야기가 나온다. 둘 다 피리를 잘 불어 봉황의 울음소리까지 흉내 낼 수 있었다 하는데 어느 날 피리로 용과 봉황을 불러서 타고 하늘로 날아갔다고 한다. 서봉주의 도안은 여기서 힌트를 얻은 것이라 한다.

언젠가 필자가 상해에서 운남雲南으로 가는 야간열차를 탔을 때의 일이다. 출출한 생각이 들어 식당 칸을 찾았지만 이미 자리가 차서 두리번거리다가 젊은 부부가 나란히 앉아 있는 탁자의 맞은편에 겨우 자리를 잡을 수 있었다. 비록 옷은 남루했지만 부부는 밝은 표정으로 다정하게 오순도순 대화를 하고 있어 아름답게 보였는데, 남편 홀로 술을 마시고 있었다.

중국의 기차에서는 맥주를 제외한 독주는 팔지 않는다. 맥주를 마시면서 상대편의 진한 술 냄새를 맡자니 맥주 맛이 그야말로 싱겁기 그지없었다. 이쪽의 사정을 눈치 챘는지 남자가 술을 한 잔 권해왔는데, 그 술이 바로 서봉주였다.

중국이나 우리나 술 인심 좋기는 매한가지. 주거니 받거니 하면서 술병을 비우자 남자는 또 한 병을 꺼내 놓았다. 그의 이야기로는 중국에서는 기차에서 독주를 팔지도 않거니와 서민들에게 마오타이나 오량액은 너무 비싸서 여행 때에는 이렇게 비교적 값이 싼 술 몇 병을 미리 준비한다는 것이었다.

한밤에 기차 안에서 잠깐 만난 인연이지만 그날의 추억이 새로워 훗날 예쁜 달력을 구해 운남의 그들 집으로 부쳐 주었지만 회신을 받지는 못했다. 그들이 농옥과 소사의 변신인 탓에 받지 못한 것인지도 모르겠다.

오량액(우량예)

 이 술은 세상에 나온 지가 그리 오래 되지는 않았다.
 그러나 그 이름은 이미 널리 알려져 국가 연회에 내놓을 정도로 높이 평가받고 있다. 1964년 명주 품평회에서 처음으로 1위에 올랐는데 투명한 유리 용기는 고대의 술병 모양을 본뜬 것이고 라벨은 새로운 감각으로 디자인하였다.
 옛날부터 사천四川의 의빈宜賓은 운남과 사천 서남쪽의 물자를 중경으로 운송하는 중계점이고 장강을 올라가는 선박의 최종 종착지로서 유명해 술의 명산지로도 이름이 높았다. 당나라의 두보杜甫를 비롯한 많은 시인들이 이곳의 술을 칭찬했지만 뜻밖에도 전해오는 명주는 없었다.
 이 술이 오량액五糧液으로 부르게 된 데에는 사연이 있다.
 송나라 때 높은 벼슬을 살았던 황정견黃庭堅이 사직 후 이곳 의빈으로 내려와 살 적에 당시 이곳의 명주로 알려진 요자설국姚子雪麴이라는 술을 마셔보곤 즐기게 되었다 한다. 이후 명나라 말기에 이르러 진삼陳三

이라는 사람이 집안의 전통 양조법을 사용해 여러 가지 곡식을 가지고 개발해 잡량주라 불렀는데 이것이 바로 진씨 집안의 비방으로 알려졌다.

20세기 초 의빈의 관리로 있던 뇌동원雷東垣이라는 이가 저명인사들을 집으로 초청해 다섯 가지 곡식으로 빚은 술을 내놓았다. 이 술이 바로 당시 의빈의 상류층 사람들은 요자설국이라고 부르고 평민들은 잡량주라 부르는 술이었다. 향이 방에 가득 퍼지는데 손님 중의 양혜천楊惠泉이라는 이가 일어나 요자설국도 마땅치 않고 잡량주도 그다지 아름답지 못하다면서 다섯 가지 곡식의 진수를 뽑아 경장옥액瓊漿玉液(경장과 옥액은 둘 다 옥과 같이 귀한 물이라는 뜻)과 같은 액체를 만들었으니 '오량액五糧液'이라 부르자 제안하였다.

지금 오량액 본사의 '주문화박물관酒文化博物館'에는 백옥으로 만든 상이 서 있는데 그가 바로 양혜천이다.

이 술은 민강岷江의 강바닥에서 물을 뽑아 만드는데, 다른 술과는 달리 한두 가지 원료를 사용하는 것이 아니라 수수, 옥수수, 찹쌀, 멥쌀, 메밀에다가 밀로 만든 오래된 대국을 가지고 만들어서 알코올 도수는 높아도 풍미가 부드러워 마시기에 순하고 마신 뒤 입에 남는 향이 깨끗하고 그만이다.

현대 중국의 저명한 학자인 화나경華羅庚이 이 술을 맛보고서,

호탕하게 마시는 이태백도 豪飮李太白
멋스럽게 마시는 도연명도 雅酌陶淵明
너무 일찍 태어났음을 한탄하리라 深恨生太早

하고 시를 바쳤다 하니 독자 여러분도 지금 태어났음을 다행으로 생각해야 할지 모르겠다.

오량액은 지금 생산량 기준으로 중국 최대의 술이다. 찾는 이가 많자 북경시민을 위한 대중주로 38도의 경주京酒 정지우를 개발했는데, 가격도 우리 돈으로 3천원 미만이고 도수도 적당해서 우리나라 북경 주재원들이 특히 선호하는 술이다. 이 술이 북경北京에서 경京 자를 따와서 이름을 만들었듯이 다른 곳에서는 원칙적으로 팔지 않기 때문에 외지인들이 고향 갈 때 한 박스씩 사가는 것이 풍속이 되었을 정도로 인기가 높다.

검남춘(지엔난춘)

검남춘^{劍南春}은 사천성 면죽^{綿竹}의 특산품이다.

당나라 시인들은 술을 춘^{春}이라고도 하였는데, 당시의 기록에 따르면 이곳의 명주 '검남지소춘^{劍南之燒春}'은 이미 전국 13종의 좋은 술 가운데 하나로 꼽혔다. 이 이름은 면죽이 검산^{劍山}의 남쪽에 위치하고 있고 '소^{燒}'는 증류주 즉, 백주를 뜻하므로 검난지소춘이라고 부르게 된 것이라 하니 실로 천년이 넘는 역사를 가지고 있다. 좋은 술에는 반드시 좋은 물이 필수적이므로 이와 관련해서는 두 가지 전설이 전해오고 있는데, 그 하나는 옥비^{玉妃}의 전설이다.

오랜 옛날, 면죽에 사는 한 아기의 부모가 죽고 아이는 산속에 버려졌는데 사슴이 젖을 먹여 키우게 되었다. 예쁘게 자라 촉의 왕이 그녀를 왕비로 삼아 이름을 옥비^{玉妃}라 지었다. 그러나 옥비도 이내 병들어 죽자 왕은 그녀를 후하게 장사 지냈다. 그리고 다음 해 면죽에 가뭄이 들어 강바닥이 드러나고 벼들은 말라 죽게 되어 농민들

이 울부짖자 하늘의 옥비가 이를 듣고 내려와 진주 400개로 만들어진 관을 대지로 던졌는데 진주 하나하나가 우물이 되어 고향사람들의 가뭄 고통을 해결해 주었다. 이 우물로 담그게 된 것이 검남춘의 역사라는 설이다.

다음은 제갈씨의 전설이다.

제갈첨諸葛瞻은 촉한의 승상丞相 제갈량諸葛亮의 장남으로 젊어서부터 좋은 평판으로 관직에 올랐으나 모함을 받아 황궁에 출입할 수 없게 된 적이 있었다. 위가 촉한을 공격해오자 다시 장군으로 발탁되어 면죽관綿竹關에서 싸우다가 자결하였다. 아들 제갈상諸葛尙도 이 전투에서 전사하였다. 필자의 선조 중에 고경명高敬命과 그 아들 인후因厚께서 임진왜란 때 의병을 일으켜 싸우다가 함께 순국하신 것이나 마찬가지라 하겠다. 그러나 제갈첨의 다른 아들은 몸을 피했고 고경명의 장남 종후從厚는 진주성 싸움에서 전사함으로써 삼부자가 모두

순국하였음이 다르다.

원나라 때에 이르러 백성들이 그들 부자의 유골을 거두어 다른 곳으로 이장할 때에 땅을 파니 밤새 물이 솟아오르며 샘이 만들어졌다. 물이 깨끗하고 가벼운 향까지 있어 사람들이 '제갈 씨의 우물諸葛井'이라 이름 짓고 이 물로 술을 빚어 먹게 되면서 면죽의 명주가 되었다.

검남춘은 무색투명하고 약간 단맛이 나는 짙은 향을 가진 백주에 속하는데 알코올 도수는 60도에 가까워 비교적 높다. 검남춘으로 부르게 된 것은 1958년의 일이다.

낭주(랑지우)

낭주^{郎酒}는 귀주와 경계에 있는 사천성 이랑탄진^{二郎灘鎭}의 특산이다. 이랑탄진은 사방이 높은 산으로 둘러싸여 있고 이 골짜기 하나에서 맑은 샘이 솟아 낭천^{郎泉}이라고 하는데 이 물로 술을 빚으므로 낭주라 부르게 된 것이다. 귀주 마오타이 생산지와는 70km 정도로 가까운 거리로서 마오타이주는 적수하^{赤水河} 상류의 동쪽 강변에, 그리고 낭주는 하류의 서쪽 강변에서 생산된다. 그러므로 적수하의 동과 서 강변은 명주가 두 가지 생산되는 행운을 가지고 있는 셈이다. 그래서 사람들은 낭주에는 마오타이주의 피가 들어 있다고 하며 마오타이의 자매주라고도 한다.

또한 양조장에서 가까운 곳의 적수하를 바라보는 절벽에 아래위로 동굴이 있는데 총면적이 1만 제곱미터가 넘을 정도로 크고, 겨울에는 따뜻하고 여름에는 시원해서 술을 숙성하는데 최적의 장소로 꼽히고 있다. 그래서 제조가 끝난 술을 이곳에서 잠을 재운 다음 시

판함으로써 좋은 향을 자랑하는 명주로 탄생하는 것이다. 따라서 낭천과 두 동굴은 낭주 제조에서 가장 중요한 요소가 되고 있다.

　전설에 따르면 이랑탄에 살던 이이랑(李二郞)이라는 매우 영준한 청년이 아름다운 처녀를 사랑하게 되어 청혼을 하였는데 처녀의 부모는 1백 개의 항아리에 좋은 술을 가져와 혼례를 치를 것을 요구했다. 청년은 처녀와 결혼을 이루려고 99개나 되는 구멍을 뚫고 샘을 파던 끝에 드디어 좋은 샘을 얻어 술을 빚게 되었다. 그 후 사람들은 이랑 청년이 판 샘이라 하여 낭천(郞泉)이라 부르고 이 물로 담근 술을 낭주라 부르게 되었다고 한다.

　낭주는 맑고 투명하되 부드러운 것이 특징이다. 엷은 간장 맛이 나므로 마오타이처럼 장향 계통의 백주에 속한다.

노주노교특국주

사천성 노주濾州 특산으로 흔히 대국주大麴酒라고 하면 바로 이 노주의 노주노교특국주濾州老窖特麴酒 루저우라오지아오터뒤지우를 가리킨다. 노주는 사천성의 남부를 흐르는 타강沱江과 장강長江의 합류점에 해당하는 곳으로 충칭의 서남 100km 정도에 위치하고 있다. 사천성은 옛날부터 하늘나라[天府之國]라고 일컬을 정도로 풍요로우며 물의 질이 좋기로 유명하다.

노교老窖는 진흙으로 만든 오래된 저장고를 뜻하는데 길이 3~4미터, 너비 2~3미터, 깊이 2미터 정도 되는 굴을 파고 그 속에 술항아리를 넣어 발효시키는 것이다. 술 저장고는 오랜 세월이 흐르면 흙에 술기운이 스며들어 황토가 흰색으로 변하게 된다. 또한 새로 찐 원료와 묵은 술지게미를 혼합해 노교에서 숙성하면 특국주만의 향과 풍미가 살아나게 되는 것이다. 노주의 양조장에서는 이 노교가 생명이어서 노교의 수가 바로 양조장 실력 평가의 잣대가 된다.

전설에 따르면 아주 오랜 옛날 노주 성 밖에 한 나무꾼이 살았는데 하루는 산에 나무를 하러 갔다가 커다란 검은 뱀과 작은 꽃뱀이 싸우고 있는 것을 보았다. 큰 뱀이 압도적인 기세로 작은 뱀을 잡아먹을 형국인데 이것을 본 나무꾼이 약자인 꽃뱀에 동정심이 생겨 막대기로 큰 뱀을 후려쳐 죽였다. 목숨을 구한 꽃뱀은 그를 잠시 보더니만 풀숲 속으로 사라졌다.

나무꾼이 나무를 지고 집으로 돌아오는데 날이 저물어 길을 잃고 말았다. 이때 눈앞에 절벽이 보이는데 한 모퉁이에 조그만 불빛이 보였다. 가까이 가서 살펴보니 작은 동굴이 있어서 이 굴로 들어가자 점점 더 넓어지고 밝아지는 것이었다. 얼마큼 들어가자 앞에 노인이 나타나서 나무꾼이 들어오기를 기다리고 있다가 그가 이곳 태자의 생명을 구해준 은인이므로 왕께서 기다리고 계셨다면서 안으로 인도하였다. 따라 들어가자 안에는 정원이 크게 펼쳐지고 누각이 줄을 지어서 있는데 대전 가운데 하얀 옷을 입은 노인이 앉아 있다가 그를 반가이 맞으면서 감사의 예를 올리고, 옆의 아이를 가리키면서 아이가 잘못을 저질러 잠시 바깥세상으로 쫓아냈는데 우연히 큰 뱀을 만나 위기를 맞았으나 다행히 그를 만나서 목숨을 건지고 집에 무사히 돌아오게 되었다는 것이다. 그러고서는 이 궁에는 온갖 진귀한 보물이 많으니 원하면 무엇이든지 드리겠노라는 말씀이었다.

 나무꾼은 그제야 사정을 명확히 알게 되었다. 연회가 끝나고 그가 돌아가려 하자 용왕은 그가 사양을 함에도 불구하고 한 가지 진귀한 선물이라며 술 한 병을 그에게 주면서, "이 술을 가져가 나무를 할 때 한 잔 마시면 피로가 싹 풀릴 것입니다."라고 하였다.

 나무꾼이 집으로 돌아오다가 갑자기 앞이 아득해지면서 우물 옆에서 쓰러졌고 병이 기울어 술이 새어 나오더니 모두 우물 속으로 흘러 들어갔다. 한참 후 정신을 차린 다음 목이 말라 우물의 물을 떠 마셔보니 물맛이 전과 같지 않고 향이 났다. 이후로 그는 나무를 하러 가지 않고 우물 옆에 작은 주점을 차리고 그 우물물로 술을 빚어 팔았다. 점차 손님들이 구름처럼 몰려와 큰돈을 벌게 되었고 노주는 술로 이름난 고장이 되었다.

 그러나 기록에 나타나는 노주대국주는 청나라 초기에 섬서성에서 온 네 사람이 노주에 와서 처음으로 굴을 파고 양조했다는데, 이들은 술을 이 굴에 넣어 오랜 시간 숙성하는 과정에서 자극적인 알데히드와 퓨젤유가 방향성 에스텔로 변화해 독특한 향을 만들어 내는 것을 경험을 통해 알았다고 한다. 노주대국주는 향수처럼 향이 강하지만, 마오타이주처럼 남성적이라기보다는 여성적으로 온화한 느낌을 준다.

1996년 중국 정부는 명나라 만력 연간인 서기 1573년에 만들어진 노주대국주의 노교 4개를 국가급 문화재로 지정했다. 현재 중국에서 보존 중인 것으로는 가장 오래 전에 만들어졌고 현재까지도 계속 사용하고 있기에 '살아있는 문화재'라 부르는데 이곳에서 양조해서 만든 것은 특별히 '국교國窖1573'이라고 부른다. 이것은 고급형 노교특국주로서 국가 연회용으로도 쓰이고 있고, 가격도 다른 어떤 백주보다 비싼 편이다.

고정공주(구징꽁지우)

안휘성 박주^{亳州 보저우}의 고정^{古井} 지방 특산으로 역시 노주대국주 계통의 술이다.

도교의 창시자 이이^{李耳}(이율곡과 성명이 같음)는 노자^{老子}로 널리 알려져 있다. 2300여 년 전 노자가 지팡이로 땅을 그어서 도랑을 만들었는데 이 도랑의 물이 술 빚기에 그만이어서, 이후로 이곳을 주장구^{拄杖溝}라고 부르게 되었다.

고정공주^{古井貢酒 구징꽁지우}는 깨끗하고 투명하기가 수정과도 같고 향은 은근하게 짙어 그 맛이 길게 혀끝에 남는다. 박주는 조조의 고향이기도 한데 그가 스스로 구양춘주^{九醞春酒}라는 술을 만들어 동한 황실에 바치면서 박주가 가장 오래된 명주의 특산지라고 한 것을 보면 구양춘주가 바로 고정공주의 원형인지도 모른다.

6세기 중엽 중국이 남북조^{南北朝}로 갈라져 남조의 양무제^{梁武帝}가 원수^{元樹}를 대장군으로 삼아 박주^{亳州} 지역을 공격했을 때 이곳은 북위

北魏의 번자곡樊子鵠이라는 대장군이 지키고 있었다. 그가 양나라 군을 보니 수도 많고 기세가 등등하여 마주 싸우는 것보다는 성을 지키는 것이 낫겠다 싶어 부하들에게 절대 나가서 싸우지 말고 성을 지키라는 명령을 내렸다. 그런데 부하 장수 중에 독고獨孤라는 장군은 무예가 출중하나 다만 지모가 부족한 탓에 대장군의 뜻을 이해하지 못하고 나가서 싸우는 것을 허락해 달라고 끈질기게 요청하였다. 마침내 허락을 받고 출전한 독고는 수많은 양나라 장수와 병사들을 죽였으나 자신도 많은 상처를 입고 겹겹으로 포위되자 마침내 자신의 칼로 자살을 하였다.

독고가 죽고 난 후 양나라 군은 포위를 더욱 압박했으나 자신들도 양식이 떨어지고 사기가 떨어져 어쩔 수 없이 번자곡에게 휴전을 제의하고 후퇴를 하였는데 번자곡은 겉으론 동의하는 척 하고 매복을 했다가 총공격을 가해 수많은 양나라 군졸들을 살상하고 대장군 원수의 목을 베었다. 나중에 양무제가 원수의 죽음을 알고 그를 함양왕咸陽王으로 추서했는데 세월이 지나면서 함咸자와 감減자가 혼동되면서 이 지역의 이름도 감점집減店集으로 부르게 되었다.

  뒷날 누군가 전적지 부근에 있는 독고 장군의 무덤을 손질하다가 주위에 몇 개의 우물을 파게 되었는데 그 중의 하나가 물맛이 매우 좋아서 이 물로 술을 담그기 시작했다. 천여 년이 지나도록 이 오래된 우물로 술을 담갔다. 그러다보니 이름도 자연스레 고정주古井酒 또는 감주減酒라고 불렸는데 명나라 때부터 청대에 이르기까지 오랫동안 황실에 공물로 바쳤던 까닭에 고정공주古井貢酒라는 이름을 얻게 되었다. 이로 인해 중화인민공화국 건국 이후 봉건적이라는 이유로 한때 생산이 중단되었다가 다시 생산을 개시했다. 주요 원료는 수수이며 밀, 보리, 완두콩으로 누룩을 만든다.

동주(둥지우)

사람들은 '동주^{董酒}를 마시지 않으면 술을 이해 못 한다'고 말하는데 이는 동주의 동^董 자와 이해한다는 말의 한자어 동^懂이 발음이 같은 것을 가지고 재미있게 하는 말이다.

동주는 귀주성 준의^{遵義} 지역 특산으로 알코올 도수가 높다.

마오타이주의 생산지는 마오타이진이지만, 마오타이진 이외의 인근 지역에서 마오타이주와 비슷하게 만든 술은 마오주^{茅酒}라고 한다. 마오타이주의 제조비법은 물론 마오타이 양조장만의 것이지만 중국 해방 이후 이 비법이 곳곳에 전해져 기술의 평준화 현상이 생겼다.

동주는 준의에 있는 동공사^{董公寺}라는 지명을 딴 것으로 기본적으로는 마오타이주의 기술을 바탕으로 만들되 대국과 소국을 혼합하는 방식으로 만든다. 장기간 보존한 증류 원액을 재증류하여 이것을 오래 발효한 술과 혼합하는 방식이므로 조니 워커나 발렌타인처럼 일종의 블렌디드 백주에 속한다 하겠다.

　전설에 따르면 오래 전 준의성 밖에 있는 동공사 인근에 작은 양조장이 있었는데 주인의 작은아들이 총명하고 배우는 것을 좋아하여 양조 기술을 개선하려고 열심히 노력하였다. 이런 그에게 할머니는 늘 "각종 술을 만드는데 정통한 주화선자酒花仙子를 찾아가 그에게서 가르침을 받아라. 다만 성질이 괴팍하니 모름지기 조심해야 할 것이다."라고 가르쳤다.

　작은아들은 17세가 되자 할머니의 말에 따라 주화선자를 만나러 길을 떠났다. 어느 날 밤 청년이 산길을 걷고 있는데 큰 비가 내려서 방향을 잃고 헤매다 꽃밭에 이르렀는데 이곳에서 우연히 주화선자를 만났고, 이내 둘은 마음이 통하게 되었다. 주화선자는 주연을 베풀고 대화를 나누던 중 술 빚는 방법에 대해 가르침을 주었다. 얼마 후 둘이 취하자 주화선자는 얼굴이 붉게 물들어 깊은 잠에 들었고 청년도 취기가 돌면서 주화선자의 아름다운 모습에 순간적으로 정욕이 일었으나 순간 할머니의 가르침을 상기하고 욕심을 가라앉히고 그녀의 곁에 누웠다. 다음 날 술이 깨고 보니 그는 작은 계곡의 물가에 누워 있었다. 그는 그녀가 가르쳐준 비법을 기억해낸 다음 그 계곡의 물로 술을 빚기 시작했는데 바로 이 술이 동주의 원형이라는 것이다.

청나라 말기 이곳에는 10여 개의 양조장이 있었는데 그 중에서 정程 씨 성을 가진 사람의 술이 가장 뛰어났다. 그래서 사람들이 이 양조장에서 만든 술을 '정가교주程家窖酒' 또는 '동공사교주董公寺窖酒'라고 부르다가 1942년에 비로소 동주로 이름을 정했다. 해방 전에는 기술이 외부로 전해지지 않고 있다가 해방 후 주인이 설비를 반출해 떠난 바람에 한때 생산이 중지된 적도 있다. 1957년에 원래의 양조장을 복구하고 재생산을 시작해 다시 명주의 반열에 올랐다.

양하대국주(양허따취지우)

양하대국주^{洋河大麯酒}는 강소성 사양^{泗陽}의 양하^{洋河} 양조장에서 만드는데, 이름에서 알 수 있듯이 큰 누룩[大麯]과 '미인천^{美人泉}'이라는 좋은 물을 사용해 만든다.

강소성은 절강성과 함께 중국의 곡창지대로서 황주의 산지로 유명하다. 양하대국은 강소성에서 생산하는 거의 유일한 백주로서 마오타이라든가 노주대국처럼 강하지는 않지만, 맛이 좋고 부드러운 향을 자랑한다. 양하대국의 술병은 불투명한데 엷은 녹색과 짙은 녹색 그리고 푸른색의 세 가지가 있으며 디자인적으로 매우 뛰어나다는 평을 듣고 있다.

오래 전 사절단으로 남경을 방문했을 때 남경시장이 베푼 저녁 자리에서 처음 맛을 보았는데, 순하게 목을 타고 넘어가는 술맛에 그야말로 홀딱 반했다. 그 뒤로 가는 곳마다 이 술을 찾지만, 아무

곳에서나 구할 수 없는 것이 아쉬운 점이다. 개인적으로 가장 좋아하는 술 두 가지를 꼽으라면 양하대곡을 고르는 데 주저하지 않을 것이나 다른 하나는 마오타이와 검난춘 중에서 고민을 해야 될 것 같다.

전흥대국주(취앤싱따취지우)

　사천성 성도의 남쪽으로는 금강^{錦江}이 흐르고 이 강가에 모자라거나 넘치지 않는 좋은 우물이 있는데, 사람들은 이것을 설도정^{薛濤井}이라 부른다.

　설도^{薛濤}는 일찍이 환관가문 출신의 부친을 따라 이곳 성도로 왔다가 부친이 죽자 이름난 기생이 되었다. 그녀는 이 우물 근처에 살면서 우물물로 먹을 갈아 글도 쓰고 시도 읊곤 하였는데, 뒤에 사람들이 이 물로 술을 담그니 맛이 좋아 사방에 널리 알려지면서 설도가 사용하던 우물이라고 해서 설도정이라 하게 된 것이다. 조선의 명기 황진이에 비할만한 중국의 여류 예인이라 하겠다.

　문헌에 따르면 전흥대국주^{全興大麴酒}를 만드는 생산공장의 전신은 1824년에 설립된 '전흥노호^{全興老號}'인데, 노주대국주와 같은 계통의 술이다. 수수와 보리누룩으로 빚어 60일의 발효 과정을 거쳐 만든 다음 1년 이상을 창고에 넣어 숙성시켰다가 출하한다.

고량주(까오량지우)

고량주^{高粱酒}하면 천진산 고량주가 대표적이다.

고량은 우리말로 수수를 뜻하며 예전부터 우리나라 중국집에서 빼갈^{白乾兒 바이갈}이라는 이름으로 마신 술은 모두 고량주에 속한다. 수수는 중국 최남단으로부터 동북지방까지 생산되지만, 동북 3성의 생산량이 전체의 3분의 1을 차지한다. 동북지방에서는 수수를 주식으로 삼아 일단 삶아서 탄닌 성분을 빼낸 다음, 다시 물을 붓고 끓여 죽을 만들어 먹었다. 이밖에 술 원료, 가축의 사료로도 쓰며, 줄기는 말려서 연료나 건축 재료로도 쓰는 등 동북 지방 농민들에게 없어서는 안 될 중요한 작물이었다. 이 수수로 만든 천진의 금성패^{金星牌} 고량주는 고량주 중에서도 가장 뛰어나다. 고량주뿐만이 아니라 모든 백주가 주원료로 수수를 기본으로 하되 여기에 옥수수나 보리 등의 다른 곡류를 섞어서 쓰고 있음은 이미 수차 언급하였음을 다시 밝혀 둔다.

　대륙에 천진 고량주가 있다면 대만에는 금문고량주金門高粱酒(진먼까오량지우)가 있다. 보도대만제1명주寶島臺灣第一名酒라고도 하는 대만의 명주 금문고량주는 금문도에서 나는 수수를 사용해 고량주 특유의 강한 맛을 없애고 맑고 단 맛이 나도록 제조한 명주다. 보도寶島란 대만을 아름답게 부르는 별칭이다.

　38도의 낮은 술과 58도로 높은 술 두 가지가 있다. 가격이 대륙의 명주 못지않게 비싸지만 품질도 결코 뒤지지 않는다. 마실 때도 깔끔하지만 마신 뒤끝이 깨끗해서 필자도 즐기는 편이다.

태백주(타이빠이지우)

이태백이 안휘^{安徽} 마안산^{馬鞍山}의 채석기^{采石磯}라는 곳에 머무를 때의 일이다. 당시 마을에는 큰 술집이 있었는데 주인은 노^魯씨 성을 가진 사람으로 항상 겉으로는 온화한 성품을 가진 척하며 입으로는 아미타불을 읊조리지만, 실제로는 돈 벌 궁리에만 열중하여 일꾼들이 조금만 한눈팔아도 야단을 치고 걸핏하면 내쫓곤 하였다.

이태백이 처음 올 때만 해도 친절하던 주인은 이태백이 돈이 없는 것을 알고부터는 시간이 흐를수록 박대를 하더니 마침내는 자기가 상대하지도 않고 종업원들에게는 반드시 돈을 받고 술을 팔 것을 엄명하였다. 그러나 그들은 마음속으로 이태백을 존경했기 때문에 그가 오면 친절히 대하고 돌아갈 때는 병에 술을 가득 채워 보냈다.

어느 추운 겨울날. 이태백이 술집에 나타나자 자리에 앉아 있던 주인은 곱지 않은 시선으로 그를 흘겨보고서는, "죄송하오나 우리 집은 규모도 작고 술독도 얕아 선생님 같은 주호^{酒豪}는 당할 재간이

없습니다."라고 말하였다. 말은 점잖아도 돌아가 달라는 말이나 다름없다.

이를 들은 이태백은 품속에서 마지막으로 가지고 있던 은화 한 닢을 꺼내어 그의 앞에 던져 주었다. 금세 입이 벌어진 주인은 종업원들에게 어서 빨리 주안상을 올리라고 성화다. 그러나 이태백은 손을 흔들어 말렸다. 다음에 다시 온다는 말과 함께 그는 돌아갔다.

다음날 밤 다시 온 이태백은 밤새워 마시더니 그 후로 매일같이 와서 마시는 것이었다. 은화 한 닢으로 도대체 얼마나 오래 마실 작정인가 하고 화가 난 주인은 종업원들을 불러 술에 물을 타서 대접하라 일렀다. 그러나 이태백은 물 탄 술이라는 것을 알면서도 군말 없이 잘 마시는 것이었다. 이렇게 되면 약이 더 오르는 것은 당연한 이치. 참다못한 주인은 이제부터는 더러운 강물을 퍼 담으라고 지시하였다.

이태백이 집에 돌아와 술을 마시려고 하니 냄새가 나며 구역질이 올라와 더러운 물이 섞인 것을 알아차렸다. 기분이 상한 그가 강가를 거닐며 울분을 삭이는 참에 머리가 하얀 노인이 그를 맞아 집안으로 모셨다.

"저는 유주幽州사람으로 이름을 기紀라고 합니다만 오래 전에 흉년이 심하여 나무껍질을 벗겨 배고픔을 면하려고 하루는 처와 아들과 함께 산에 오른 적이 있었습니다. 그런데 호랑이가 나타나 제 처를 잡아먹고 제 자식마저 해치려 할 때에 선생님이 나타나 우리를 구해 준 적이 있었습니다. 그 후로 선생님을 찾아 은혜를 갚으려 했으나 도무지 알 길이 없던 차에 이제 뵈었으니 천만 다행입니다."

이태백도 그의 이야기를 듣자 젊은 시절의 일이 떠올랐다. 노인에게 자식은 어찌되었느냐고 묻자 바로 그 노가의 술집에서 일하고 있노라는 대답이었다.

"저는 지금 물고기도 잡고 땔나무도 베어 생활은 그런대로 꾸리는 중입니다만, 자식놈에게 듣자하니 노가란 자가 성격이 음험하고 욕심이 많아 선생님에게 차마 해서는 안 될 짓을 했던 모양입니다."

그러고서는 술항아리를 하나 꺼내 와서는 술잔이 넘치게 따라 마음껏 드시라고 권하였다. 잔을 거듭하여 취하자 이태백은 밖으로 나와 연벽대聯璧臺로 발을 옮겼다. 멀리는 장강長江의 물이 소용돌이쳐 흐르고 하늘에는 지는 해가 피처럼 붉게 물들고 있다. 기씨 노인은 이내 이태백이 시상을 가다듬고 있음을 눈치 채고 벼루와 붓을 준비하였다. 이윽고 이태백은 목소리 낭랑하게 시를 읊기 시작하였다.

천문산은 끊어지고 초강은 흐르는데 天門中斷楚江開
푸른 물 동으로 흐르다 예서 돌린다. 碧水東流至此回

강 양안에는 푸른 산이 맞대어 서 있는데 兩岸靑山相對出
외로운 돛배 태양으로부터 오누나 孤帆一片日邊來

그는 붓을 들어 거침없이 써서 노인에게 주었고 이를 공손하게 받아들은 노인은 그의 집 벽에다 조심스럽게 붙여 놓았다. 그런데 그날 이후 그 집을 지나가는 사람들 모두가 이를 보고 감탄하는 것이었다. 마침내 기씨 노인의 집에는 글깨나 안다는 사람들이 반드시 찾는 명소가 되었고 노인은 이들을 맞아 식사대접, 술대접에 많은 돈을 벌 수 있었다.

이와는 대조적으로 노가의 술집은 파리를 날리게 되었으므로 노가는 어느 날 기씨 집으로 몰래 와서 그 비밀이 어디 있는지를 알아보고서는 많은 돈과 술을 짊어지고 이 태백을 찾아갔다. 이런 그의 속셈을 모를 이태백이 아니다.

이태백은 "그대의 술항아리는 바닥이 얕은데 내가 마실 술이 있는가?"라고 말하고서 그를 물리쳤다. 얼마 되지 아니하여 노가의 술집은 망하였고 몇 년이 지나 기씨 노인도 병들어 죽었다. 이태백은 술을 강물에 붓고 사흘을 통곡하더니 그를 위해 시 한 수를 더 지었다.

기씨 노인은 황천으로 돌아갔지만 紀叟黃泉里
아직도 노춘 술을 빚어야 하는데 還應釀老春
무덤에 이태백이 없으면 夜台無李白
누구에게 술을 팔리오. 沽酒與何人

기씨 노인이 담가 팔던 태백주太白酒 타이빠이지우는 안휘성의 명주에 속한다.

두강주(뚜캉지우)

옛 도시 낙양^{洛陽}에서 남쪽으로 수십 리, 이수^{伊水}와 합쳐지는 작은 강이 있는데 남쪽에서 북쪽을 향해 흐르는 물길을 두강하^{杜康河}라 한다. 두강주^{杜康酒}는 이 두강하 근처에 있는 이천^{伊川}에서 생산하는 술이다.

옛날 죽림칠현 중의 유령^{劉伶}이 두강^{杜康}이 빚은 술을 마시고서 3년을 취해 있었다는 소위 두강취유령^{杜康醉劉伶}의 이야기가 바로 이 두강주와 관련이 있음을 얘기하고자 한다. 그런데 기원전의 동주^{東周} 시대에 살았다고 하는 두강이 어떻게 해서 기원후 3세기 말의 서진^{西晉} 시대에 살았던 유령을 취하게 할 수 있었을까. 그 시간차는 무엇으로 설명할 수 있는가.

2,500여 년 전 동주시대에 두강이라고 하는 양조 기술자가 있었다. 좋은 칼을 벼리는 데는 좋은 철이 필요하고 좋은 술을 빚는 데

는 좋은 물이 필요한 법이다. 양조에 뛰어난 재주를 가진 두강은 이러한 원리를 잘 알고 있었으므로 좋은 물을 찾기 위해 여행을 떠났다. 용문龍門을 떠나 이수伊水를 거슬러 올라가다가 작은 시냇물을 발견하고 그 시냇물의 상류를 찾아 올라가니 샘이 있었다. 손으로 물을 떠서 맛을 보자 달면서 시원한 것이 그로서는 대만족이었다.

 두강은 지체 없이 이곳에 양조장을 차리고 엄선한 재료를 써서 술을 담갔는데 머지않아 이 술은 널리 알려졌고 사람들은 다투어 이 술을 사고자 하였다. 이에 다른 양조업자들도 뒤질 새라 이곳으로 몰려들어 인적도 없던 곳에 술집 마을이 들어서게 되었다. 소문은 왕의 귀에도 들어가 이 술을 맛본 왕 역시 매우 흡족하게 생각하고 어용주^{御用酒}로 지정하였으며 두강에게는 주선^{酒仙}이라는 칭호를 내렸다. 이후 두강의 마을은 두강선장^{杜康仙庄}으로, 물이 나는 샘은 주천^{酒泉}으로 부르기 시작하였다.

그의 명성은 하늘에도 알려져 옥황상제도 그를 하늘로 초청하여 술을 빚도록 하였는데 본래 하늘의 며칠은 지상의 수천 년에 해당하는지라 하늘에서 며칠 보내는 사이에 그만 중국에서는 몇 개의 왕조가 바뀌면서 천여 년이 흘렀다고 한다.

그러던 어느 날 한 동자가 서왕모^{西王母}(곤륜산^{崑崙山}에 살며 불로불사의 영약을 가지고 있다고 전해지는 전설 속의 여신)의 노여움을 받아 지상으로 쫓겨 가는 일이 발생했다. 이 동자는 서왕모가 연회에 쓰려고 준비한 술을 마시고 더구나 그녀가 아끼던 유리잔을 깨뜨려 버렸던 것이다. 이 동자가 바로 죽림칠현 중의 한 명인 유령이다. 유령은 지상으로 쫓겨 온 뒤로는 매일 술을 마시며 은둔생활을 하였다. 서왕모는 유령의 형기가 끝나기를 기다려 두강을 지상으로 보내 그에게 가르침을 주고 데려 오고자 하였다.

초여름 여행을 떠난 유령은 복우산^{伏牛山} 기슭에 자리한 두강산장에 이르렀다. 마을 입구의 주점을 바라보니 문 앞에 대련^{對聯}(한 쌍의 대구^{對句}를 종이나 천에 적어 문이나 기둥에 붙여 놓은 것으로 특히 설날을 맞아 써 붙이는 것은 춘련^{春聯}이라고 한다)이 붙어 있는데 하나는 '맹호도 한잔이면 산속에 취하고(猛虎一杯山中醉)', 다른 하나는 '교룡도 두 잔이면 바다 속에 잠든다(蛟龍兩杯海底眠)'는 구절이었다. 또 그 한편에는 취하지 않으면 3년간 돈을 받지 않는다는 글귀도 붙어 있었다. 이것을 본 유령은 피식 웃고서는 주점 안으로 들어가 주인을 불러, "그대 주점에는 술이 몇 독이나 있소?"하고 물었다.

주인이 대답하기를 "작은 주점이다 보니 술은 한 독밖에 없습니다."라고 했다. 유령은 기가 차다는 표정으로 말했다.

"한 독이라고? 그것으로야 어디 나 한 사람이나 만족하겠나?"

그러자 주인이 말했다.

"손님께서 모르셔서 하는 말씀이지만 우리 집 술은 천하에 이름 높은 두강주杜康酒입니다. 보통의 손님이라면 작은 잔 하나로 만족하실 것이고 웬만한 대장부도 큰 잔 하나면 그만입니다."

유령은 이 말을 듣자 아무래도 자신이 돈이 얼마 없을 것으로 짐작하고 허튼 수작을 부리는 게 틀림없다고 생각하고서 주인을 혼내주고 싶어져 고집을 부렸다.

"주인장. 아무튼 취할 때까지 마시고 싶으니 돈 걱정일랑 말고 술독을 내 앞으로 가져 오시구려."

주인은 이 말에 손을 내저으며 부인하였다.

"아니올시다. 저는 돈을 벌려고 이러는 게 아니라 손님의 몸 생각 때문에 그러는 것뿐입니다."

유령은 주인에게 붓과 종이를 가져오라 하여 여기에 '봄놀이에 나온 유령이 술집을 지나다 들러 술 한독을 청했다. 고주망태가 되어도 다른 사람과는 관계가 없노라.'는 내용의 글을 적었다.

이제 누구도 말릴 일이 아니다.

유령은 잔을 들어 한 잔 한 잔 마셨는데 석 잔을 거푸 마시고 나니 더 이상 마실 수가 없음을 느꼈다. 그러나 많은 사람 앞에 큰 소리를 친 것이 부끄러워 쓰러지기 전에 주점을 떠나려 생각하고 자리에서 일어섰지만 몸을 가누지 못해 쓰러지며 술독을 깨뜨리고 말았다. 깨진 독에서 술이 쏟아졌으나 이것을 어찌할 경황도 없이 그는 집으로 돌아와서 며칠이고 눈을 뜨지 못하고 잠만 자다가 나흘

청나라 때에 그려진 유령취주도劉伶醉酒圖

째 되던 날 마침내 숨을 거두고 말았다. 비탄에 잠겨 있던 유령의 처는 남편의 시체를 관에 담아 매장했다.

그 후 삼년이 지나 유령이 하늘로 돌아갈 날이 되었다. 이날 두강은 유령의 집을 방문하여 유령의 처에게, "삼년 전 남편 되시는 분은 저의 주점에 들러 술을 마시다가 석 잔을 마시고서 술독을 깨뜨리고 그냥 돌아갔습니다. 이제 술값을 받으러 왔습니다."라고 했다.

이 말을 들은 유령의 처는 분이 치밀지 않을 수 없었다.

"원수를 이제야 만났구나. 관청에 가서 재판을 받아보자. 남편을 죽도록 만들어 놓고 돈을 내놓으라고? 내 남편을 살려내면 외상값을 갚아주마."

그녀는 하인을 불러 두강을 관청으로 데려 가려 하였다.

큰 소란이 일어 사람들이 모여들자 두강은 큰 소리로 말하였다.

"아니 여러분. 이 부인은 남편 되는 분이 내 술을 마시고 돈을 내지 않았는데도 불구하고 나를 관청으로 끌고가 재판을 받자고 합니다. 이런 경우 없는 일이 어디 있습니까?"

사람들이 듣고 보니 이치가 분명했다. 부인의 흥분이 가라앉기를 기다려 두강은 삼년 전의 일을 자세히 설명해주고 유령이 썼던 글도 보여 준 다음, "사실을 말씀드리자면 유령 선생은 돌아가신 게 아니라 취해 있을 뿐입니다. 함께 그 분의 묘로 가서 파보면 알게 될 것입니다."라고 말하였다.

사람들은 모두 놀라 호기심을 가지고 그를 따라 가서 묘를 파보았다. 목관을 열자 유령은 눈을 비비고 일어나는데 입에서는 아직도 술 냄새를 풍기면서 하는 말이 "아, 정말로 센 술이군요."

이때 하늘로부터 아름다운 빛이 쏟아지더니 두강은 구름에 올라 유령의 손을 잡아끌었다. 유령의 처가 슬피 어디로 가느냐고 외치는 소리를 멀리 하고 그들은 하늘로 올라가는데 두강은 어깨에 걸쳤던 돈주머니를 유령의 처에게 던져 주었다. 이것은 땅으로 떨어지다가 하얀 비단으로 변했는데 거기에는 "남편께서는 서왕모에게 인사를 드리러 가는 길이요"라는 글이 적혀 있었다.

이상의 이야기가 두강이 유령을 삼년이나 취해 잠들게 만들었다는 전설이다.

두강주는 1975년에 정식으로 다시 생산을 개시하였는데 원료는 역시 수수이고 알코올 도수는 60% 정도로 높다. 다만 유령이 마신 술만큼 독하지는 않으니 우리는 안심하고 마셔도 되겠다. 유령은 술꾼답게 술의 덕을 칭송한다는 주덕송酒德頌을 지었다. 무위자연의 분위기가 물씬 풍기는 글이다. 유령의 됨됨이를 이해하는데 도움이 될까 하여 그 중의 일부만을 토막토막 꺼내어 소개한다.

해와 달을 문과 창문으로 삼고 日月爲扃牖
광활한 천지를 집 뜰로 삼는다 八荒爲庭衢

길에는 수레바퀴 자국이 없고 行無轍跡
일정한 거처도 없어 居無室廬
하늘을 천막으로 삼아 幕天席地
마음대로 맡긴다 縱意所如

술 단지와 술통을 받쳐 들고 方捧甖承槽
술잔을 대고 탁주를 마시다가 銜盃漱醪
수염을 쓰다듬고 두 다리를 쭉 뻗고 앉아서는 奮髥踑踞
누룩을 베게삼고 술지게미를 자리삼아 누우니 枕麴藉糟
생각도 없고 걱정도 없으며 無思無慮
그 즐거움이 도도하다 其樂陶陶

 유령은 술을 남달리 즐겨하여 평소 작은 수레를 타고 한 병의 술을 지니고 다니며 마시다가 자기가 죽거든 어느 곳이든 죽은 그 자리에 묻어달라 했다고 한다.

죽엽청(주예칭)

대나무는 중국에서는 쓰임새가 매우 다양한 산물이다. 집짓는 데도 쓰고 종이의 원료로도 쓰인다. 중국 남부 지방에서는 지금도 제법 대형건물을 짓거나 보수하는데 대나무로 겉을 쌓아올려 올라가기 쉽게 한다. 이른바 비계공^{飛階工}들을 위한 발받침 구실로 이용하는 것이다. 홍콩이나 중국 남부 지방에 가면 곳곳에서 이러한 설치물을 볼 수 있다. 또한 죽순은 많은 요리에 없어서는 안 되는 귀한 재료로 사용된다. 그래서인가. 소동파는 '음식에 고기가 없을망정 거처에 대나무가 없어서야 되랴.'고 할 정도로 예찬했다. 게다가 댓잎은 중국의 이름난 명주, 죽엽청의 향료로 쓰이기도 한다.

죽엽청^{竹葉靑}은 분주를 기본으로 하여 댓잎과 치자나무 같은 10여 종의 약재를 우려내어 만들기 때문에 단맛이 나면서 연한 빛을 띠어서 죽엽청이라는 이름을 얻게 되었다. 여러 가지 약재 때문에 붉은피톨을 늘려주며 위를 튼튼하게 해주는 효과가 있다고 한다.

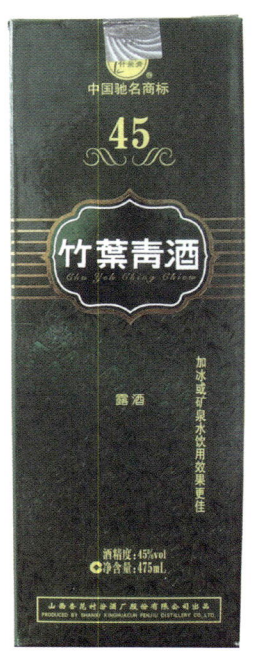

이 술에는 다음과 같은 이야기가 전해온다.

지금으로 부터 약 1,400년 전 쯤인 수나라 무렵에 산서^{山西} 지방에서는 양조장 주인들이 일 년에 한 번씩 모여 각자가 만든 술을 가지고 품평회를 열었다고 한다. 그런데 그중에 오래도록 대회에 참가하였으나 항상 꼴찌만 하고 좋은 평을 얻지 못하는 업자가 한 사람 있었다. 그러던 어느 해에도 대회가 열렸지만 입상에 자신이 없는 그로서는 참가를 하자니 내키지 않고 그렇다고 참가를 안 할 수도 없어 고민을 하다가 일단 참가는 하기로 하고 대회장으로 가면서 일꾼들에게 자기는 먼저 가니 천천히 따라 오라고 일렀다.

주인이 떠나고서 해가 높이 뜬 한낮에 일꾼 둘이서 술통을 메고

대회장으로 가는 도중에 대밭에 이르자 땀이 비 오듯 하여 둘은 갈증으로 목이 타서 견딜 수가 없었다. 술통을 내려놓고 물을 찾았으나 근처에 마을도 없고 샘도 찾을 수가 없으므로 하는 수 없이 술이라도 한 모금 마시자 생각하고 술통을 열었다.

그러나 술통을 열고 보니 이번에는 퍼 마실 그릇이 없었다. 그러자 그중 한 사람이 옆의 대나무에서 잎을 따 잔 모양으로 만들어 술을 퍼서 마시기 시작하였다. 한 잔 두 잔 하다 보니 갈증은 풀고 피곤도 가셨지만 술통에는 술이 반밖에 남아 있지 않았다.

당황하여 허둥대던 그들의 발부리에 채인 큰 돌을 옮기자 그 밑에는 조그만 샘이 있어 맑은 물이 샘솟는다. 옳다구나 생각하고 그들은 댓잎으로 만든 잔을 이용하여 열심히 물을 퍼 담았다.

술통을 다 채운 뒤 갈 길을 재촉하여 대회장에 겨우 도착하였으나 이미 대회는 끝나갈 무렵이었다. 기대할 것도 없지만 기왕에 가져온 것이니만큼 주인은 술을 한잔 퍼서 품평위원장에게 맛을 보도록 권하였다. 성의를 보아 한 모금 마신 위원장은 눈이 휘둥그레지면서 놀라 다른 품평위원들에게도 마셔 보도록 권하였다. 이제까지 마셔본 술과는 전혀 다른 술이 아닌가. 술은 부드러우면서도 댓잎 향이 은은했다. 위원 모두는 이구동성으로 금년 최고의 술로 꼽았고 주인은 꿈에도 그리던 영예를 안고 집으로 돌아오게 되었다.

돌아오는 길에 주인이 일꾼들에게 어찌된 영문인지를 묻자 그들은 사실을 털어 놓았다. 주인은 집에 돌아오자마자 약간의 돈을 주면서 누구에게도 발설하지 말라고 타이른 다음 그 물이 솟아났던 대나무밭 일대를 사들여 그곳에 양조장을 차렸고 더욱 노력을 기울인 끝에 오늘의 죽엽청을 만들어 낼 수 있었던 것이다. 죽엽청이 도수가 비교적 낮은 것은 이런 연유 때문인가?

삼화주(싼후아지우)

광서廣西의 계림桂林 꿰이린은 산수갑천하桂林山水甲天下라 하여 경치가 세상에서 가장 아름답다고 자부하는 곳이다. 실제로 안개가 피어 오른 이강漓江을 배를 타고 지나다 보면 아닌 게 아니라 금방이라도 어느 모퉁이에선가 신선이 구름을 타고 나타날 것만 같은 착각에 빠진다.

계림은 또한 계수나무로도 유명하다. 계림桂林이란 이름이 계수나무 숲이라는 뜻이기도 하지만 가을이 되면 가로수로 심은 길가의 계수나무에서 저마다 꽃향기를 뿜는다. 이 향기를 담은 술이 바로 삼화주三花酒이다.

삼화주는 고량주 등과 같은 계열에 속하며 중국 남부 특산의 쌀로 만든 술이다. 술맛이 깨끗하면서도 뒷맛이 단 것이 한편으로는 결점이기도 한데 마신 후 목 안쪽에 약간의 이질감이 느껴지는 탓에 이것을 피하자면 공복에 한 잔을 원샷으로 마시는 방법이 있다. 통상 백주는 특유의 풍미가 있기 때문에 칵테일용으로는 맞지 않지만, 삼화주는 다른 술과 비교적 잘 어울린다.

　옛날 계림 교외의 계화도桂花島에 상랑象郞이라고 하는 젊은이가 살았다. 그는 어렸을 때 마당에 계수나무 한 그루를 심었는데 정성으로 돌보아서 십여 년이 지나자 커다란 나무로 자라났다.

　밝은 달이 하늘에 둥실 뜬 어느 추석날 밤, 이날도 그는 다른 해와 마찬가지로 계수나무 밑에 술과 월병月餠 웨뼝을 차려 놓았는데 어디선가 "상랑, 상랑"하고 부르는 소리가 들려왔다. 귀를 기울이고 찾는데 나무 위에서 예쁜 처녀가 사뿐히 내려 왔다.

　놀라는 그에게 그녀는, "저는 계화선녀桂花仙女입니다. 18년이나 돌봐주셔서 고맙기 그지없사와 괜찮으시다면 도련님의 처가 되고 싶사오니 거두어 주시기 바랍니다." 하는 것이었다.

　그 계수나무는 계화선녀가 몸을 변신한 것으로 상랑의 부지런과 성실함을 매일같이 지켜본 끝에 그녀는 상랑과 결혼할 것을 마음속

으로 다짐하였던 것이다. 상랑이 기쁨에 넘쳐 처로 삼고 싶다고 대답하자 둘은 그녀가 스스로 빚어 가져온 술을 따라 하늘에 변치 않는 사랑을 맹세하였다.

그러나 어찌하랴. 이 일이 거북왕[龜王]과 뱀부인[蛇夫人]에게 알려져 둘은 이를 샘내어 그들의 결혼식에 노인으로 변신하여 나타났다. 모두가 축하를 하고 있을 때 둘은 돌연 정체를 드러내어 하객들이 놀라는 틈을 타 계화선녀와 술을 훔쳐 달아났다. 거북왕은 계화선녀를 동굴에 가두어 두고 장수주長壽酒를 만들도록 협박하였다. 그러나 그녀가 완강히 거절하자 거북왕은 그녀를 죽음의 감옥에 넣어 버렸다.

한편 선녀를 빼앗긴 상랑은 매일을 눈물로 지새며 보내다가 마침내 그녀를 찾아 나서 천신만고 끝에 선녀를 몰래 구해 도망쳤으나 이 사실을 안 거북왕과 뱀부인이 병졸들을 이끌고 추격하며 쏘아댄 화살에 맞아 죽고 말았다. 선녀가 칼을 휘둘러 그들을 모두 죽이고 원수를 갚았으나 이미 그리운 님은 죽은 몸이다. 선녀는 낭군을 장사지내고 다시 달나라로 올라갔다.

달나라에 심은 계수나무가 꽃을 피우면 선녀는 꽃을 따 지상의

계림의 풍광

상랑 묘에 뿌려 주었다. 그후 계림에는 계수나무가 무척 많아졌는데 지금도 추석 무렵 곳곳에 계수나무 꽃이 흩날리면 사람들은 계화선녀가 남편의 묘 위에 뿌리는 꽃이라고 생각한다.

이 계수나무 꽃과 이강漓江의 물을 사용하여 담그는 술이 바로 상랑과 계화선녀의 비극적인 사랑을 꽃피운 삼화주三花酒이다. 그러면 삼화주의 이름은 어디서 온 것일까.

옛날 사람들은 흔히 술병을 흔들어 거품이 일어난 것으로 보아 작은 거품(즉 술꽃)이 많고 오래 가면 도수가 높고 좋은 술로 생각했다고 한다. 삼화주는 크고 작은 거품이 세 가지로 생기기 때문에 붙여진 이름이다.

향교주(시앙챠오지우)

 광서^{廣西} 녹채^{鹿寨} 현의 어느 깊은 산속에는 절벽 사이를 연결하는 돌다리가 있다. 이 다리에서 멀지 않은 곳에 맛있는 물이 나오는 샘이 있는데 향교주^{香橋酒}는 바로 이곳 물로 담근 술이다.
 옛날에 이 다리가 없을 때 사람들은 등나무 넝쿨에 매달려 이 절벽을 건너곤 했지만 조금이라도 실수가 있으면 절벽 밑으로 떨어져 목숨을 잃었으므로 이곳에 다리를 놓는 것은 꿈과도 같은 숙원 사업이었다. 그렇지만 이 일이 만만치 않은 난공사라서 어쩔 수 없이 등나무 넝쿨 다리를 사용할 수밖에 없었다.
 어느 날 이곳을 지나던 노반^{魯班}(목수^{木手}의 신으로 노반문전무대부^{魯班門前舞大斧}하면 노반의 집 앞에서 큰 도끼를 휘두른다는 뜻이니 공자 앞에서 문자 쓴다는 것과 같은 의미이다)이 주민들의 고생이 심한 것을 보고 그들을 위해 하룻밤 사이에 돌다리를 만들어 주었다고 한다. 다음날 노반이 떠나는 것을 본 동네 사람들은 때마침 잘 익은 복숭아

항교주 전설이 서려 있는 돌다리. 광서성 녹채현 군산에 있다.

를 따서 가는 길에 목이 마르면 드시라고 선물로 드리면서 다리 이름은 무엇으로 정하면 좋을지 그에게 물었다. 이때 복숭아 두 개를 먹은 노반은 씨를 돌다리 양쪽 끝의 밑뿌리에 하나씩 던지면서 "내년에 이 복숭아가 자라면 다리 이름을 붙이시오."라고 말하고는 길을 떠났다.

그가 떠난 뒤 사람들은 이 다리를 지날 때마다 노반의 은공에 감사드리는 의미에서 복숭아 씨가 던져진 곳에 물을 주었다. 이 때문인지 복숭아는 곧 싹이 트더니 이듬해 봄에는 꽃이 피었고 머지않아 복숭아도 열렸다. 이 복숭아는 향이 무척 진하여 다리 밑을 지나는 물까지도 단맛으로 변하였다. 그래서 사람들은 다리를 향이 나는 다리라 하여 향교^{香橋}라 이름 지었고 다리 밑의 물은 향하^{香河}라고 부르기 시작하였다.

그런데 이 다리 근처에는 주점이 하나 있었는데 이 다리를 놓기 전만해도 술이 잘 팔려 돈을 많이 벌었으나 향교를 놓은 다음부터는 술이 잘 팔리지 않게 되었고 이때부터 욕심 많은 주인의 걱정도 많아졌다. 남편의 수심어린 얼굴을 바라보던 아내가 "향하의 물이 단맛이니 우리 술이 잘 팔리지 않는 것은 당연한 일이지요. 다리 끝에 있는 그 복숭아나무만 뽑아 버리면 원래대로 돌아갈 것입니다."라고 아이디어를 내놓았다.

주인은 옳다구나 생각하고 그날 밤 장대와 쇠갈고리를 가지고 가서 먼저 쇠갈고리를 장대에 묶어 복숭아나무를 뽑아내려고 하였지만 갈고리가 나무에 닿지 않았다. 다음에는 장대 두 개를 연결하여 다시 시도해 보았지만 역시 조금 모자랐다. 세 개, 네 개…… 몇 개를 연결해도 항상 결과는 그 거리가 조금 모자라는 것이었다.

해뜰 시간이 다가오면서 둘은 초조해졌다. 마을 사람들이 그들을 보면 비난할 것이 틀림없었기 때문이다. 마침내 남자가 돌다리를 설설 기어서 나무쪽으로 다가갔다. 이제는 갈고리 끝이 복숭아나무의 뿌리 근처에 닿을 수 있었다. 장대를 마구 흔들어대는 바람에 결국 복숭아나무는 뿌리가 뽑혀 절벽 밑으로 떨어졌다.

남자가 다른 편 복숭아나무로 다가가자 그의 아내가 다시 말했다. "잠깐만 기다려요, 여보. 이 나무를 뿌리째 뽑아 집으로 가져가서 심으면 술을 안 팔고 물만 팔아도 되지 않겠어요?"

남자가 듣고 보니 그럴싸한 생각이었다. 그는 마누라의 의견에 찬동하고 복숭아나무를 뿌리째 뽑아 가려고 갈고리를 조심조심 휘둘

렸지만 나무는 조금도 움직이지 않았다.

　지친 사내가 포기하려고 장대를 거두려는데 이번에는 갈고리가 복숭아나무에서 떨어지질 않았다. 손도 장대에 붙은 채 점점 몸이 굳어가더니 마침내는 복숭아나무도 남자의 몸도 돌로 변하고 말았다. 이를 바라본 주인 여자는 공포로 놀래어 다리 아래로 떨어졌는데 이때 그녀의 독기로 향하의 물은 향기를 잃고 말았다고 한다.

　다음날 아침 동네사람들은 다리 밑으로 떨어진 복숭아나무를 찾으려 애를 썼지만 끝내 못 찾고 근처에서 샘물만 발견했다고 한다. 그 후 사람들은 이 물로 향교주(香橋酒)를 담았는데 술에서 복숭아향이 풍긴다는 것이다. 지금도 이 다리 난간 끝에는 복숭아 모양의 석물 조각이 있는데 이것은 이러한 전설을 언제까지고 전하고 싶어 하는 그네들의 바람이리라.

삼편주(싼뻰엔지우)

　삼편주^{三鞭酒}는 물개, 사슴, 뱀 따위 세 가지 동물의 수컷 생식기와 함께 인삼, 녹용 등 40여 종의 한약재를 고량주에 넣어 담근 약용 술로서 옛날부터 불로장생의 술로 알려져 왔다. 수천 년 전부터 궁중이나 일부 귀족들만이 즐겨온 이 술은 기가 허하거나 양기가 부족한 사람들에게 특히 효험이 있다고 알려져 왔다.
　산동^{山東}의 연태^{煙台}에서 제조되는 이 술은 1991년도에는 국제의학대회에서 최고 품질상을 받기도 했는데, 사실 이 술은 술이라기보다는 한약에 가깝다. 이와 비슷한 것으로는 장생장락보주^{長生長樂補酒}가 있다.
　한때 등소평의 장수 비결이 이 술에 있다고 알려져 우리나라의 모 재벌이 이 술을 우리나라에 독점 공급하려다가 실패했다고 전해지는 술이다. 필자는 이 말을 액면 그대로 믿지 않지만 그만큼 많은 사람들의 관심을 끌었던 술임에는 틀림없다. 그러나 술을 약효로만

마시는 것이 아니기 때문에 약효를 강조한다고 해서 대중화되는 데에는 한계가 있을 것이다.

이 술에는 동충하초^{冬蟲夏草}, 대황정^{大黃精} 따위의 신비한 약재가 들어 있다. 특히 동충하초는 겨울에는 벌레가 되고 여름에는 풀이 된다는 약초로 알려져 있지만, 실제로는 버섯의 포자가 애벌레 따위에 기생해서 자라다가 모양이 지네나 다른 곤충같이 변한다는 버섯이다. 청해성에서는 여름이 되면 무려 10만 명이 넘는 인력을 동원해 해발 수천 미터의 고원지대를 이 잡듯이 뒤져 자연산 동충하초를 채취한다.

신풍주(신펑지우)

'남쪽에는 신풍주가 있고 동산에는 어린 기녀가 노래를 부른다 (南國新豊酒 東山小妓歌).'

이것은 당나라 이태백의 유명한 글로서 여기에서 말하는 신풍주는 지금의 단양^{丹陽}에서 나는 황주의 옛 이름이다. 단양 황주는 일종의 쌀로 만든 술로서 맛이 달고 그 빛이 황금색이다.

전설에 따르면 옛날 어느 해인가 고구려 공주가 중국의 산수가 보고 싶어 대륙으로 건너 갔다. 동해 용왕이 평소 공주를 사모했으나 공주가 먼 나라 깊은 궁궐에 있으므로 방법을 찾지 못하다가 이 소식을 듣고는 급히 자신의 배를 타고 공주의 배를 좇아갔는데 용왕의 배에는 고구려의 좋은 술이 실려 있었다.

공주의 배가 중국의 해안에 가까워지자 용왕은 다급해져 배를 급히 몰아 그녀를 뵙기를 청했다. 얼굴이 험상궂은 늙은 용왕을 본 공

주는 기분이 그닥 좋지 않았다. 그러나 용왕은 만면에 웃음을 띠며 "나는 동해의 용왕인데 일찍부터 공주의 미모를 사모해 왔소이다. 원컨대 저의 왕비가 되어 주시오." 하고는 배위의 술단지를 가리키며 "이 술들은 내가 손수 준비한 것으로 결혼식에 사용할 것들입니다. 성심으로 사모하오니 거절하지 마시기 바랍니다." 하고 말했다.

공주는 곧 "나는 지금 중국에 여행가는 길이므로 누구와도 결혼할 생각이 없으니 제 길을 막지 마십시오. 술은 가지고 돌아가 혼자 드시기 바랍니다." 하고 답했다.

용왕은 굽히지 않고 말하기를 "중국으로 가면 좋지 않은 일이 생길지도 모릅니다. 저랑 용궁의 수정으로 만든 궁궐에 가면 진귀한 보물도 많고 얼마든지 즐거이 지낼 수 있는데 굳이 중국으로 갈 필요가 있겠소?"라면서 북을 치자 풍랑이 일어 배가 기우뚱거리며 위태로워졌다.

용왕의 예의 없음에 공주는 마침내 화가 났다.

"중국은 큰 나라로서 산천이 아름답고 인물과 물자가 풍부한데 어찌 용궁과 비교가 되겠습니까? 당신의 왕비가 될 생각은 없으니 그만 돌아가시지요."

용왕이 화가 나 파도를 더욱 거세게 일게 하고 자신의 큰 배로 공주의 작은 배에 부딪치자 공주의 배가 가라앉아 마침내 공주는 바다에 빠져 죽었다. 공주의 시신은 중국 해안으로 떠내려갔는데 얼마 후 바다에 높은 산이 솟아나 여기에 공주의 시신을 묻었다.

지금 강소성 단도^{丹徒} 현과 구용^{句容} 현 사이의 고려산^{高麗山}이 바로 이곳이다. 진강^{鎭江} 시 서남쪽으로 45km 되는 곳에 공주의 배가 가라앉아 생겨났다는 감선산^{坎船山}과 술독이 빠져 생긴 주옹산^{酒瓮山}이 있는데, 술이 새어 흐르다가 단양의 연호^{練湖}로 들어갔기 때문에 이 물로 담은 술은 특별한 향이 있다고 한다. 이태백도 이곳에 와서 극찬을 하며 통음을 하였다고 전해진다. 이곳에서 만드는 술이 바로 단양 황주, 곧 신풍주이다.

수정방(쉬이징팡)과 주위

  1998년 수정가^{水井街}의 양조시설[酒坊] 유적지 발견은 세상을 깜짝 놀라게 했다. 이 유적지는 사천성 성도^{成都}의 수정가에 위치하고 있으며 터파기 공사를 하는 중에 고대 양조 유적지를 발굴하게 되었고, 중국정부는 바로 중점문물단위로 지정했다. 약 1,700m^2의 면적에서 각각 시대가 다른 술 저장탱크, 아궁이, 증류기 터, 기둥, 도자기 등의 유물이 많이 출토되어, 1999년 중국 고고문물 부문의 10대 발견으로 인정되었다.

  이후 '수정방양조회사^{四川水井坊股份有限公司}'가 설립되었고 중국 제일의 빠이지우 양조장[中國白酒第一坊]이라는 모토로 옛 기술을 이용하고 원, 명, 청 3대에 걸쳐 보존된 술 탱크의 미생물 균을 이용해 향이 뛰어나고 감미로운 맛의 여운을 남기는 수정방을 개발하였다. 수정방은 곧 국내외의 폭발적인 인기를 얻어 2006년에 잠재력이 뛰어난 10대 백주에 들었다. 향이 적당하고 마시기에 순할 뿐더러 뒤끝

수정방

이 깨끗해 우리 입맛에도 잘 맞는다. 덕분에 최근 우리 나라사람들이 중국 여행길에서 가장 많이 들고 오는 술이 바로 수정방이다.

그밖에도 마오타이나 오량액, 수정방에 못지않은 품질을 자랑하는 것으로 주귀酒鬼가 있다. 주귀는 호남성에서 생산하는 것으로 토기 모양의 병에 담아 흙으로 만든 뚜껑 부분을 깨뜨려야 열리는 독특한 방식을 취하고 있는데 한참 인기를 끌다가 최근에는 다소 주춤하고 있다. 아마도 다소 진한 향에 거부감을 갖게 된 탓이 아닌가 싶다.

오량액이나 수정방 등의 고급형에 비해서 저렴하면서도 괜찮은 술로 산동성의 공부가주孔府家酒가 있다. 공부가주란 공자 집안에서 담그던 술이라는 뜻인데 만든 지가 그리 오래되지 않았음에도 불구하고 지역 연고를 이용해 마치 공자 집안의 전통주인양 홍보함으로써 일단 마케팅에는 크게 성공한 술이다. 근거가 없는 것이지만, 가격대

원말명초의 시기로 추정되는 수정가 양조시설 중 증류기가 놓였던 자리

비 품질이 좋아 부담 없이 마시기에 괜찮은 편이다.

북경 지방에는 예로부터 이과두주(二鍋頭酒)가 유명했다. 우리로 치면 막소주쯤에 해당하는 대중주인데 두 번 솥에서 증류해낸 탓으로 이름이 이과두주가 되었다. 보급형은 우리 돈으로 불과 백 원 남짓한 것도 있어서 일반 서민들이 부담 없이 마시기에 좋으나, 맛이 약간 거칠고 향이 강한 것이 흠이라면 흠이다. 그러나 마신 뒤끝은 다른 고급 술에 별로 다를 바가 없어 주머니가 얄팍할 때는 기꺼이 마실만하다. 최근에는 우리 돈으로 몇만 원짜리 고급형도 개발했는데, 막소주를 고급화해 놓으면 싼 술을 찾던 서민들만 손해를 볼 것이니 나로서는 영 마뜩치가 않다.

비록 중국의 전통 명주는 아니지만 워낙 유명한 청도맥주와 장성포도주만큼은 언급하지 않고 넘어갈 수가 없다.

청도맥주 青岛啤酒 칭따오피지우

    19세기 말 맥주가 처음으로 중국에 수입되었다. 1900년 러시아 사람들이 먼저 하얼빈에 처음으로 맥주공장을 세웠고, 1903년 유럽 기술로 '일이만맥주공사^{日爾曼啤酒公社}'를 청도에 세웠으니 이것이 바로 오늘날 세계적으로 이름을 떨치는 '청도맥주'의 전신이다. 아마도 맥주 단일 생산량으로는 세계에서 제일 많을 것으로 생각된다.

    청도맥주는 청도 노산^{崂山}의 물을 바탕으로 이릉^{二稜}의 보리와 향이 좋은 호프에 25%의 쌀을 섞어 만드는데 호프의 사용량이 비교적 많은 것이 특징이다. 두 단계의 발효 과정을 거치며 독특한 노하우로 제조하기 때문에 거품이 깨끗하고 세밀하다. 호프 맛은 참신하되 쓴 맛은 입에 잘 맞고 부드러워 전 세계적으로 인기가 높아 중국에서만 7차례나 국가 대상을 받았고 미국의 국제주류평가회에서도 3차례 우승하였다.

    청도맥주회사가 100년 중국 맥주역사를 만들어온 자존심을 담아 6천 평방미터의 면적에 지은 '청도맥주박물관^{青岛啤酒博物館}'은, 해마다 7, 8월경 열리는 청도국제맥주문화제와 함께 좋은 볼거리가 되고 있다.

장성포도주 長城葡萄酒 창청푸타오지우

　장성포도주는 중국농업학회가 '중국 포도의 고장'으로 부르는 하북성 장가구^{張家口} 시의 회래^{懷來} 현 사성^{沙城}에서 생산한다. 회사 주변에는 포도주를 담기에 좋은 포도 60여 종이 75만 평방미터에 달하는 포도원에서 자라고 있다. 이곳에서는 7개 계열의 포도주 50여 종을 생산하고 있으며, 서구의 애주가들로부터 '전형적인 동방의 미주'로 평가받고 있어 수출량이 중국 전체 포도주의 40% 이상을 차지한다.

二部

술이 빚어낸 역사

중국사 속의 술이야기

중국 대륙에 나라가 들어선 지 오래이고 영웅호걸과 이런 저런 인물들이 함께 어우러져 역사를 일궈 나갔으니 중국에 술에 얽힌 이야기가 많은 것은 당연한 일이라 하겠다.

먼저 나라의 명운을 결정짓는 순간에 술이 어떤 역할을 하였는지, 그리고 제왕을 비롯해 역사의 주역이었던 영웅호걸들은 술과 어떤 인연을 맺었는지, 중국의 문학과 예술 그리고 중국인의 사랑에 술이 끼친 영향을 차례로 소개하고자 한다.

중국의 신화에서는 반고^{盤古}가 천지개벽을 했다고 전한다.

하늘과 땅이 갈라지기 전의 우주는 혼돈이었다. 계란 속 같은 혼돈 속에서 반고가 1만 8천년 만에 눈을 떠 소리를 지르자 계란 속의 기는 아래위로 갈라졌다. 두 손으로 위를 치켜들고 발로는 아래를 밟은 채 용을 쓰자 하루에 한 길씩 하늘과 땅은 벌어졌다. 다시 1만 8천 년이 지나자 하늘과 땅은 9만 리로 벌어졌고 반고의 눈물이 고여 바다가 되고 입김이 바람이 되었으며 그가 죽자 두 눈은 해와 달이 되었고, 골격은 산악, 피는 하천, 살은 흙으로 변했다. 우리는 이 신화를 통해 천지창조에 대한 해석도 중국의 신화에서는 지극히 인간적임을 알 수 있다.

그런데 중국이라는 나라가 워낙 크고 넓다 보니 이 반고도 지역에 따라 약간씩 다른 이름과 의미를 가지고 나타난다. 그 중의 하나가 상상 속의 동물인 반호^{槃瓠}다. 반호는 원래 충성스러운 용견^{龍犬}으로 임금에게 공을 세워 공주를 아내로 맞아 인류의 시조가 되었다고 전한다.

아득한 옛날, 제곡^{帝嚳} 고신씨^{高辛氏}의 나라는 풍요롭고 평화로웠다. 그런데 어느 날 황후의 귀가 아프기 시작했는데 백약이 무효로 고통스러운 3년을 보내다가 잠을 자고 난 후 귓속에서 황금빛 벌레를 끄집어냈다. 이 벌레를 정성스럽게 키웠더니 자라서 오색영롱한 털을 가진 용견으로 자랐다.

이때 서북방 오랑캐의 우두머리 방왕^{房王}이라는 자가 쳐들어왔다. 제곡은 이 오랑캐를 무찌르는 자에게 공주를 줄 것이라고 약속을 하였지만, 아무도 방왕을 이겨낼 수 없는 참에 용견마저 사라져 버렸다. 방왕은 용견마저 사라졌다는 소식을 듣자 술을 마시며 승리를 미리 자축하였다. 한참 술에 취한 방왕에게 용견이 나타나자 방왕은 용견이 자기를 섬기려 찾아온 것으로 착각하고 더욱 즐거워 술에 만취하고 말았다. 그날 밤 용견은 방왕의 침실로 들어가 방왕의 목을 물어 죽이고 제곡에게 돌아왔다. 문제는 방왕을 죽인 자가 사람이 아니라 개인 까닭에 어떻게 상을 주어야 할지 모른다는 점이었다. 제곡이 용견의 머리를 쓰다듬으며 이를 안타까워하자 용견이 사람의 목소리로 자기를 금종金鐘(금으로 만든 종) 안에 7일 동안 넣어두면 사람으로 환생할 것인즉 그동안 절대로 열어보지 말라고 당부했다. 그런데 용견을 금종 안에 넣어둔 마지막 날 밤, 공주는 궁금증을 참을 수가 없어 금종을 열어보았다. 그러자 그 속에서 반호가 말했다.

"마지막 밤만 넘기면 무사히 인간으로 환생할 수 있었는데 공주님이 열어보는 바람에 저는 사람으로 완전히 바뀌지 못하고 머리는 개로 남았습니다."

공주는 자신의 경솔한 행동을 뉘우쳤지만, 돌이킬 수 없었고, 반수반인半獸半人인 반호와 결혼하는 것이 도리라고 생각할 뿐이었다.

물론 반호의 전설은 논리적으로 모순을 가지고 있다. 인간의 시조라면서 이미 이런저런 인간이 사는 나라에 나타났다. 그렇지만, 어차피 신화는 신화일 뿐 현대적인 시각에서 논리로만 따진다면 설명이 되지 않는 면이 많다. 그리스로마신화도 그렇고 일본의 개국신화나 우리 단군신화도 마찬가지이다. 아무튼 중국의 신화 속에서 술은 악한 자의 승리감을 도취케 하는 부정적인 이미지로 처음 등장하였다. 그리고 우리는 이후로 중국의 역사 속에서 술이 중요한 순간순간 빠짐없이 등장하는 그 역할에 주목할 필요가 있다. 왜냐하면 술이야말로 파란만장한 중국역사 5천년을 증언해주는 기록이기 때문이다. 술이 긍정적인 역할을 하느냐 부정적인 역할을 하느냐 하는 것은 중요치 않다. 우리는 술과 중국 역사의 관계가 밀접하다는 전제 아래 이제부터 술의 궤적 속에서 이런저런 사례를 찾아볼 것이다.

나라를 다스리는 술

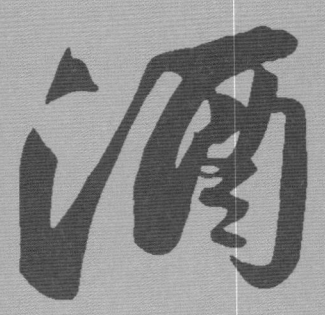

연못에는 술이 가득하고
고기는 숲을 이루니(酒池肉林)

신화시대와 역사시대의 중간에 위치한 나라가 하^夏 왕조이다. 중국에서 다수민족은 한족^{漢族}이라고 하지만, 실제로 중국 대륙의 역사를 주도하는 데 성공한 오리지널 중화민족은 이 하왕조의 뿌리가 된 화하족^{華夏族}이라고 할 수 있다.

치수를 잘한 공으로 순^舜 임금으로부터 왕위를 선양받은 우^禹 임금이 세운 나라가 바로 하나라인데 이때부터 세습제가 시작되어 17대 임금인 걸^桀에 이르자 나라는 망국의 길로 들어섰다. 특히 걸이 지금의 산동 지방에 있던 유시씨^{有施氏}라는 작은 나라를 정복했을 때 그들이 바친 말희^{末喜}라는 미녀가 불행의 씨앗이었다. 말희는 조국을 멸한 걸에게 복수를 하기 위해 자신의 궁전을 지어달라거나 날마다 연회를 열어 달라고 아양을 부렸다. 그녀를 위해 지은 궁전이 하늘을 찌를 듯이 높아서 쳐다보면 당장이라도 무너져 내릴듯하다 하여 경궁^{傾宮}이라 하였으며, 궁전 안의 연못에는 술을 가득 채우고 뜰에는 육포를 매달아 숲을 이루었다. 잔치가 시작되어 북이 울리면 3천의 사람들이 마치 소처럼 연못에 엎드려 술을 마셨다고 한다(一鼓牛飲三千).

충신들이 간언하면 걸은 모두 처형으로 다스렸고, 주방장(중국은 요리의 천국답게 고대에는 주방장이 재상을 맡기도 했다. 재상^{宰相}이라는 한자의 재^宰가 집 안에서 칼을 들고 있는 요리사를 형상화한 글자인 것은 그 때문이다)으로 있던 이윤^{伊尹}이라는 인물도 걸에게 간언을 하다가 받아들여지지 않자 하나라를 떠나 은^{殷}이라는 작은 나라로 가서 탕왕^{湯王}을 도와 걸을 치게 된다.

중국 역사에서 확실한 실증적 근거를 가진 최초의 왕조는 은^{殷}이다. 하나라를 치고 중국 대륙의 중심부에 들어선 은나라도 오백년 정도 지나자 점차 쇠퇴의 길로 들어섰다. 은의 마지막 왕은 주^{紂}라고 한다. 은이 망하게 되는 경로는 기묘하게도 하를 닮았다.

주왕은 말도 잘 했지만 맨손으로 맹수를 쳐서 죽일 만큼 용맹도 갖춘 인물이었다. 그가 제후의 하나인 유소^{有蘇}를 토벌했을 때 유소는 항복의 예물로 달기^{妲己}라는 미녀를 바쳤는데 주는 그녀를 위해 백성들로부터 많은 재물을 세금으로 거두어들여 창고를 가득 채우고, 궁궐 안에는 정원을 크게 만들어 갖은 동식물로 꾸몄다. 잔치가 벌어지면 연못에 술을 채우고 고기를 숲처럼 걸어 두고서 질펀하게 먹고 마시며 여러 낮과 밤을 새워 즐긴 것은 하의 마지막과 똑같았다.

주^{紂} 임금은 또한 많은 형벌을 개발하여 반정부 인사들을 처벌했는데 예를 들면 구리기둥에 기름을 칠해 활활 타는 숯불 위에 걸쳐 놓고서는 죄인을 그 위로 걸어가게 하여 기둥에서 미끄러져 타죽는 모습을 보며 즐거워했다고 한다.

그의 숙부인 비간^{比干}이 사흘을 계속하여 충고하자 "성인의 심장에는 구멍이 아홉 개가 있다고 들었는데 과연 그러한지 한번 보자"면서 비간의 가슴을 갈라 죽이기도 하였다.

이런 포악무도한 임금의 최후가 온전할 리 없다.

얼마 후 주나라의 발^{發}(후에 무왕^{武王})이 혁명을 일으켜 다른 제후와 연합해 주를 쳤는데, 싸움에 진 그는 목야^{牧野}라는 곳에서 보석

사천성에서 발견한 한나라 시대 고분 출토 화상석 중 연희도

을 걸치고 불속에 몸을 던져 죽었다고 한다.

주나라는 은나라가 망한 것에서 교훈을 삼아 중국 최초의 금주령을 발표하였다. 이에 따르면 평소에 술 마시는 것을 금하되 제사를 지낼 때에는 마셔도 되는 것으로 하였다. 그러나 어떤 나라고간에 건국의 숭고한 뜻을 계속하여 지켜간다는 것은 불가능하다.

주나라 말기에 유왕^{幽王}이 포국^{褒國}(현 섬서성 포성^{褒城}의 남동쪽)을 토벌하였을 때 바친 미인이 포사^{褒姒}인데 그녀는 한 번도 웃는 일이 없어서 유왕은 포사를 웃게 하려고 온갖 노력을 해보았으나 소용이 없었다. 그러던 어느 날 외적의 침입도 없는데 위급을 알리는 봉화를 올려 제후들을 불러 모은 적이 있었다. 제후들은 법에 따라 황급히 달려왔으나 아무 일도 없었으므로 영문을 몰라 우왕좌왕하면서 허둥대었는데 이를 본 포사가 비로소 웃었다. 그러자 유왕은 심심하면 봉화를 올려 제후들을 불러 모아 포사를 즐겁게 만들었다.

뒤에 유왕은 왕비와 태자를 폐하고, 포사를 왕비로 포사와 사이에서 낳은 아들을 태자로 삼았다. 쫓겨난 왕비의 아버지 신후^{申侯}가 북쪽 유목민의 도움을 얻어 유왕을 공격하였으므로, 다급한 유왕이 다시 봉화를 올렸으나 봉화놀이에 여러 번 속은 제후들 중에서 그 누구도 도우러 오지 않아 주나라는 멸망하고 말았다. 결국 하, 은, 주 등 중국 고대 3왕조가 망한 데에는 똑같은 공통점이 있다.

그 하나는 속국을 치고 미녀를 선물로 받아 그 미녀들의 복수를 받았다는 점이고, 다른 하나는 비록 한때나마 용맹했던 임금도 미녀를 품에 안고 술에 빠지면 나라를 망치고 만다는 사실이다.

여기에서 중국 역대 왕조의 금주 정책을 잠시 살펴보자.

주周는 상의 주왕과 하의 걸왕을 교훈으로 삼아 금주정책을 기본으로 하였다. 상서尙書의 주고酒誥에서 '술은 단지 제사에만 써야지 상시 마셔서는 안 된다.'고 정한 것이 이를 말해준다. 관원이 취하도록 마시면 안 되고 백성들이 무리지어 술을 마셔도 안 되며 이를 듣지 아니하는 자는 체포하며 죄질이 무거운 자는 사형에 처했다.

한나라 문제文帝 때는 백성의 농사에 방해가 되도록 가축을 많이 잡아먹고 술 만드는 것을 삼가도록 권함으로써 금주에 대한 소극적 정책을 유지하였다. 당의 고조高祖는 백성들이 술을 빚는 것이 나라를 해치는 것이라 보고 매우 엄격한 금주정책을 취하였다. 원나라의 세조(쿠빌라이)도 기근이 계속되어 여러 차례 금주령을 발표하였다. 다만 명나라의 주류정책은 건국 직전의 거듭된 전란으로 양식이 부족해 금주령을 실시하였지만, 전체적으로는 비교적 자유로운 정책으로 관대하였다.

청나라는 황주에 대해서는 큰 문제가 없다며 관대했고 백주에 대해서만 엄격한 정책을 견지했다. 특히 강희제는 백주를 증류하는 데 쌀과 곡식이 너무 많이 소비된다며 이를 엄격하게 통제하였다.

중국 역대 왕조의 금주정책은 각기 다른 형태를 가졌으나 어느 것도 시행 기간이 그리 길지 않아서 길면 수년 짧으면 수개월로 끝났다. 그러나 이 때문에 비교적 장기간에 걸쳐 금주정책을 편 우리와 달리 중국에서는 전통 양조기술이 오래도록 보존되어 후세에 전해지는 방편이 되었음도 틀림없는 사실이다.

어진 왕이 올리는 술
문왕공주

문왕에게 바친 술이라는 뜻의 문왕공주^{文王貢酒}는 안휘성 임천^{臨泉}에서 생산하는데, 향이 좋을 뿐만 아니라 아름다운 전설도 서려 있는 술이다.

주나라 문왕^{文王}은 공자가 최고의 모범으로 생각한 왕이다. 문왕은 주변 나라를 정복하고 나라를 튼튼히 한 다음 제후국을 만들어 열 명의 아들에게 나누어 주려고 하였다. 이때 문왕은 가장 사랑하는 아들인 막내 담계재^{聃季載}가 농사짓고 글 읽는 것을 좋아할 뿐 난세를 헤쳐 나갈 리더십이 부족하다고 생각해 어느 곳을 줘야할지 한참을 고민했다. 그 무렵 때마침 심자국^{沈子國}이 머리에 떠올라 그곳을 막내에게 주기로 작정했다. 왜냐하면 그곳은 토지가 비옥하고 백성들이 순박해서 막내아들에게 가장 적합하다고 생각했기 때문이다.

담계재가 준비를 마치고 길을 떠나는데도 문왕은 마음이 놓이지 않아 아들과 함께 그곳에 가보기로 결심했다. 심자국에 도착해 터를 잡고 함께 우물을 파니 물이 맑고 감미로웠다. 담계재는 부왕의 마음을 받들어 백성들과 열심히 농사짓고 뽕나무를 키우며 나라 살림을 키우는 데 노력하였다.

3천년 전 주문왕과 아들들의 고사를 그린 한나라 화상석(좌)과
안휘성에서 생산하는 문왕공주

    그러던 어느 날 부왕의 60세 생일이 가까워지자 담계재는 무엇을 선물로 바쳐야 할지 고민이 생겼다. 더구나 최근 몇 년 홍수로 백성들의 살림이 고달팠는데 선물을 위해 세금을 더 무겁게 할 수도 없었다. 날은 가까워 오는데 마땅한 생각은 떠오르지 않고 수심만 깊어가던 어느 날, 밥을 먹고 있는데 부인이 그의 근심을 덜어주기 위해 오곡으로 만든 술을 가져왔다. 원래 오곡주는 심자국 백성들이 만들어 먹던 것인데 담계재가 온 이후로 그의 부인과 며느리가 남편과 부왕이 함께 판 우물물을 써서 오곡주를 담갔던 것이다.

    술잔을 내미는 부인에게 담계재가 "걱정이 되어 죽겠는데 술 마실 생각이 나겠는가."라며 사양을 하자, 부인은 "이것은 전하와 부왕께서 손수 판 우물물로 만든 술이니 한잔 드시고 걱정을 더시기 바랍니다."고 하였다. 이 말을 듣고 한 잔을 들이키자 향이 좋고 맛이 뛰어나서 담계재는 부왕에게 바치는 선물을 오곡주로 하기로 정했다.

    다음날 담계재가 오곡주를 싣고 길을 떠났는데 이미 문왕의 다른 자식들은 제 각각 금은보화며 호피, 산삼, 곰발바닥, 제비집 등등 온갖 산해진미와 보물을 가지고 도착했다. 잔칫날 모두가 예물을 바친 다음 담계재가 부인과 함께 자신의 예물을 올리려 하니 스스로 초라한 예물이라는 생각에 위축이 되어 "저는 변변치 않은 예물을 가지고 왔습니다. 단지 아바마마께서 파신 우물물을 써서 제 처가 심자국 백성들에게서 배운 기술로 담근 오곡주를 가져왔으니 삼가 거두어 주시기 바랍니다."라고 말하였다.

그러자 문왕은 뜻밖에도 "막내가 애비의 뜻을 가장 잘 아는구나. 내 뜻을 저버리지 않고 오곡을 심어 좋은 술을 담가 왔으니 오늘 잔치는 이 술로 모두 즐기도록 하라." 분부를 내리고는 손수 항아리를 열어 맛을 보니 과연 향과 맛이 기가 막히게 뛰어난 술이었다. "하늘에는 없고 오로지 지상에만 있는 술이로구나!"하면서 "마침 네가 가져온 술로 잔치가 빛을 더하였구나. 내년에도 한 항아리를 가져오되 가능하면 좀 더 컸으면 좋겠다."라고 말해 모두들 즐겁게 웃었다고 한다. 그 후 심자국 백성들은 문왕에게 바친 술이다 하여 문왕공주라 부르게 되었다. 공자가 문왕을 기린 것은 문왕의 이런 어진 성품이 큰 이유였을 것이다.

이복형제가 나누는 눈물의 이별주

위衛 선공宣公은 상대를 가리지 않고 음탕한 짓을 했다. 아직 왕위에 오르기도 전에 아버지의 첩과 관계를 가졌고, 여기서 아들 급자急子를 낳자 그에게 왕위를 물려 줄 생각이었다. 급자가 장성하자 제후^{齊候}의 딸 선강^{宣姜}과 맺어주려 했는데 그녀가 미인이라는 소리를 들자 자식에게 주기 아까워 자신의 첩으로 삼았다. 그리고 선강에게서 아들 수^{壽}와 삭^{朔}을 낳았는데 선공은 당초 마음을 바꾸어 수에게 왕위를 물려주고자 했다. 그런데 급자와 수는 비록 이복형제일지라도 사이가 좋았으나 삭은 교활한 성품을 타고 나 급자를 없애려는 욕심에 선공에게 급자를 모함해 죽이게 만들었다.

부왕의 명을 받고 길을 떠나는 급자에게 수가 찾아와 이 흉계를 알려주었으나 급자는 아비의 명을 좇는 것은 당연하다며 배를 타고 떠나려 하니 수도 배에 함께 올라 술자리를 펼쳤다. 수는 술을 가득 부어 형에게 자꾸 권했다. 급자가 슬픔에 눈물을 떨어뜨리자 수는 "술잔에 눈물이 들어갔습니다. 새로 받으십시오."하고 술을 새로 권했다.

급자는 "괜찮다. 나는 어진 아우의 정을 마시고 싶다."며 그대로 마셨다.

"오늘 이 술은 제가 형님과 이별하는 술입니다. 형님은 저의 정을 생각해 싫다 마시고 많이 드십시오."

이렇게 해서 두 형제는 술을 많이 마셨는데 수는 틈틈이 자기의 술을 몰래 버려서 결국에는 급자만 대취하게 되었다. 급자가 취해 잠들자 수는 글을 남긴 다음 배를 강가에 대고 수레에 올랐다. 수레에 올라 길을 떠나자 곧 자객들이 몰려와 수의 머리를 베었다. 얼마 후 급자가 정신이 들어 글을 읽어보니 '동생이 갑니다. 형님은 속히 피하십시오.'라고 적혀 있었다. 급자가 놀래 수의 뒤를 좇았지만 이미 수는 죽은 몸이어서 급자는 수의 머리를 안고 통곡하였다. 그러자 다시 자객들이 돌아와 급자의 머리까지 베어서 선공에게 가져다 바쳤다. 선공은 이후 잠만 들면 급자와 수가 꿈에 나타나는 바람에 고통을 받다가 병이 나 죽고 말았다.

관중이
술을 싫어하는 이유

관중은 춘추전국시대의 강국인 제나라 재상으로서 친구인 포숙아鮑叔牙와 남다른 우정으로 우리에게 관포지교管鮑之交라는 말을 남겨준 주인공이니 관중과 포숙아를 빠뜨리면 춘추시대에 대해 이야기를 할 수가 없다.

또한 춘추5패覇라 하면 제나라의 환공桓公, 진나라의 문공文公, 초나라의 장공莊公, 오나라 왕 부차夫差, 월나라 왕 구천勾踐을 말하는데 환공을 도와 패왕 시대를 연 주인공이 바로 관중이기 때문이기도 하다.

제나라 환공이 관중과 포숙아를 중용하면서 제나라는 날로 강성해져 모든 나라들이 제나라를 받들고 섬기길 원했다. 환공이 그들과 동맹을 맺고서 잔치를 크게 베풀었는데 모두 술이 취했을 즈음 포숙아가 잔을 잡고 나와 환공에게 축배를 올렸다. 환공이 기꺼이 술을 마시며 즐겁다고 하자, 포숙아는 말했다.

"총명한 군주와 신하는 비록 즐거울지라도 지난 날의 근심하던 때를 잊지 않습니다. 주공께서는 지난 날 망명 시절을 잊지 마시고, 관중은 지난 날 적으로서 잡혀오던 시절을 잊지 말아야 할 것입니다."

이 말을 듣자 환공은 "과인과 함께 모든 대신들은 포숙아의 말을 잊지 말라. 이것이 다 우리 제나라의 복이로다."하고서 신하들과 즐겁게 놀다 헤어졌다.

관중이 적이었다는 얘기가 무엇인가 하면, 원래 관중과 포숙아는 각각 제나라 양공襄公의 두 아들 규糾와 소백小白을 섬겼으나 두 왕자와 함께 죽임을 피하기 위해 다른 나라에 망명을 가 있었다. 훗날 왕위에 오르기 위해 두 왕자가 경쟁을 할 때에 관중이 자신이 섬기던 규를 위해 소백에게 활을 쏘았으나 혁대에 맞아 목숨을 빼앗지는 못했다. 결국 소백이 왕위에 올라 환공이 되어 규를 죽이고 관중을 붙잡아 왔으나 포숙아는 관중의 인물됨을 들어 그를 중용하도록 설득했던 지난날을 말하는 것이다.

아직 환공이 패자霸者가 되기 전의 일이다.
한 번은 송宋 부인과 함께 술을 마시는데 송 부인이 배를 흔들어서 환공을 놀라게 하려고 했다. 환공은 화가 나서 부인을 송나라로 쫓아 보냈다. 송나라는 그녀가 돌아오자 다른 나라 제후와 재혼을 시켰다. 이에 환공이 화가 나 송나라를 치겠다고 하자 관중이 말렸다.
"안 됩니다. 아직 내정이 제대로 자리 잡지 못하고 있는데 전쟁을 치른다면 성공할 수 없습니다."
그러나 환공은 그 말을 듣지 않고 정벌에 나섰다가 여러 나라가 송을 지원하는 바람에 대패하고 돌아왔다. 환공이 훈련 부족으로 패했다면서 불평을 하자, 관중은 "아닙니다. 백성들의 물자를 빼앗아 전쟁을 독려하면 나라가 문란해집니다. 또 제후국들을 공격하면 여러 나라의 원한을 사고 의로운 선비들이 제나라를 찾지 않게 됩니다. 그렇게 되면 어찌 제나라가 위기에 빠지지 않겠습니까?" 하면서 말렸다. 그 뒤로도 환공은 번번이 관중의 만류를 무릅쓰고 전쟁을 일으켰으나 매번 실패하고 말았다.
거듭된 실패에서 마침내 교훈을 얻은 환공이 모든 일에서 관중의 뜻에 따르기로 하고 내치에 힘쓰는 한편 밖으로는 제후국들과 관계

개선에 힘써 모든 제후국들의 신망을 쌓아 42년간이나 패왕으로서 위치를 굳건히 다질 수 있었다.

그런데 관중은 평생 술을 가까이 하지 않았다.

하루는 환공이 그에게 이유를 물었다. 관중의 대답은 이러하였다.

"제가 듣기로는 술은 내장에 무리를 주고 말에 실수를 낳게 합니다. 말에 실수가 있으면 죽임을 당할 수도 있는 것입니다. 몸을 버리는 것과 술을 안 마시는 것이 같을 수는 없을 것입니다."

이러한 관중의 일처리가 어떠했을지는 짐작이 가는 바이다. 그러나 지나치게 마시는 것과 과도하게 마시지 않기를 고집하는 것 모두가 부자연스럽다 하면 이 또한 애주가의 자기변명에 불과한 것일까.

한번은 환공이 관중의 집을 찾아가 술대접을 받았는데, 해가 지도록 술자리가 계속되었다. 이에 관중이 "왕이시여, 저는 대왕께서 낮에 간단히 한잔 하시는 것으로 알았기 때문에 저녁때까지 드실 것으로는 생각지 못했습니다. 용서해주시고 이제 그만 드시기 바랍니다."하고 말하였다.

그러자 환공이 한 나라의 왕으로서 신하의 집을 찾아 술 한잔 하는데 신하로서 마땅히 임금의 체면을 생각해야 하지 않겠는가 하며, "중부仲父(관중을 높여서 부르는 말), 그대와 나는 이미 늙었소이다. 따지고 보면 이제 몇 년이나 건강하게 살지 모르는데, 모처럼의 술자리를 너무 야박하게 할 필요는 없지 않겠소?"라고 했다. 그러나 관중이 이를 듣고서도 술자리를 파할 것을 고집하자 멋쑥해진 환공은 궁으로 돌아올 수밖에 없었다.

마침내 관중이 병들어 죽게 되었다.

환공이 관중과 뒤를 이을 재상 후보에 대하여 의논을 했다.

"포숙아에게 맡기면 어떻겠소?"

"포숙아는 군자라서 정치를 못합니다. 또한 선악에 대한 호불호가 너무 분명하기 때문에 나쁜 일을 한 사람을 미워하므로 정치를 맡기면 안 됩니다."

"그렇다면 습붕隰朋은 어떻겠소?"

"습붕이라면 무난합니다. 다만 습붕은 건강하지 못해 오래 부리지는 못할 것입니다."

"그럼 역아易牙에게 맡기면 어떻겠소?"

"주군께서는 더 이상 묻지 마소서. 그자를 가까이 하지 마시기 바랍니다."

"역아는 지난 날 내가 입맛을 잃었을 때 나를 위해 제 자식을 삶아 먹여 준 사람이오. 나를 자기 자식보다 위하는 사람인데 그런데도 그를 의심해서야 되겠소?"

"자식에 대한 사랑보다 큰 사랑은 없습니다. 그럼에도 그는 제 자식을 죽였으니 그런 사람이 주군께 무슨 도움이 되겠습니까?"

제 환공이 떠나고 역아는 관중이 자신을 나쁘게 평가했다는 사실을 알게 되었다. 그가 포숙아를 찾아가 관중이 포숙아에 대해서 평가한 말을 일러바쳤으나 화를 낼 줄 알았던 포숙아는 웃으며 말했다.

"그대 말처럼 관중을 천거한 것은 나요. 그러나 관중은 나라에 대한 충성만 있을 뿐 사심이 없는 사람이오. 관중이 나에게 법을 집행하는 자리를 주었다면 나는 이 나라의 간신들을 모조리 쓸어버렸을 것이오."

결국 관중이 세상을 떠나고 습붕이 나랏일을 맡게 되었으나 두

달이 못되어 죽고 말았다. 환공을 비롯한 모두가 관중이 말한 예언의 정확성에 대해 놀라움을 금치 못했다. 마침내 포숙아가 환공의 간절한 부탁을 받고 당분간 정사를 돌보게 되어 나라의 안정은 계속되었다. 그러나 그토록 총명하던 환공도 관중의 마지막 충언을 듣지 않고 역아를 중용하면서 마침내 제나라를 망치게 되고 만다.

말도둑에게 술을 주고 목숨을 구한 진나라 목공

진秦의 목공穆公은 중국의 술 문화에서 빼놓을 수 없는 인물로 술은 그에게 치국의 수단이자 춘추시대 패권을 장악하는 도구이기도 했다. 그는 신하들과 술을 마실 때 흥이 나면 "술이 좋은 점은 살아서는 같이 즐기고, 죽을 때는 같이 쇠퇴한다는 점이다."라고 하였다. 세 명의 대신이 감격하여 말하기를 "대왕을 만나 이런 은혜를 입었으니 원컨대 대왕과 함께 죽기를 원하나이다." 이 세 명의 대신은 실제로 목공이 죽자 따라 죽어서 이를 실천하였다.

진 목공이 하루는 순행을 하는 중에 마차의 오른쪽 말 한 필을 잃어버렸다. 현지 주민들이 훔쳐 간 것인데 사람을 풀어 찾아보니 한 무리 사람들이 말을 잡아 구워 먹고 있었다. 살펴보니 바로 잃어버린 말인지라 부하들이 그들을 체포하려 하자 목공이 나서서, "군자가 한 필의 가축으로 사람을 상하게 할 수는 없다. 말고기를 먹을 때 술을 곁들이지 않으면 몸을 상할 우려가 있다고 들었다."면서 시종들로 하여금 그들에게 술을 주도록 명했다.

다음해가 되어 진^秦은 동쪽의 진^晉나라와 전쟁을 하게 되었다. 전투가 치열해지면서 목공이 적에게 포위를 당해 전차의 왼쪽 말이 죽은데 이어 오른쪽 말마저 날아온 돌에 맞아 크게 다쳤고 목공도 갑옷이 여러 군데 망가졌다. 이때 돌연 한 떼의 사람들이 나타나 포위하고 있던 군사들과 싸움을 펼쳐 모두 쫓아내고 목공을 구해냈을 뿐만 아니라 진^晉나라 왕[惠公]까지 덤으로 잡아 주었다.

그들은 목공의 말을 훔쳐서 잡아먹었으나 뜻하지 아니하게 목공으로부터 용서를 받은 것은 물론 좋은 술까지 하사 받은 은혜를 갚을 생각이었던 것이다.

나라를 위해서는 술도 끊고

진^晉의 헌공^{獻公}은 아비 무공^{武公}에게 시집온 제나라 공주와 정을 통해 아들을 낳자 이름을 신생^{申生}이라 짓고 비밀히 밖으로 내보내 키우다가 무공이 죽은 뒤 왕위에 오르자 아들을 데려와 세자로 삼았다. 그 뒤 헌공은 북쪽의 적^狄이라는 부족이 바친 자매로부터 두 아들을 낳았는데 다시 다른 부족인 융^戎이 바친 절세미녀 여희^{驪姬}에게 빠져 아들을 낳자 세자를 바꿀 생각이 들었다. 그런데 여희는 진나라가 자신의 부

족을 멸망시킨 데 앙심을 품고 어떻게든 복수를 하려고 온갖 궁리를 다 하고 있었다. 여희는 먼저 신생을 죽일 생각으로 멀리 나가 있던 그를 궁으로 불러들였다. 그러고선 헌공에게 미리 귀띔을 해두었다.

"내일 제가 후원에서 놀고 있을 터이니 대왕께서는 숨어서 보시면 신생이 어떤 인물인지 알게 될 것입니다."

다음날 궁 안에서 신생이 여희를 따라가고 있는데 여희는 머리에 꿀을 발라 놓았으므로 여희 주변으로 나비와 벌들이 모여 들었다. 여희가 천연덕스럽게 신생에게 벌과 나비를 쫓아달라고 부탁하였다. 그러자 신생은 아무 생각 없이 여희를 따라가며 나비와 벌을 쫓았는데, 멀리서 바라보는 헌공의 눈에는 마치 세자가 여희를 희롱하는 것처럼 보였다. 헌공은 대노하여 신생을 쫓아냈다.

얼마 후 신생의 생모 제사 날이 되었다. 신생은 제사를 지내고 전례에 따라 제사 지낸 고기와 술을 아버지 헌공에게 바쳤다. 여희는 고기와 술에다 독을 발라 놓고, 이 술을 헌공에게 올리면서 밖에서 온 음식과 술은 시식을 해야 한다고 말하고선 어린 시녀의 입에다 술을 부어 넣었다. 시녀는 모든 구멍으로 피를 토하고 죽었다. 더 이상 참을 수가 없게 된 헌공이 군사를 보내 신생을 치자 신하 한 사람이 이를 알리며 피신하라고 하였으나 신생은 자식으로서 불효한 짓을 할 수 없다며 스스로 목숨을 끊고 죽었다.

여희는 이어서 적^{狄} 부족의 자매가 낳은 두 아들, 중이^{重耳}와 이오^{夷吾}가 반란을 도모하고 있다고 거짓말하여 이 둘을 죽이려 하였다. 그런데 동생인 이오는 군대를 이끌고 저항을 했고, 형 중이는 아버지가 보낸 자결 명령을 어기고 도망가 후일을 도모하게 되었다. 동생 이오는 싸움에 져서 매부의 나라인 진^{秦} 나라로 도망갔다.

진^{晉}은 이곳저곳에서 반란이 끊이지 않아서 국력은 점점 약해졌고, 헌공과 태자 모두가 죽자 여희는 자신의 복수가 어느 정도 이루어진 것으로 보고 자결을 하였다.

진^{秦}으로 도망갔던 동생 이오는 재빨리 진 목공에게 군사를 빌려 왕위가 비어 있는 제 나라로 돌아가 왕좌에 올랐다. 그러고는 언젠가 돌아와 왕권을 요구할지도 모르는 형 중이를 암살하려고 각지로 자객을 보냈다. 그러자 중이는 목숨을 지키고자 온갖 수모를 겪으며 세상을 떠돌다가 제나라에 도착하였다.

제나라 환공은 중이 일행을 환대하였을 뿐만 아니라 아름다운 아내까지 짝지어 주었다. 중이는 오랜 고생 끝에 이곳에서 편안하게 지내다 보니 나라를 찾을 생각도 잊게 되었다. 이런 중이를 보며 안타까워하던 중이의 아내는 오빠와 함께 나라를 떠날 때부터 중이를 모시고 따라온 부하들과 짜고 일을 꾸몄다. 그들로 하여금 중이에게 술을 엄청나게 취하게 만든 다음 마차에 태워 제나라 밖으로 나가게 만든 것이다. 한참을 지나서야 자신이 제나라를 벗어나 어디론가 가고 있다는 것을 알게 된 중이는 노발대발 화가 나서 부하들을 모두 죽이려 하였고, 처남에게도 '갈아 먹어도 시원치 않겠다'고 폭언을 하였다. 하지만 자신들은 죽어도 좋으니 중이가 다시 옛날의 꿈과 용기를 되찾기 바란다는 부하들의 충성에 감복한 중이는 마침내 마음을 가다듬고 왕좌를 찾기 위한 길을 떠나게 된다.

한편 왕좌를 차지하기 위해 땅을 주겠다는 약속과 함께 군사를 빌렸으나 왕이 된 다음에 약속을 어겨 진秦나라와 사이가 나빠진 이오는 진과 전쟁까지 하게 되었지만 패배하고 대신 자기 아들을 인질로 보내게 되었다. 하지만 인질이었던 이오의 아들은 얼마 후 도망쳐 나와 이오의 뒤를 이어 진晉나라의 왕이 되었다.

이때 다른 나라의 도움을 얻기 위해 헤매던 중이 일행은 초나라에 도착하였는데 초나라 성왕成王은 중이를 극진히 대접해주었고, 성왕은 중이를 진秦 왕에게 소개까지 해주었다. 마침 이오와 그 아들에게 겹겹이 좋지 않은 감정이 쌓였던 진秦 왕에게서 군사를 얻은 중이는 진晉 나라로 돌아가 마침내 왕위에 올라 문공文公이 되었다.

중이가 왕좌에 오르고 논공행상을 함에 있어 여러 공신과 19년간이나 자신을 따라 다니며 충성을 바친 신하들에게 상을 내리는데 하필이면 주周 나라에 반란이 일어났다. 천자의 나라인 주나라에 일이 생기면 모든 제후들이 돕는 것이 오래된 관례였기에 중이도 역시 군대를 이끌고 주나라로 출동하게 되었는데, 이 와중에 개자추介子推에 대한 시상을 빼먹고 말았다. 개자추가 누구인가? 중이가 천하를 떠돌다가 굶어 허기가 졌을 때 자신의 허벅지 살을 도려내 중이를 먹여 살리기도 한 충신이 아니던가. 개자추는 실망한 나머지 노모가 사는 깊은 산속으로 떠나버렸다.

나중에 개자추가 떠난 사실을 알게 된 중이는 자신의 실수를 깨닫고 개자추가 숨은 산에까지 직접 올라가 개자추를 찾았으나 끝내 그를 찾을 수 없었다. 고심 끝에 산불이 나면 나오겠지 하는 생각으로 산에 불을 질렀지만, 산이 다 타도록 개자추는 나오지 않았고, 불이 다 꺼진 후 개자추는 어머니를 업은 채 불타버린 시체로 발견되었다. 중이는 자신이 또 다시 실수한 것을 깨닫고 통곡했으나 때는 이미 늦었다. 중이는 그 후로 이 날 만큼은 불타 죽은 개자추의 영혼을 달래기 위해 불의 사용을 금했다. 그래서 한식일에는 찬밥만을 먹게 된 것이다.

술자리의 용서로 나라를 일으킨 왕

춘추시대에 초나라의 장왕(莊王)은 왕위에 오른 지 3년이 지나도록 정치를 돌보지 않고 술과 여자에 빠져 세월을 보냈으나 이것을 비판하는 자는 죽음을 면치 못할 것이라고 위협해 두었기 때문에 감히 아무도 나서서 충고를 하지 못했다.

그러던 어느 날 대부(大夫)로 있던 소종(蘇從)이라는 이가 나서서 장왕을 찾아가니 주연은 무르익었는데 장왕이 왼쪽에는 진(秦) 나라의 계집을 오른 쪽에는 월(越) 나라의 계집을 앉혀두고 술을 마시고 있었다. 그가 나타나자 장왕이 감히 나서지 말라는 명령을 듣지 못하였느냐며 고함을 쳤는데 소대부는 "저를 죽임으로써 대왕께서 명군이 된다면 이는 신이 바라는 바입니다."라고 답하였다.

그러자 오거(伍擧)라는 신하가 다시 앞으로 나서 장왕에게 수수께끼를 하나 던졌다.

"며칠 전 신은 수수께끼를 하나 들었는데 대왕께 이것을 말씀드리고자 합니다. 몸에 오색 빛이 찬란한 새가 있는데, 이 새가 초나라 높은 곳에 앉은 지 3년이 지났으나 나는 것을 본 사람도 없고 우는 소리를 들은 사람도 없습니다. 이 새가 무슨 새입니까?"

장왕이 웃으며 말했다.

"음, 그것은 비범한 새다. 한 번 날면 하늘을 찌를 것이며, 3년을 울지 않았다 하나 한 번 울면 세상을 놀라게 할 것이다. 그때를 기다리라."

그런데 며칠이 지나도 장왕은 여전히 술과 노는 데만 정신이 팔렸다. 그러자 다른 신하가 들어가 다시 간했다.

"머지않아 주변의 큰 나라가 우리를 쳐들어 올 것이며 우리나라를 섬기던 작은 나라들은 우리를 벗어나려고 반란을 일으킬 것입니다. 그런데도 대왕은 지금 주색에만 빠져 나라를 다스리는 데 소홀하십니다. 한때의 즐거움은 눈앞에 있지만, 불행은 다음날에 있습니다. 일시의 쾌락을 위하여 만세의 이익을 버리니 참으로 어리석은 일입니다. 청컨대 대왕의 칼을 저에게 주시면 그 칼로 목숨을 끊어 대왕의 명령이 준엄함을 세상에 보이고자 합니다."

초장왕이 벌떡 일어나 "진정하오. 어찌 과인이 충신의 말을 듣지 않겠소? 다만 때를 기다렸을 뿐이오." 하고는 그 뒤로 주색을 멀리한 다음, 나라 살림을 크게 일으키는 한편 주변 나라를 차례로 공격해 초나라의 위엄을 떨쳤다. 춘추시대 일곱 제후국 가운데 왕이라는 칭호를 붙인 것은 그가 처음이다. 그 전까지는 주나라의 왕만이 왕이고 다른 제후국은 공(公)이라는 이름으로 다스렸기 때문이다.

어느 날. 그는 군사를 몰고 주나라로 갔다.

주는 하^{夏}로부터 시작하여 은^{殷}을 거쳐 이어져 내려온 정통 왕권이었다. 그러므로 주나라는 그 상징물로 '아홉 개의 솥(구정^{九鼎})'을 가지고 있었다. 발이 세 개이고 귀가 두 개인 솥은 하나라 때 우^禹 임금이 천하의 구리를 모아 주조한 것으로 당시 하나라가 아홉 개의 주^{州}로 구성되어 있었으므로 아홉 개를 만든 것이며, 무기의 원료로 쓰이는 구리를 모두 모아 녹여 평화를 기원하는 의미를 담아 주조한 것인 까닭에 그 뒤로는 왕권을 상징하는 보물로 모셔지고 있었다.

장왕은 주나라에 아홉 솥의 무게를 물어보았다(問九鼎之輕重). 이것은 구정^{九鼎}을 내놓으라는 요구나 다름없었다. 정통성에 대한 도전이고 천자의 자리를 위협하는 요청이었다. 이에 대해서 주나라 정왕^{定王}이 보낸 신하가 답했다.

"천자가 유덕하면 솥이 작을지라도 무겁기가 태산 같을 것이며, 덕이 없으면 솥이 비록 클지라도 가볍기가 티끌 같을 것입니다. 주 무왕께서 구정을 가지고 천하를 열었다고 하지만 실은 천명으로 이루어진 것입니다. 솥이 천하를 좌우한 것은 아니니 그걸 본다고 한들 무슨 소용이 있겠습니까?"

이 말을 들은 장왕은 부끄럽게 생각하고 군사를 돌렸다.

장왕^{莊王}이 북쪽에서 전쟁에 이기고 돌아올 때 나라 안에서 투월초^{鬪越椒}가 반란을 일으켰다는 소식을 들었다. 황급히 귀국 길을 서둘러 오다가 투월초와 일전을 치르게 되자 활의 명수답게 투월초가 쏜 화살이 장왕의 방패를 꿰뚫었다. 겁이 난 장왕이 후퇴해서 강을 사이에 두고 대치하게 되었는데 마침 장왕의 장병 중에 양유기^{養由基}라는 활 잘 쏘는 하급 장교가 나섰다. 양유기와 투월초는 강가에 마주 서서

활을 세 번 쏴 승부를 가리기로 하였다. 양유기가 소리쳤다.

"그대가 먼저 쏴도 좋다. 다만 화살이 날아와도 몸을 피하지 않기로 하자."

투월초가 동의하여 둘은 마주 선 다음 투월초가 먼저 쏘기로 하였다. 그러나 투월초의 첫 두 발은 빗나갔다. 세 번째 화살은 양유기의 얼굴에 꽂히는 듯하여 모두 비명을 질렀으나 양유기는 입으로 날아오는 화살을 물었다.

투월초가 말했다.

"이제 네 차례다. 만약 네가 세 대로 나를 못 맞추면 내가 다시 너를 쏠 테다."

양유기가 말했다.

"내가 어찌 세 발이 필요하겠는가. 한 대로 네 목숨을 뺐으리라."

양유기는 화살 한 대를 뽑아 외마디 소리를 지르며 활을 쏘았다. 그렇지만 활시위만 당겼을 뿐 정작 화살을 쏘진 않았는데도 투월초는 놀라 몸을 왼편으로 비켜섰다.

이것을 보고 양유기가 소리쳤다.

"화살이 내 손에 있거늘 몸을 피하다니 비겁하구나. 이번에도 몸을 돌려 피하겠느냐?" 하고서는 다시 활시위를 당겨 활을 쏘았다. 물론 이번에도 화살은 쏘지 않았다. 그러나 투월초는 놀라서 오른편으로 몸을 비켜섰다.

그 순간, 양유기는 번개같이 다시 활을 쏘았다. 화살은 정확히 투월초의 머리를 꿰뚫었다.

반란을 진압하고 돌아 온 장왕은 기분이 좋았다. 술을 끊고 나라를 크게 일으킨 지 6년, 이제 주변은 평정되고 제후국 모두가 장왕을 패자로 섬기는 상황이다. 그는 궁중에 큰 잔치를 차리고 모든 신하를 초청했다. 해가 서산에 져도 잔치는 촛불을 밝히고 계속되었다. 장왕은 사랑하는 허희許姬로 하여금 대신들 모두에게 술을 따르라 하였다.

그런데 갑자기 바람이 불어 불이 꺼지고 사방이 컴컴해졌다. 이때 누군가 허희를 껴안자 놀란 허희가 반항을 하다가 그 신하의 갓끈을 잡아채고서 소리를 쳤다.

"전하, 불이 꺼진 틈을 이용해 저에게 수작을 부리려는 자가 있어 제가 그 자의 갓끈을 떼어 가지고 있으니 어서 불을 밝히고 잡아서 큰 벌을 주십시오."

그러자 장왕이 얼른 소리쳤다.

"아직 불을 밝히지 말라. 모두들 즐기는 자리이니 거추장스러운 갓끈을 모두 끊으라. 만일 갓끈을 끊지 않는 자가 있다면 그는 과인과 즐기기를 원치 않는 자일 것이다."

모두가 서둘러 갓끈을 끊었음은 물론이다.

그날 밤 허희가 왜 그자를 벌하지 않았느냐고 따졌다.

장왕은 말했다.

"오늘 과인은 신하들이 취하도록 마시게 하였다. 누구나 취하면 실수할 수도 있는 법. 내가 그 자를 찾아 벌을 준다면 신하들의 흥취는 어떻게 되겠느냐. 그렇게 되면 오늘 술자리를 가진 보람도 없게 될 것이다."

이 이야기를 듣고 모두 장왕의 도량에 감탄을 하였고, 이 술자리는 갓끈을 끊고 가진 자리라 하여 '절영회絶纓會'라는 이름이 붙여졌다. 이런 장왕이었기에 한때 제후들을 호령하는 패왕覇王이 될 수 있었을 것이다.

그후 장왕은 자신에게 복종하지 않는 정鄭 나라를 치기로 하였다. 장왕이 정나라로 들어가니 이미 당교(唐狡)라는 장수가 선발대로 나서서 평정한 후였기에 아무런 저항 없이 입성할 수 있었다. 장왕이 당교를 불러 상을 주려하자 당교는 이미 왕으로부터 많은 은혜를 입어서 상을 받을 수 없다고 사양했다. 왕이 의아해 하자 당교는 "언젠가 밤에 대왕께서는 신하들을 위하여 잔치를 베풀었습니다. 그때 신이 술에 취해 허희의 몸에 손을 대었습니다만 대왕께서는 모두 갓끈을 끊으라 하여 신의 목숨을 살려 주셨습니다. 제가 이번의 전쟁에서 목숨을 걸고 싸워 전공을 세운 것은 대왕의 은혜에 보답하려한 것입니다."

장왕이 당교를 제일 공로자로 기록하라고 하였으나 당교는 이를 사양하고 종적을 감추었다.

또 다른 이야기.
장왕이 송나라를 칠 때의 일이다.
창고에는 고기가 썩고 술독에는 술이 시어가고 있었다.
장군 우중(于重)이 왕에게 간하였다.
"전하의 창고에는 술과 고기가 썩어 넘치고 있습니다. 모든 병사가 이것을 잘 알고 있지만 그들은 배가 고프고 술에 굶주리고 있으니 어찌 전장에 나가 이길 수 있겠습니까?"

장왕은 즉각 창고를 열어 모든 장병들을 배불리 먹인 다음 싸움터에 나가도록 하였다. 이기고 돌아왔음은 물론이다.

어느 시대든 진정한 영웅은 그에 걸맞는 리더십을 가지고 있음을 보여주는 사례다.

술자리에서
칼을 뽑으면

　제 환공의 뒤를 이어 이룩한 진晋 문공文公의 패업도 오래 가지 못했다. 진나라의 영공靈公은 술잔치를 벌이고 놀다가 사람을 과녁으로 해서 화살을 쏘아 죽는 모습을 보며 웃고 즐겼다. 조돈趙盾이라는 신하가 영공의 행차를 막고 간하자 이를 귀찮게 생각한 영공이 밤에 자객을 보내 죽이려 했으나 오히려 자객이 조돈의 충성심에 감복하여 제 스스로 머리를 부딪쳐 죽고 말았다. 다음날 술자리에서 조돈을 만난 영공은 술이 취하자 조돈에게 청했다.
　"그대의 칼이 좋다고 하던데 한번 구경시켜 주게나."
　조돈이 무심코 칼을 빼서 드리려 하자 조돈의 시종이 다급히 소리쳤다.
　"군왕을 모신 자리인데 신하가 어찌 감히 칼을 뽑으려 하십니까!"
그제야 영공의 음모를 깨닫고 일어선 조돈이 빠져 나갈 수 있도록 조돈의 시종은 덤벼드는 사냥개를 죽이고 다시 몰려드는 무사들과 죽음으로 맞서 싸웠다. 밖에는 또 조돈을 도와주는 이가 기다리고 있었다. 몇년 전 조돈이 사냥을 다녀오는 길에 배가 고파 쓰러져 있던 이에게 밥과 고기를 준 일이 있었는데 그가 은혜를 갚기 위해 나타난 것이다.
　조돈은 궁을 떠나 잠시 몸을 피하고 있었는데, 그 사이 조돈의 조카인 조천趙穿은 의도적으로 영공에게 아첨을 하며 더욱 주색에 빠

조돈의 이야기를 그린 한대 화상석

지게 만드는 한편으로 용사 200명을 잘 훈련시켜 두었다가 어느 날 밤 급습을 해서 영공을 시해하였다.

영공이 죽자 조돈이 바로 돌아와 새로 왕을 모시고 자신은 정승이 되어 국정을 맡았다. 그런데 항상 마음에 걸리는 것이 사관이 역사를 어떻게 기록했는지에 대한 것이었다. 어느 날 사관에게 선대왕에 대한 기록을 보여 달라고 청했다.

그 기록에는 '7월 을축일에 조돈이 도원에서 영공을 죽였다.'라고 적혀 있었다. 조돈이 항의했다. "이 기록은 잘못 된 것이오. 나는 그 날 이곳에서 이백 리나 떨어진 곳에 있어서 왕이 피살된 지도 모르고 있었소. 이런 끔찍한 허물을 내게 씌운다면 후세 사람들이 나를 뭐라고 하겠소?"

사관이 냉정하게 답했다. "승상께서는 도망을 갔다고는 하지만 나라 안에 있었고, 왕이 죽은 뒤 돌아와 왕을 죽인 자를 벌하지 않았습니다. 그렇다면 공께서 이 일을 꾸민 것이 아니라고 해도 누가 믿겠습니까?"

조돈이 사정을 했다.

"이 기록을 고칠 수는 없겠소?"

사관이 다시 말했다.

"옳은 것은 옳다 하고 그른 것은 그르다 하는 것이 사관의 할 일입니다. 그러니 승상이 내 머리를 끊을 수는 있어도 이 기록만은 고칠 수가 없습니다."

조돈이 탄식을 하고서 그 뒤로 정사에 매우 신중을 기했다고 한다. 공신인 조카 조천이 정승 자리를 달라고 간청해도 허용하지 않고 조천의 아들에게도 높은 벼슬을 주지 않았으니 이것은 역사의 기록을 두려워하는 바른 정치인의 자세라 할 것이다.

술잔과 도마 사이를 벗어나지 않고도 천리 밖을 본 안자

초나라의 영공靈公은 왕을 목 졸라 죽이고 왕위에 오른 다음 천하의 패권을 쥐고자 제후들의 모임을 소집했다. 그러나 제후들의 마음을 얻지 못하고 성과도 없는 전쟁만 일삼다가 큰 궁궐을 지어 준공식에 다시 제후들을 초청했다. 국력을 자랑하고 싶은 마음이었으나 실제로 참석한 이는 오로지 노魯의 성공成公뿐이었다.

영공은 노성공과 술을 마시다가 취한 김에 초나라의 보물인 활을 선물로 주었는데 다음 날 술이 깨자 마음이 변해 이것을 돌려받았다. 이를 본 초나라의 대신 오거(伍擧)가 탄식했다.

"아! 우리 왕은 성공할 사람이 못 되는구나. 궁궐 낙성식에 제후라고는 한 사람밖에 안 오고, 그나마 온 노성공에게 주었던 선물은 다시 빼앗으니 어찌 남의 신용을 얻겠는가. 이런 좁은 속으로 어찌 큰일을 도모하리오!"

얼마 후 초의 영공은 궁궐의 낙성식에 제후들이 참석하지 않은 것에 앙심을 품고 우선 진(陳)을 쳐서 초의 현으로 삼고 다시 채(蔡) 나라까지 쳤다. 그러자 모든 나라가 겁을 먹고 초에 사신을 보내고 공물을 바쳤다. 이때 제나라에서 보낸 사신은 안영(晏嬰)이다.

안영이 초나라 왕궁에 도착하자 수문장은 작은 구멍을 뚫어놓고 기다리고 있었다. 키가 작은 안영을 모욕 주려는 의도였다.

"조그만 사람을 위해 큰 문을 열 필요는 없으니 제나라 대부는 저 문으로 들어오시오."

안영이 태연히 대답했다.

"개나라에 왔다면 개구멍으로 들어가야 하겠지만, 사람 나라에 왔으니 사람이 다니는 문으로 들어가야겠다."

수문장은 이 말에 문을 열어 주었다.

안영이 궁 안으로 들어가자 대신들이 줄 서 있다가 한마디씩 시비를 걸었다.

"강태공이 세운 제나라는 환공 때 천하를 제패했는데, 지금의 제나라 왕이 환공만 못할 리 없고 대인도 관중만 못할 리가 없는데 이제 큰 나라를 찾아다니는 모습을 보니 한심하군요."

안영이 대답했다.

"천하대세와 기회를 따라 할 바를 하거나 일을 성사시키는 자가 바로 영웅이고 호걸입니다. 그러니 천하 패권을 잡았던 다섯 패후들도

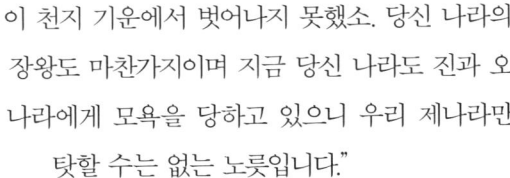
안영(晏嬰)

이 천지 기운에서 벗어나지 못했소. 당신 나라의 장왕도 마찬가지이며 지금 당신 나라도 진과 오나라에게 모욕을 당하고 있으니 우리 제나라만 탓할 수는 없는 노릇입니다."

다른 이가 이번에는 안영의 키를 가지고 시비를 걸자 안영은 "저울추는 작아도 천근의 무게를 달며 배의 노는 길어도 물속에 들어가 있는 부분이 많습니다. 키가 크고 힘이 센 장사라도 싸움에서 죽는데는 예외가 없었는데 당신도 키가 크고 힘이 셀 것으로 보이지만 그들과 다를 바가 없겠지요."

안영이 내전으로 들어가자 이번에는 영왕이 말했다.

"제나라엔 인물이 없소? 어찌 그대처럼 조그만 사람이 왔단 말인가."

"우리 제나라엔 다른 나라에 사람을 보내는 법도가 있습니다. 현명한 나라에는 현명한 사람을 보내고 못난 사람은 못난 나라에 보냅니다. 마찬가지로 대인은 대국으로 보내고 소인은 작은 나라에 보냅니다. 신은 제나라에서 소인이며 가장 못났기 때문에 신을 초나라로 보낸 것입니다."

영공은 할 말이 없었다. 그래서 귤 한 개를 안영에게 하사했다. 안영은 귤을 껍질 채 먹었다. 이것을 보고 영공은 귤도 먹을 줄 모르느냐고 물었다.

"군왕이 하사한 음식은 그냥 먹는 법입니다. 대왕께서 벗겨 먹으란 분부가 없으셨는데 어찌 껍질을 벗겨 먹겠습니까?"

이 말에 영왕은 자리에서 벌떡 일어나 존경의 뜻을 표하고 술을 내오라고 분부했다. 술을 한참 마시고 있는데 병사들이 죄수를 끌고 전각 밑으로 지나갔다. 영왕이 무슨 죄수냐고 묻자 제나라 도둑이라고 하였다. 이에 영왕이 제나라 사람들은 도둑이 많은가 하고 물었다.

"강남의 귤을 강북에 심으면 탱자가 납니다(南橘北枳). 그것은 토질이 다르기 때문입니다. 제나라 사람들은 도둑질을 모르는데 제나라 사람이 초나라에 오면 도둑질을 하는 것도 토질 때문이 아닌가 합니다."

영왕은 안영의 인물됨을 확인하고 그 후로는 환대하였다.

같은 시대, 진晉나라 평공平公이 제나라를 공격하려고 하였다. 당시 제나라 왕은 경공景公이었고, 국상國相은 안영이 맡고 있었다.

진나라 평공은 먼저 대부 범소范昭를 제나라에 보내 제나라의 상황을 탐색하게 했다. 범소가 제나라에 도착하자, 경공은 연회를 베풀었다. 연회가 무르익자, 범소는 경공에게 경공의 술잔을 달라고 하였다. 경공은 진나라를 두려워하고 있었으므로 범소에게 술잔을 건네주었다.

범소는 그 잔에 술을 따라 마시더니, 다시 경공에게 잔을 돌려주려하자 안영이 그 잔을 받아들고서 시종에게 새 잔을 왕께 갖다 드리라고 명했다. 이를 바라본 범소가 불쾌한 표정을 짓고서는 벌떡 일어나서 제나라 태사太師에게 말했다.

"천자의 음악을 연주하도록 하시오. 내가 춤을 출 테니."

태사가 대답하였다.

"저희 제나라에서는 천자의 음악을 연주할 수가 없습니다."

범소는 진나라로 돌아와 평공에게 자세히 보고하며, 이렇게 말했다.

"제나라에는 안영과 태사 같은 훌륭한 신하들이 있으니 공격해서는 안 되겠습니다."

훗날, 공자도 이것을 듣고 안영의 재간을 이렇게 칭찬하였다

"훌륭하도다. 술잔과 도마 사이를 벗어나지 않고도 천리 밖을 알았으니, 이는 안영을 두고 말한 것인데, 가히 말로서 적을 물리쳤구나."

평공平公은 초의 영공이 궁을 크게 지었다는 소식이 들리자 그도 질세라 이에 못지않은 궁을 짓고 낙성식에 제후들을 초청했다. 많은 나라가 축하 사신을 보냈고 정과 위 두 나라는 왕이 직접 방문하였다. 위衛의 영공靈公과 진의 평공은 둘 다 음악을 좋아했으므로 술자리에도 각각 자기 나라 음악의 고수를 데리고 왔다. 먼저 위나라 악공이 나라를 망치게 만든다는 것으로 유명한 〈청상조淸商調〉라는 곡을 연주했는데, 진평공은 즐기고선 진나라의 전설적인 악공 사광師曠(사광은 어려서부터 음악을 매우 좋아했으나 음악에 전념하지 못하는 자신에 대해서 늘 고민했다. 어느 날 사광은 '기법이 정밀하지 못한 것은 생각이 여러 곳으로 흩어져 있기 때문이다. 또 마음을 하나로 통일하지 못하는 것은 눈으로 너무 많은 것을 보기 때문이다.'라고 탄식하고는 쑥에 불을 붙여 자기 두 눈을 태웠다. 이후 사광은 하늘의 변화와 인간의 일을 음악으로써 알아맞히게 되어 심지어 새나 짐승의 울음소리만 들어도 길흉을 짐작했다)에게 청상조보다 더 슬픈 〈청징조淸徵調〉라는 곡을 연주하게 하였다. 사광이 이러면 불행이 있을 뿐이라며 말려도 듣지 않고 한술 더 떠 〈청각조淸角調〉를 탄주하게 하였다. 이 곡이 연주되자 금방 광풍이 일더니 뇌성벽력과 함께 큰 비가 내려 잔치는 아수라장이 되고 말았다. 이 일이 있고서 한 달 만에 진 평공은 병들어 죽고 말았다.

한편 그때 제나라에는 공손접公孫接, 전개강田開彊, 고야자古冶子 등 세 사람이 간신 양구거와 결탁하여 정권을 휘두르고 있었다. 안영은 이들로 언제나 근심이 컸다.

어느 날 노나라 임금이 친선 방문을 와서 잔치를 하는 중에 안영이 친히 후원으로 가서 만수금도萬壽金桃이라는 복숭아 여섯 개를 따왔다. 안영은 경공과 노나라 임금에게 하나씩 바친 다음 자신과 노나라 대신이 하나씩 먹고서 경공에게 아뢰었다.

"남은 두 개의 복숭아는 공이 많은 신하에게 하사하시기 바랍니다."

먼저 공손접이 돼지와 호랑이를 때려잡은 일을 말하고 복숭아를 하나 집었다. 그러자 전개강은 매복작전으로 적군을 두 번이나 격파한 일이 있음을 들어 나머지 복숭아를 집어 들었다. 고야자는 왕을 호위하여 황하를 건널 때 큰 거북이 나타나 말을 거북의 등에 태우고 강을 건넌 일과, 강을 건넌 뒤 그 거북을 죽였는데 그 거북이 황하의 신神인 하백河伯이었음을 이야기했다. 복숭아를 먼저 집은 두 사람은 자신들의 무용이 고야자의 무용에 미치지 못하는데도 복숭아를 먹으려 한 것을 부끄럽게 생각하여 스스로 목을 찔러 죽었다.

이것을 본 고야자는 두 친구가 죽었는데도 혼자 살기를 바란다는 것은 인仁이 아니라고 생각하여 그도 자살하고 말았다. 복숭아 두 개로 남의 손을 빌려 세 사람을 죽였다는 '이도삼살二桃三殺'은 여기에서 나온 말이다. 안영은 죽은 세 사람을 아쉬워하는 경공에게 문장과 무력에서 따를 자가 없는 전양저田穰苴를 천거했다.

며칠 후 진晉과 연燕이 연합하여 제를 침범해 온다는 급보가 들어왔다. 제경공은 전양저를 대장으로 삼되 총애하는 신하 장가莊賈를 딸려 보내기로 하고 출병을 명했다. 전양저와 장가는 다음날 오시午時에 만나 출병을 하기로 약속하고 헤어졌다. 이튿날 오시가 한참 지

나고 해가 기울어서야 나타난 장가는 전혀 미안한 기색도 없었다.

전양저는 군율을 다루는 장수에게 물었다.

"장수가 시간을 어겼을 때 그 죄는 어떻게 다스리는가?"

"군법에 따르면 사형입니다."

전양저는 놀래서 달아나는 장가를 붙잡아 결박지었다. 장가가 참형에 처해진다는 소식이 경공에게 전해졌다. 경공이 놀라 양구거에게 빨리 가서 장가를 살려주도록 전양저에게 전하라고 지시했다.

그러나 양구거가 수레를 타고 군문에 급히 들어섰을 때 이미 장가의 목은 떨어진 후였다.

전양저가 다시 군율을 다루는 장수에게 물었다.

"군문 안에서 수레를 달리는 자에게는 어떤 벌을 내려야 하는가?"

"군법에 따르면 사형입니다."

이 말을 듣고 양구거가 얼굴이 하얗게 되면서 자신은 임금의 지시로 왔을 뿐이라고 용서를 빌었다. 전양저는 임금의 명으로 왔으니 죽일 수는 없으나 군법을 어지럽힐 수는 없다며 수레를 부수고 수레를 끌고 온 말은 죽이라고 명했다. 수레가 부서지고 말의 목이 잘리는 것을 본 양구거는 혼비백산하여 도망쳤고, 전군에는 소름이 쫙 끼치며 긴장감이 팽팽해졌다. 그리고 이 소식이 침략해온 진나라와 연나라에도 전해지자 그들은 바로 철군하고 말았다.

경공은 개선하고 돌아온 전양저를 참모총장격인 사마^{司馬}로 임명했다. 며칠 뒤 경공은 애첩들과 술을 마시다가 흥이 나질 않아서 불시에 안영의 집으로 향했다. 안영은 관복을 입고, 전양저는 갑옷에 창을 들고 대문에서 경공을 맞았다. 그들이 말하기를 "내치와 외교에 관한 일이라면 신이 자리를 모시겠으나 술과 음식을 즐기는 일이라면 관여할 수가 없습니다."

"군사에 관한 일이라면 신이 모시겠으나 음주 가무를 즐기는 일이라면 관여할 수가 없습니다." 하고 말했다.

경공은 더 이상 할 말이 없어 궁으로 돌아오고 말았다.

안영은 재상으로서 50년을 집권하였는데 지모가 뛰어나고 언변이 좋아 여러 나라를 굴복시키는 등 업적이 많았다. 또한 경공을 술로써 간한 적이 적지 않았다. 워낙 훌륭한 업적이 많아 안자^{晏子}라고도 부른다.

하루는 왕이 술에 취해 말하기를 "오늘은 내가 여러 대신들과 유쾌하게 술을 마시니 어떠한 예절도 언급하지 말라."고 하였다. 이를 들은 안자가 얼굴색이 변하여 "대왕의 말씀이 옳지 않습니다. 예절을 논하지 않는다면 사람들은 짐승과 같이 될 것입니다."고 말하였다. 왕이 등을 돌리고 안자의 말을 듣지 않았다.

 조금 뒤 왕이 나가려 하자 안자가 일어나지 않았고 다시 들어와도 안자는 일어나 영접하지 않았다. 임금이 술을 달라고 하자 안자는 스스럼없이 먼저 술을 마셨다. 왕이 화가 나 안자에게 말하기를 "금방 공은 나에게 예절에 대해 말했지만, 내가 나가거나 들어와도 일어나 예절을 갖추지도 않았고 술을 청해도 먼저 마셨는데. 공에게 도대체 군신간의 예절은 있기나 하는 것이오?"라고 물었다. 이에 안자는 즉각 일어나 공손히 큰 절을 드리고 나서 "신이 어찌 왕에 대한 예절을 모를 수가 있겠습니까? 방금 제가 한 짓은 분명 예절에 맞는 것이 아닙니다. 다만 대왕이 예절을 소홀히 생각하시면 실제로 이렇게 되는 것입니다."하고 말했다. 왕이 이를 듣고 자신의 잘못을 인정하고 안자를 더욱 존경하게 되었다.

 또 하루는 왕이 7일 밤낮을 계속하여 술에 취했다.

 대부 현장弦章이 "왕이 술을 계속하여 마시면 나라, 백성 그리고 대왕 자신 모두에게 이롭지 않습니다. 신은 대왕과 함께 술을 삼가고자 하오니 만약 대왕이 절주를 못하시면 신에게 죽음을 내리십시오."하였다.

 그러자 왕이 안자에게 "현장이 나에게 절주를 청하며 금주를 안 하면 자기를 죽여 달라고 하오. 그의 말을 듣자면 임금이 속박을 받을 것인데 나는 신하에게 속박을 받고 싶지도 않고 신하를 죽이고 싶지도 않소. 어찌 하면 좋겠소?"하고 물었다.

 그러자 안자는 "현장이 폐하를 만난 것은 정말로 다행입니다. 만약 하의 걸왕이나 상의 주왕 같은 임금을 만났으면 바로 죽임을 당했을 것입니다."

 왕이 이를 듣고 얼굴색이 달라지고 이후로는 절주를 하였다.

목숨을 빼앗는 술자리의 실수

　춘추시대 초공왕楚恭王이 하루는 사냥을 나갔다가 활을 잃어버리자, 공왕을 모시고 함께 사냥을 나선 신하들이 활을 찾아오겠다고 말했다. 그러자 공왕은 이렇게 말한다.
　"찾지 마시오. 초나라 왕이 잃은 활을 초나라 사람이 줍게 될 텐데, 무엇하러 찾으려 하시오?"
　신하들은 모두 임금의 넓은 도량을 칭송하였는데, 뒤에 사람들은 이를 초궁초득楚弓楚得이라고 줄여 말했다. 그러나 훗날 공자는 이 이야기를 듣고 길게 탄식하며 말했다고 한다.
　"안타깝게도 마음이 좁구나. 잃은 활을 뒤엣 사람이 얻게 된다고 하지 못하고 초나라 사람에 한정시키다니."
　공자는 초나라 왕이 잃은 활을 초나라 백성들이 주울 것이니 찾을 필요가 없다고 한 것을 좁은 생각이라고 본 것이다. 그는 초나라 백성이 아니라 국적을 떠난 모든 사람이 주울 것이라고 했다면 좀 더 마음이 넓은 사람이었을 것이라 생각했다. 그러므로 초궁초득의 본뜻은 원래 도량이 넓다는 뜻이었으나 공자에 이르러 도량이 작음을 의미하는 것으로 변하게 되었다. 요즘 식으로 말하면 공자는 글로벌 마인드를 가진 코스모폴리탄이라 할 수 있을 것이다.
　이 공왕共王이 진晉의 여공厲公과 언릉鄢陵이라는 곳에서 큰 싸움을 벌였다. 그 결과 초는 패하였고 공왕은 전쟁터에서 돌아오자마자 대장군인 사마자반司馬子反의 목을 베었다. 그 사연은 다음과 같다.

싸움이 한창 벌어지고 있을 때 공왕은 귀에 부상을 입었다.

이때 사마자반은 지휘를 하고 있었는데 소리를 지르느라 목이 몹시 말랐다. 그가 물을 달라고 하는데 부하 장수가 그에게 술을 한잔 권했다. 원래 술을 즐기던 사마자반은 그 술이 한잔 들어가자 그만 이성을 잃고 계속 마시게 되었다. 공왕이 사마자반을 불러 일제 공격을 상의하려고 하는데 불러도 오지 않아 왕이 직접 그를 찾아 나섰다. 대장군의 군막을 제치고 들여다보니 술 냄새가 코를 찌르고 사마자반은 이미 술에 취하여 제 정신이 아니었다. 공왕은 분노를 삭이고 군사를 후퇴시켜 자기 나라로 돌아오고 말았다. 그 다음에 남은 것은 군율로 다스리는 일밖에 또 뭐가 있겠는가.

이것은 전쟁 중에 벌어진 일이니까 그럴 수도 있겠거니 할 수 있지만, 평시에 술을 잘못 마신 실수로 목숨을 잃은 이가 있다.

어진 군왕으로 손꼽히는 요堯 임금 시대에 그의 밑에는 천문을 담당하는 관리로 희화羲和라는 이가 있었는데 그는 술을 몹시 좋아하여 실수가 잦았다.

하루는 일식이 발생했으나 술에 취한 희화가 미처 이를 예보하지 못하였고 이로써 큰 혼란이 일어나서 요임금은 크게 화를 내고 그 책임을 물어 사형에 처하였다. 술로써 형벌을 받은 최초의 인물이 아닌가 생각한다. 요즘도 일기예보가 틀리면 기상청은 여론의 질타를 받곤 한다. 시대는 다르지만 일기예보는 자칫하면 목숨을 잃기도 하는 중요한 일이었다.

제齊 나라의 중대부中大夫라는 높은 벼슬에 있었던 이사夷射는 술 한

잔을 거절했다가 목숨을 잃었다.

하루는 그가 왕을 모시고 술을 마시다가 몹시 취하였으므로 잠시 술자리를 피하여 대궐 낭하의 문에 기대 서 있었다. 그때 죄를 짓고 벌로 발이 잘린 자가 문지기로 있었는데 이사의 앞으로 나와 말하였다.

"대부님, 혹시 마시다 남은 술이 있으면 한잔 주시지 않겠습니까?"

이사가 꾸짖어 말하기를,

"저리 비켜라. 죄를 지어 벌을 받은 자가 감히 대부에게 술을 달라고 하다니 괘씸하구나!"

문지기가 놀라 뒤뚱거리며 달아났다. 그렇지만 문지기는 이사가 돌아간 뒤에 대궐 문 귀퉁이에 물을 쏟아 마치 오줌을 싼 것처럼 만들어 놓았다.

다음날 왕이 이를 보고 크게 화를 냈다.

"누가 감히 여기에 오줌을 누었느냐?"

문지기가 황송한 듯 아뢰었다.

"소인은 누가 그랬는지는 보지 못하였으나 어제 중대부 이사 어른께서 여기에 서 있는 것은 보았습니다."

왕은 당장에 이사를 잡아들여 사형에 처하였다. 남은 술 한 잔 아끼며 아랫사람 깔본 덕분에 목숨을 잃은 것이다.

삼국지 주인공 중의 한 명인 장비張飛도 싸움터에서 홧술을 마시다 변고를 당한 경우이다. 그의 의형인 관우關羽가 조조에게 몸을 의탁하고 있을 때, 조조는 동탁董卓을 벌하기 위해 한때는 동맹군의 대표로 모시고 있었던 원소袁紹와 주도권을 놓고 전쟁을 벌이고 있었다. 당시만 해도 조조에게는 그다지 이름난 장수가 별로 없었고 원소에게는 안량^{顔良}이라는 무서운 장수가 있어 조조는 크게 고전을 하고 있었다.

이때 관우가 조조를 위해 안량을 베었는데 이를 본 조조가 관우를 보고 천하제일의 장수라고 치켜세우자 관우는 '내 동생 장비라면 이 정도는 식은 죽 먹기올시다.'라고 겸손해 하였다. 조조가 이를 듣고 부하 장수들에게 앞으로 장비를 만나면 조심하라고 주의를 주었다고 한다.

나중에 조조가 신야^{新野}의 싸움에서 도망치는 유비^{劉備}의 군사를 뒤쫓다가 장판교 다리 위에 홀로 버티고 선 장비를 보자 놀래어 군사를 뒤로 물러서게 한 적이 있었다. 사실은 그때 장비는 병졸도 없고 다급한 심정에서 너 죽고 나 죽자는 심정으로 막아선 것인데 조조는 전에 관우한테 들은 바가 있어 겁을 먹었던 것이다.

그러나 이렇게 용맹한 장비도 지휘관으로서는 치명적인 약점을 가지고 있었다. 지나치게 난폭하고 성질이 급한데다가 과음을 하면 실수가 적지 않았다. 술버릇이 좋지 않고 부하를 따뜻이 대하지 않아 이로 말미암아 화를 입을지 모르니 조심하라고 유비가 여러 번 충고를 하였지만 마침내 술 때문에 어이없는 죽음을 당하고 만다.

관우가 오나라와 전쟁에서 계략에 빠져 죽음을 당하고 나자 유비가 죽은 관우의 원한을 갚고자 군사를 총동원하여 복수전을 펼칠 때의 일이다.

의형제인 관우의 죽음을 극도로 비통해하던 장비는 자기가 거느린 군사 일만 명에게 사흘 안으로 흰 상복을 지어 입고 싸움터에 나서도록 명령하였다.

그렇게 짧은 시간에 모두가 흰옷을 준비한다는 것은 사실상 불가능한 일이었으나 평소 장비의 불같은 성격을 잘 알고 있는 부하 장수들로서는 이 기한 내에 이를 시행하지 않으면 자신들의 목이 날아갈 것이라고 생각했다. 별 수 없다고 생각한 그들은 술에 취해 깊은 잠에 빠진 장비의 목을 베어 오나라로 도망가 버리고 말았다.

일세의 영웅답지 않은 싱겁고 엉뚱한 죽음이었다.

한漢 무제武帝는 모순의 제왕이었다.

때로는 훌륭한 판단으로 위대한 업적을 남겼는가 하면 때로는 어이없는 실책으로 과오를 저지르기도 하였다. 집권 초기에는 할머니인 두태후竇太后의 영향력이 커서 소신 있는 정치를 펼칠 수가 없었다. 이때 두태후의 당질인 두영竇嬰은 외척 관계를 이용하여 높은 벼슬을 살았고 모든 벼슬아치들은 그를 중심으로 커다란 세력을 이루고 있었다. 이름난 유학자였던 전분田蚡도 예외는 아니어서 그는 두영에게 아들이나 조카의 예를 갖추었다.

그런데 두태후가 죽고 무제의 어머니인 왕태후王太后가 두태후를 대신하여 영향력을 갖기 시작하면서 이번에는 두영이 힘을 잃었고 반면에 왕태후의 신임을 얻은 전분이 재상의 자리에 오르게 되었다. 모든 벼슬아치들이 두영의 곁을 떠나 전분에게로 몰리는 것은 예나 지금이나 변함없는 권력의 속성이다. 그러나 그중에 장군으로 있던 관부灌夫만은 예외였다. 그는 의리를 중시하여 두영의 곁을 지켰고 술을 좋아한 관부는 술만 마시면 전분을 욕하기도 하였다. 전분은 자신의 힘을 이용하여 두영의 땅을 빼앗기도 하였는데 관부는 이럴 때는 참지 못하고 울분을 터뜨리기도 하였다.

한번은 전분이 자식의 결혼 피로연을 베풀었다. 왕태후는 왕족들이며 고위 관리들이 빠짐없이 참석해 축하하도록 명령을 내렸다. 이 자리에 관부도 참석하여 전분에게 술잔을 올렸는데 취기가 발동하고 평소 쌓인 감정도 있던 탓에 그만 전분의 옷에 술을 엎지르고 말았다. 크게 성이 난 전분은 당장 관부는 물론 그의 가족들까지 잡아들인 다음 임금에게 사형의 벌을 내릴 것을 요청하였다.

두영이 무제에게 달려가 이는 술자리의 일로서 관부가 취한 탓에 일어난 해프닝임을 설명하고 용서해 줄 것을 탄원하였다. 임금은 조정의 대신들을 불러 의견을 물었다. 이에 대해 많은 대신들이 관부가 과거 국가의 어려운 시기에 여러 반란을 진압하는 공을 세우며 몸에 부상도 많이 입은 공신이니만큼 용서해 주자고 의견을 모았다.

그러나 이러한 분위기를 알아챈 왕태후가 식사를 거부하였고, 찾아온 아들 무제에게 이번 사태가 사실은 관부와 두영이 자기를 겨냥하여 욕보이기 위한 것이라며 처형해 달라고 울면서 고집을 부리자 무제도 어쩔 수 없이 관부는 물론 두영까지 사형시키고 말았다. 술자리의 실수가 정치적인 이해관계와 맞물려 죽음으로까지 이끈 것이다.

공자의 술 실력

공자는 아버지가 숙량흘^{淑梁紇}이고 어머니는 안^{顔}씨이다. 기원전 551년에 지금의 산동성 곡부^{曲阜}에서 태어났는데, 부모가 니구산^{尼丘山}에서 아들을 달라고 빌어 얻은 탓에 이름은 구^{丘}고 자는 중니^{仲尼}라 지었다. 공자는 세 살 때 아비를 잃고 다시 17세에 어미를 잃었다. 19

세에 결혼해 아들을 얻었는데 이미 명성이 높아진 그를 위해 노나라의 소공^{昭公}이 잉어를 보내 축하해 주었으므로 아들의 이름을 잉어[리^鯉]라고 지었다.

그는 각고의 노력으로 유가^{儒家}의 창시자가 되었고 성인으로 추앙받았을 뿐만 아니라 그의 정신적 지위는 황제에 버금가는 것이어서 그의 무덤 앞 묘비에 '성인으로 크게 이룬 문선왕(大成至聖文宣王)'이라고 새긴 글귀만 보더라도 쉽게 확인할 수 있는 것이다. 다만 실제로 황제가 참배할 경우에 맨 밑의 임금 왕^王 자가 한 눈에 보이지 않도록 획을 교묘히 가려서 턱을 쌓은 것(사진 참조)은 비록 눈 가리고 아웅 일지라도 황제의 권위와 공자에 대한 예우가 절묘하게 타협한 아이디어임을 알 수 있다.

공자(BC551~BC479)

전하는 바에 따르면 공자는 주량이 매우 커서 백 잔의 술도 거뜬했다고 한다. 그는 제사를 중시했기 때문에 예^禮로써 술을 논하였다. 제사에서 예와 악은 주류를 포함하는 것으로 술의 도구라든가 좌석의 배치에는 규범이 있고, 주법에는 예의가 있어 예로서 절제하고 욕심을 제어한다고 하였다.

실제로 논어의 향당편^{鄕黨篇}에 '고기가 많아도 밥보다 많이 드시지 않았고, 술은 정해진 양이 없었지만 취해서 흐트러지는 데까지는 오로지 이르지 않으셨다(肉雖多 不使勝食氣 惟酒无量 不及亂)'라고 한 것을 보면 주량은 커도 자기 절제가 대단했을 것으로 추정된다.

나라를 다스리는 술— 149

이러한 공자의 술 실력을 보여주는 이야기도 전해진다.

노자^{老子}는 도교의 창시자로서 유가와는 대립하고 있었지만, 공자도 노자의 명성이나 학식에 대해서는 존경하고 있었기 때문에 한 번은 제자인 자로^{子路}와 함께 천리 길을 떠나 노자를 찾았다. 마을 입구를 들어서는데 마침 좋은 향냄새를 느낀 공자는 틀림없이 노자의 집에서 담근 술이라 생각하고 일단 가까운 여관에 짐을 풀었다.

밤이 되어 달빛이 고운데 살랑살랑 불어오는 바람에 술 향기가 실려와 잠을 이룰 수가 없어 자로에게 가서 술을 구해오라 일렀다. 자로가 술을 가지고 돌아오자 둘은 밤이 깊도록 마셔 술에 크게 취했다. 다음 날 아침이 되어 일어났어도 아직 술이 덜 깼으나 정신은 맑아, 공자는 "참으로 좋구나. 마음껏 마셨어도 어지럽지 않으니." 하고 감탄을 했다고 한다.

노자와 공자는 생존연대가 다르기 때문에 가상의 에피소드이지만, 술로 엮인 두 분의 관계가 아름답기 그지없다.

강물에 술을 부어 마시며 전의를 불태우고

바이킹 영화에 보면 해적들이 싸우러 나가거나 노략질에 성공하고 돌아왔을 때, 구레나룻 수염을 기른 짐승 같은 사내들이 커다란 술통을 끼고 앉아 술 마시거나 춤추는 난장판의 모습이 빠짐없이 등장한다. 그러나 이쯤으로는 중국에서 술을 가지고 벌인 출전 의식이나 승전 잔치에 비할 수가 없다.

오월동주^{吳越同舟}의 주인공 월나라 구천^{勾踐}이 싸움에 져, 대부로 있던 문종^{文種}과 범려^{范蠡}를 오나라로 보내면서 그들을 떠나보내는 의식을 강까지 나와 거행했다. 신하들이 모두 배웅하러 나왔고 문종은 신하들을 대표하여 구천에게 고별의 잔을 올렸다.

구천은 "나라가 이토록 위험에 빠진 것은 모두 내 잘못이다. 앞으로 나라를 구할 방도를 마련하라."면서 비장한 마음으로 술을 마셨다.

뒤에 범려가 돌아오자 구천이 그의 계책을 따라 사냥과 주연에 빠진 척하되 국가를 재건하는 데 전력을 기울였다. 이로써 오나라 왕 부차^{夫差}는 구천을 별달리 의심하지 않고 경계심을 풀었다.

훗날 구천이 출병하여 오나라를 치러 갈 때 백성들이 술을 가져와 병사들을 격려하려 하자 구천은 수많은 수레에 실린 술통을 강물에 쏟아 부은 다음 모든 장병들이 이를 마음껏 퍼 마시도록 하였다. 전쟁터에 나가는 왕, 장군, 병졸들이 한데 어울려 술을 퍼마시면서 서로 를 확인하는 일체감은 이미 적을 무찌르고도 남는 사기로 자연스레 연결되었을 것이다. 결국 월나라 장졸들의 사기가 충천한 것을 보고 부차는 스스로 칼을 빼어 자결하는 것으로 생을 마감했다.

실제로 얼마큼 많은 술을 부어야 강물을 마시고도 취했을지는 모르겠으나 오늘도 절강^{浙江} 소흥^{紹興}의 남쪽에는 투료하^{投醪河}(료^醪는 누룩 술을 뜻하므로 누룩으로 만드는 소흥주를 가리킬 것이니, 곧 소흥주를 던진 곳이라는 뜻에서 이곳은 바로 군신이 일체가 되어 강술을 퍼마신 곳으로 추정된다)라는 작은 냇물이 흐르는데 바로 이곳이 구천

중국 감숙성 주천시에 있는 주천공원

이 술을 쏟아 부은 역사의 현장으로 전해지고 있다. 물론 당시 쏟아 부은 술은 소흥주가 틀림없을 것이다.

비슷한 이야기가 한나라 때에도 있었다. 한나라에게 흉노는 항상 공포의 대상이었다. 무제武帝가 그들을 치려다 되레 붙잡혀 막대한 조공을 바치기로 하고 풀려난 적이 있을 정도로 그들의 군사력은 강성했다. 실제로 영토 개념으로 본다면 당시 중국대륙은 남한북흉南漢北匈으로 나뉜 2국 체제였다고 할 수도 있다. 대륙을 중국으로 보는 요즘 중국공산당 당국의 역사관으로 보면 더욱 그렇다.

한번은 무제가 명장 곽거병에게 20만 대군을 주어 치게 했는데 수천 리에 걸친 전투 끝에 마침내 이기고 돌아왔다. 무제는 기쁨에 겨워 금과 은을 각 만 냥씩 내리고 특별히 만든 술을 열 항아리 보내 공을 치하했다. 그러나 곽거병이 하사품으로 받은 열 항아리의 술은 20만 장졸들과 함께 마시기에는 턱없이 부족한 양이었다. 참모가 술이 부족하니 혼자서 천천히 드시라 해도 곽거병은 "공을 세운 것은 나 혼자가 아니고 20만 장병 모두가 함께 이룬 것이다."라며 거절했다. 다른 장수가 백 명 정도로 추려서 마시면 안 되겠느냐고 다시 권해도 곽거병은 한사코 마다하고는 장병들을 주변의 개천으로 모이게 한 다음 상류에 술을 전부 쏟아 붓고는 모든 장병이 다 같이 마시도록 하였다. 이후 이 지방 이름이 주천^{酒泉}으로 바뀌었는데 실크로드 상의 구슬과도 같은 도시이다.

월의 구천이나 곽거병은 부하 장병들이 한 마음으로 뭉치는 방법을 아는 심리전의 명수였기에 강한 적과의 싸움을 승리로 만들 수 있었지 않았나 싶다. 국내외적으로 정치, 경제, 외교, 사회 등 다방면에서 어려움에 처해 있는 우리의 현실과 비추어 보더라도 우리 정치인이나 기업가들이 어떠한 리더십으로 난관을 극복해야 하는지 가르쳐주는 교훈이라 하겠다.

복수의 나라 중국

중국은 복수의 나라답게 역사 속에 복수에 대한 이야기가 한둘이 아니지만 그 중 성공한 것은 얼마 되지 않는다. 끈질긴 복수의 염원에도 불구하고 실패로 끝나자 원수의 옷을 칼로 베어 대리만족을 얻고 죽어간 이의 이야기는 우리를 섬뜩하게 만든다.

전국시대는 기원전 475년부터 진^{秦}이 천하를 통일한 기원전 221년까지를 가리키는데 그 서막은 춘추 5패의 하나인 문공^{文公}을 배출한 강국 진^{晉}이 세 대신들에 의해 한^{韓}, 위^{魏}, 조^{趙} 세 나라로 분열하면서 열렸다. 당시 실권을 쥐고 있던 지백^{智佰}이 조양자^{趙襄子}의 땅을 뺏으려는데 조양자가 거절하자 지백은 중신인 한강자^{韓康子}와 위환자^{魏桓子}에게 출병을 강요하였다. 세 사람의 연합군이 조양자의 영지로 쳐들어가자 조양자는 한강자와 위환자에게 밀서를 보내 이 일이 끝나면 당신 둘도 똑같은 처지가 될 것이라며 손을 잡자고 설득했다. 결국 셋은 힘을 합쳐 지백을 쳤고, 지백의 영지는 셋에게 공평하게 나누어졌다. 결국 한, 위, 조의 세 나라는 이 세 대신들의 성을 따서 지은 것이다.

조양자는 지백을 죽이고 그 두개골에 옻칠을 하여 술잔으로 썼다고 한다. 지백의 가신이었던 예양^{豫讓}은 주군의 복수를 위해 조양자의 궁으로 들어가 뒷간의 벽을 바르며 기회를 엿보다가 정체가 들어나 잡혔다. 부하들이 죽이려 했으나 조양자는 그의 의협심을 높이 사 풀어주었다.

예양은 몸에 옻칠을 하여 문둥병으로 가장하고 숯가루를 먹어 목소리를 바꾼 다음 걸식을 하면서 다리 밑에 숨어 기회를 노렸으나 또 다시 들키고 말았다. 이번에는 조양자도 어쩔 수 없이 죽이려는데 예양은 조양자에게 두말없이 죽겠으나 조양자가 입던 옷을 준다면 그것이라도 베어서 복수를 한 다음 죽고 싶다고 청하였다. 그 한결같은 마음에 감동한 조양자가 옷을 가져다주자 예양은 이 옷을 세 번 베고서는 그 칼로 자결했다고 한다.

완벽한 보물과
재상 인상여

초^楚의 선왕^{宣王}이 주변 나라의 제후들을 모아 모임을 가졌다. 그중에 노^魯와 조^趙도 있었는데 두 나라는 선물로 각각 술을 가져와 바쳤다. 조나라의 술은 맛이 있었으나 노나라의 술은 그다지 좋지 못하였다. 초나라의 잔치를 담당하는 관리가 술을 가지고 온 조나라 관리에게 뇌물을 요구했는데 그가 이에 응하지 않자 그를 골탕 먹일 속셈으로 두 나라의 술을 서로 바꿔 버렸던 것이다.

노나라의 술로 바뀐 것을 모르는 초왕이 조나라의 술을 맛보고서는 조나라가 성의 없다 괘씸하게 생각하고 조나라를 공격하였다.

조나라에는 인상여^{藺相如}와 염파^{廉頗}라는 명신들이 있어 국가의 위기를 잘 극복하고 있었다. 인상여가 고급 관리의 개인 비서 격으로 있을 때의 일이다. 당시 막강한 진^秦의 소양왕^{昭襄王}은 조나라가 갖고 있는 화씨벽^{和氏璧}(초나라 사람인 변화^{卞和}가 산속에서 벽옥^{璧玉}[푸른 옥]을 얻어 여왕^{厲王}에게 바쳤는데 왕은 별것 아닌데 놀린다 싶어 변화의 왼발 뒤꿈치를 잘라버렸다. 다음 무왕^{武王}이 즉위하자 다시 이것을 바쳤는데 무왕도 마찬가지로 생각하고 그의 오른발 뒤꿈치를 잘라버렸다. 문왕^{文王}이 즉위하였으나 변화는 다시 왕을 뵐 엄두를 못 내고 산에 올라 통곡을 하였다. 왕이 사람을 보내 가져와 살펴보니 진짜 아름다운 옥이었으므로 그것을 화씨벽^{和氏璧}이라 부르고 보물로 삼았다. 뒤에 항우가 유방을 치려 할 때 유방이 항우의 환심을 사기 위해 선물하였던 옥이 바로 이 화씨벽이다)을 탐

내어 진의 15개 성과 바꾸자는 제의를 해왔다. 조나라에서는 이것이 성은 주지 않고 화씨벽만을 가지려는 진나라의 속임수인 것을 알고 있었지만 거절을 할 수도 없어서 고민하고 있었다.

이때 인상여가 화씨벽을 가지고 갈 사신으로 추천되었다. 그는 조나라 왕에게 성을 넘겨받으면 화씨벽을 줄 것이며, 성을 넘겨주지 않으면 화씨벽을 가지고 돌아올 것을 약속하고 진으로 떠났다(우리가 사용하는 완벽完璧이라고 하는 말은 바로 이때 인상여가 구슬을 온전히 보존하여 돌아오겠다고 약속한데서 유래한 말이다). 소양왕을 만나서 화씨벽을 전하였지만 소양왕이 성을 내주지 않을 것이라는 확신이 서자 인상여는 화씨벽에 티가 있는 것을 가르쳐 주겠다고 속여 돌려받은 다음 이것을 들고 기둥 가까이 가 소리쳤다.

"대왕이 속이려 하니 신은 머리로 이 구슬과 함께 기둥을 받아 깨버리고 말겠습니다."

놀란 소양왕이 인상여의 요구를 받아들여 닷새 동안 목욕재계한 다음 약속을 지키겠다고 말했지만 인상여는 믿을 수가 없어 수행원에게 화씨벽을 가지고 조나라로 돌아가도록 조치를 취하고, 닷새 뒤 다시 소양왕을 만나 말하였다.

"신은 대왕에게 속아 조나라를 배반하게 되지 않도록 화씨벽을 이미 조나라로 돌려보냈습니다. 굳이 대왕께서 화씨벽을 원한다면 15개의 성을 넘기는 약속을 지키고 사신 한 사람만 조나라로 보내면 간단히 해결될 일입니다. 이제 신이 대왕을 속였으니 저를 기름 가마에 넣으시기 바랍니다."

소양왕은 대신들과 상의한 다음 인상여를 벌하지 않고 대접을 잘 하여 조나라로 돌려보냈다. 인상여는 이 공로로 대신이 되었다.

그 뒤, 하루는 진이 조나라를 쳐서 성을 빼앗은 다음 사자를 보내어 조나라 왕에게 국경 근처에서 술자리를 함께 하자고 전하였다. 왕은 겁이 나서 가지 않으려 했으나 인상여와 염파가 상의한 다음 권하였다.

"왕께서 가지 않으면 우리가 약하고 비겁한 것으로 보일 것입니다."

그래서 조나라 왕은 인상여를 데리고 약속 장소로 떠났다.

드디어 진과 조의 왕이 술자리를 함께 하자 진왕은 조왕에게 거문고를 뜯어 달라고 요청하였다. 조나라 왕에게 모욕을 주려는 의도였다. 그러자 인상여가 앞으로 나와,

"조왕께서 들으니 진왕께서는 진나라 악기 부缶(화로처럼 생긴 타악기의 일종으로 대나무 채로 부의 윗부분을 두드려서 소리를 낸다)를 잘 다룬다고 합니다. 진왕께서도 한번 연주해 주시기 바랍니다."고 역습을 가하였다.

진왕이 화를 내며 허락하지 않자 인상여는 다시 말하였다.

"대왕께서는 신으로부터 겨우 다섯 걸음 이내에 계십니다. 신은 제 목을 찌른 피로 대왕을 적실 수가 있습니다."

진왕은 하는 수없이 악기를 들어 연주를 하였다.

이번에는 진의 신하들이 조왕에게 말하였다.

"조의 열다섯 성을 바쳐 진왕의 장수를 축하해 주시기 바랍니다."

이때 인상여가 다시 앞으로 나와 대응을 하였다.

"진의 수도 함양咸陽을 바쳐서 조왕의 장수를 축하해 주시기 바랍니다."

이렇게 해서 술자리 내내 진왕은 조를 굴복시킬 수가 없었다.

이 공로로 인상여는 정승의 자리에 올랐다.

그러자 대장군으로 있던 염파는 "나는 수많은 전투에서 목숨을 걸고 싸워 공을 세웠으나 인상여는 혀끝을 놀린 공으로 나보다 지위가 높아졌다. 그를 보기만 하면 내가 모욕을 주겠다."고 하였다.

이 말을 들은 인상여는 가급적 염파와 마주치는 것을 피하였으므로 그의 부하들이 분해서 그를 떠나고자 했다. 그러자 인상여가 말했다.

"나는 진의 왕을 꾸짖고 그의 부하들을 욕보였다. 그가 우리 조나라를 공격해 오지 않는 것은 조나라에 염파와 내가 있기 때문이다. 우리 두 호랑이가 싸우면 둘 다 살지 못한다. 내가 염파를 피하는 것은 국가의 위급을 더 생각하기 때문이다."

염파가 이 말을 전해 듣고는 웃통을 벗은 채 가시 회초리를 들고 인상여를 찾아가 사죄하였다. 이후로 그들은 서로 믿고 의지하는 사이가 되었다.

문관과 무관이 서로 반목하고 대립하면 안으로는 나라가 흔들리고 밖으로는 외침에 쉽게 무너진다. 우리도 고려 말에 문관이 무관을 지나치게 무시하면서 무신의 난이 계속되고 결국 고려왕조가 멸망의 길을 재촉하게 된 것을 잘 알고 있다. 인상여는 자신의 창피를 무릅쓰고 염파와 대립을 피하여 나라의 안정을 구했던 것이다.

한 말에도 취하고
한 섬에도 취하고

전국시대에 제나라의 순우곤淳于髡은 키는 작아도 언변이 뛰어나 방탕에 빠진 위왕威王이 정신을 차리도록 이끌고, 어지러운 시대에 나라를 위해 많은 공을 세운 인물이다. 한번은 이웃의 강력한 초나

라가 제나라를 쳐들어 왔다.

임금은 조나라의 도움을 얻어 물리칠 생각으로 약간의 선물을 주어 순우곤에게 조나라로 가도록 하였다. 그런데 순우곤이 하늘을 보고 크게 웃다가 갓끈이 떨어졌다. 임금은 그에게 왜 웃는지를 물었다.

"저는 방금 여행에서 돌아왔는데 도중 길가에서 풍년이 들기를 기원하는 사람들을 보았습니다. 그들은 돼지 다리 하나와 술 한 잔을 따라 놓고는, '높은 골짜기나 낮은 들판이나 수확이 풍성하고 오곡이 모두 잘 익어서 집안 구석구석마다 가득 차도록 해주시옵소서'라고 빌고 있었습니다. 바친 것은 적은데 바라는 것은 너무 많은 것이 문득 생각나 웃었던 것입니다."

이 말을 듣고서 임금은 선물을 크게 늘려 주었고 그 결과 순우곤은 조나라의 10만 군사를 얻어 왔다. 이를 알게 된 초나라가 돌아갔음은 물론이다.

제의 위왕이 이를 크게 기뻐하여 술자리를 베풀고 순우곤의 공을 치하하였다. 그러다가 순우곤의 술이 센 것을 아는 임금이 그에게 그의 주량을 물어 보았다.

"한 말을 마셔도 취할 때가 있고 한 섬을 마셔야 취할 때도 있습니다."

그 말을 듣고 이상하게 생각하는 왕에게 순우곤은,

"대왕 앞에서 마실 때 집법執法(재판관)이 옆에 있고 어사御史(검찰관)가 뒤에 있으면 신은 황공하여 엎드려 마시기 때문에 한 말도 마시기 전에 취해 버릴 것입니다.

만일 귀한 손님이 있는 앞에서 팔꿈치가 땅에 닿도록 몸을 굽혀 무릎을 꿇고 나아가 때로는 남의 잔을 받아 마시기도 하고 가끔 손님의 장수를 빌어 건배라도 한다면 두 말을 마시기 전에 취할 것입니다.

만일 오래 만나지 못한 친구나 교제하는 사람을 뜻밖에 만나 지난 이야기를 해가며 마시면 대여섯 말쯤 해서 취할 것입니다.

그러나 마을에 행사가 있어 남녀가 한데 어울린 가운데 놀이를 즐기며 서로 별다른 예절을 갖추지 않고 놀 때면 여덟 말쯤 마셔도 취하지 않을 것입니다.

해가 저물어 술판이 막바지에 이르고 모두가 어지러이 흩어져 있는데 주인 여자는 나 혼자 만을 붙들고자 모든 이를 보내고 비단 옷깃을 열게 되면 신은 매우 즐거워져 한 섬의 술도 마시고 맙니다.

그러므로 술이 지나치면 어지럽게 되고 즐거움이 극도에 달하면 슬퍼진다고 하였습니다. 모든 일이 이와 같은 것입니다."

이 말을 들은 위왕은 그 뒤로 밤을 새는 잔치를 없애고 순우곤을 중용하였다.

순우곤의 주량과 비교될지 모르나 오래 뒤 오대^{五代} 때 몸집이 작아도 술을 엄청나게 마시는 주유악^{周維岳}이라는 인물이 있었다. 하루는 민왕^{閩王} 희^{曦}가 주유악의 주량이 궁금해 좌우에게 "유악의 몸은 아주 작은데, 어떻게 해서 그렇게도 많은 술을 마실 수 있는가?"하고 물었다. 그러자 그들은 "술을 위해서 몸 안에 장이 따로 있습니다. 몸집이 크고 긴 것과는 관계가 없습니다."라고 대답했다.

이 말을 듣자 호기심이 생긴 민왕 희는 유악을 붙잡아와 몸을 갈라 장이 정말로 따로 있는지 직접 눈으로 확인해 보려고 하였다 한다. 여기서 '술 배는 따로 있다(酒有別腸)'라는 말이 생겨 나왔다.

천하를 호령하던 제나라도 말기 증세를 보이기 시작했다.

기원전 548년. 25대 장공^{莊公}은 신하 최저^{崔杼}의 아내를 건드리다 들켜 담을 넘어 도망치다가 화살을 맞아 온몸이 벌집이 되어 죽었고, 최저와 경봉慶封은 장공의 이복동생인 저구杵臼를 왕으로 세웠으니, 바로 제나라 경공景公이다. 경공은 최저를 우상右相에, 경봉은 좌상左相에 앉혔다. 그러나 최저가 자식들의 후계문제로 속을 썩이다가 경봉에게 버릇 좀 고쳐달라고 부탁했는데 경봉이 느닷없이 심복인 노포별盧蒲嫳을 시켜 군사를 이끌고 최씨 집으로 가 온 집안사람들을 도륙을 내버렸다. 최저는 이 광경에 기가 막혀 그만 자결하였다.

경봉은 매우 교활하고 괴이한 인물이었다. 드디어 정승의 자리에 오른 경봉은 부하장수인 노포별의 초대를 받아 그의 집에서 술을 마셨는데 노포별은 자기 아내에게 술을 치게 하였다. 경봉이 노포별의 아내가 마음에 들어 하는 것을 본 그날 밤 노포별은 아내를 경봉에게 바쳤다. 이후 경봉은 아예 식솔들을 이끌고 노포별의 집으로 와 경봉의 아내와 매일 동침했고, 노포별은 경봉의 처첩들과 동침하였다. 고대판 스와핑이 벌어진 것이다. 경봉이 값나가는 재물이나 처첩들을 노포별의 집에다 옮겨 놓고, 여자를 바꾸어 가며 즐기니, 노포별의 집은 경봉을 찾는 이들로 붐벼 마치 조정을 노포별의 집으로 옮긴 것 같았다.

그런데 노포별이 누구인가. 죽은 장공에게는 노포계盧蒲癸라는 충신이 있었는데, 그는 장공이 변을 당하자 다른 나라로 피신하였다. 노포계는 피신하기 전에 동생 노포별을 불러 당부하였다.

"내가 도망한 후, 너는 최저와 경봉의 신임을 얻도록 노력하여라. 적당한 때가 되면 나와 함께 장공의 복수를 할 수 있게 말이다."

경봉은 나라에 죄를 짓고 다른 나라로 도망간 자들을 사면하여 귀국을 허용했다. 노포별은 형 노포계에게도 이 사실을 알려 귀국하게 하였다. 노포계는 귀국하자 경봉의 아들에게 총애를 받고, 후에는 그의 사위가 되었다. 노포계의 아내는 평소 남편의 행동이 이해하기가 어려워 남편에게 무슨 사연이 있는지를 물었다. 노포계는 죽은 왕의 복수를 위하여 경慶 씨 일가를 멸해야 한다고 했다. 아내는 남편의 말을 들더니 비록 자신이 경봉의 손녀이지만 대의멸친을 위해 남편의 거사를 돕겠다고 약속했다. 그녀는 할아버지 경봉이 사냥을 나가는 날을 택해 아버지에게 제나라 경공과 함께 태묘太廟에 제사를 드리러 가자고 권하여, 노포계가 손을 쓰기에 편하게 만들어 주었다.

제례가 진행되자 노포계가 갑자기 병사들을 이끌고 나타나 경씨 일가를 모두 제거하였다. 경봉이 이 소식을 전해 듣고 황급히 사냥에서 돌아와 성을 공격하려 했으나, 역부족인 것을 알고 노나라로 도망쳤다.

남편을 위하여 가문의 멸족을 도운 노포계의 아내는 과연 열부인가? 불효녀인가?

진의 천하통일을 막으려는 소진의 몸부림

소진蘇秦과 장의張儀는 세 치 혀로 전국시대를 주름잡은 웅변가로서 둘은 귀곡鬼谷 선생에게서 함께 웅변술을 배운 동문이다.

전국시대 진秦은 수시로 주변 나라를 협박하여 땅을 빼앗았다. 소진은 진의 위협에 전전긍긍하는 여섯 나라를 찾아가 그들에게 진에 대항하여 연합 전선을 펼 것을 주장하였다. 여섯 나라가 세로로 연결[합종合縱]하여 진의 공격을 막자는 것으로, 그는 작아도 닭의 부리가 될지언정 소의 궁둥이가 되지는 말라는 속담을 이용하여 제후들을 설득하였다. 다시 말해서 진에 굴복하는 것보다는 작더라도 나라를 지키는 것이 낫다는 뜻이다. 합종책의 성공으로 작은 여섯 나라는 모처럼 짧은 평화를 누릴 수 있었고 소진은 동시에 여섯 나라의 재상이 되는 사상초유의 영예를 얻었다.

그런데 소진이 아직 여러 나라를 찾아다니며 세로로 연결해 진에게 대항하자는 합종책을 성사시키는 작업을 제나라에서 추진하고 있을 때 한 대신이 그를 모함했다.

"소진은 한 나라를 왼쪽으로 팔았다 오른쪽으로 팔 간신으로서 반란을 일으킬지도 모릅니다."

소진이 제^{齊}에서 죄를 얻을까 두려워 연^{燕}으로 돌아왔으나 연왕은 그를 복직시켜 주지 않았다. 소진이 연왕을 뵙고 말했다.

"저는 대왕을 위하여 제를 물리치고 10개의 성을 돌려받았으니 크게 상을 받아야 할 것이나 복직이 안 되는 것을 보면 누군가 저를 모함하기 때문입니다. 그렇다면 대왕께서는 증삼^{曾參} 같은 효자이거나 백이^{伯夷}와 같이 청렴한 인물, 미생^{尾生}처럼 신의가 있는 인물 세 사람을 얻어 대왕을 섬기게 한다면 만족하시겠습니까?"

연왕이 물론 만족한다고 하자 소진은 다시 말했다.

"증삼 같은 인물을 쓰시게 되면 부모를 지키느라 단 하루도 외박을 안 할 터인데, 이런 인물이 어찌 천리 밖에까지 가서 대왕을 섬기겠습니까? 청렴한 백이는 부친의 유언대로 동생 숙제^{叔齊}가 왕위에 오르게 하고 동생이 왕위를 양보하자 도망을 쳤습니다. 주^{周} 무왕이 천하를 통일하자 주를 섬기는 것을 거절하고 동생 숙제와 함께 산으로 들어가 굶어 죽었습니다. 대왕께서는 어찌 이런 인물로 천리 밖에 나가 연을 위하여 활동하도록 하겠습니까? 미생은 한 여자와 다리 밑에서 만나기로 약속한 뒤 그 여자가 오지 않자 홍수에 물이 넘쳐도 다리 기둥을 부여안고 기다리다가 죽었습니다. 왕께서는 이런 인물로 어찌 제의 강병을 무찌를 수가 있겠습니까? 저는 충성과 신의를 지키느라 죄를 얻은 것입니다."

연왕이 말했다.

"그렇지 않다. 충성과 신의를 지키고서 어찌 죄를 얻겠는가?"

소진이 대답했다.

"어떤 사람이 멀리 일을 떠나자 그 아내가 다른 남자와 간통을 했습니다. 남편이 돌아올 때가 되어 정을 통한 남자가 걱정을 하자 독주로 죽이면 된다고 안심시켰습니다. 남편이 돌아오자 아내는 첩에게 독주를 드리게 하였는데 첩은 독약이 들었다는 것을 얘기하면 아내가 쫓겨날 것이고 말을 안 하면 주인이 죽을 것이 두려워 거짓으로 쓰러지는 척하며 술을 엎어버렸습니다. 주인이 화가 나 채찍으로 첩을 50대나 쳤다고 합니다. 결국 첩은 한번 쓰러져 술을 뒤엎음으로써 위로는 주인의 생명을 구하고 아래로는 부인의 목숨도 건진 것입니다. 그러나 첩 자신이 채찍질에서 벗어날 수는 없었습니다. 어떻게 충성과 신의를 지킨다고 해서 죄를 받지 않는다고 하겠습니까? 저도 이 첩의 신세나 마찬가지입니다."

연왕은 이 말을 듣고 나서 소진을 전보다 더 높여 대우하였다.

이보다 전의 일이다.

소진이 배움을 끝냈으나 일자리를 얻지 못하고 백수로 돌아오자 아내는 베틀에서 내려와 맞지도 않았고 형수는 밥도 주지 않았다. 합종책이 채택되어 여섯 나라의 재상자리를 겸하는 출세를 하고 고향으로 돌아오니 그의 형제와 형수, 아내는 굽실거리며 대접에 정성을 다 하였다. 소진이 '지난날에는 푸대접하더니 왜 이제는 극진합니까' 하고 묻자 형수는 이제는 관직에 올랐고 돈도 많으니까 그렇다고 대답하였다. 소진은 탄식하였다.

"가족도 이렇거늘 남이야 오죽하겠는가. 그러나 처음부터 내가 재산이 있었으면 이러한 위치에 올라가려고 노력도 하지 않았을 것이다." 하고서는 돈을 풀어 친척과 친구들에게 나누어 주었다고 한다.

말 한마디로 왕을 쥐고 흔드는 장의

장의가 처음 초나라를 찾아갔을 때 그 나라 재상과 술을 함께 했는데 재상이 아끼는 구슬이 사라지자 의심을 받고 매를 맞게 되었다. 분이 나서 바가지를 긁는 아내에게 장의는 혀를 내보이며 "아직 내 혀가 튼튼한지 보소."라고 말했다고 한다.

장의가 초나라 왕을 만나자 반응은 냉담했다.

"대왕께서 저를 안 써주신다면 저는 중원으로 가볼 생각입니다."

"마음대로 하게나."

"대왕께서는 중원에 혹 필요한 것이 없으십니까?"

"초나라에는 없는 게 없는데 무엇이 더 필요하겠나?"

"그러면 대왕은 여색도 좋아하지 않습니까?"

"무슨 말인가?"

"정鄭이나 주周 나라 쪽 여자들이 분 바르고 눈썹을 칠하고 길에 나서면 사람들은 모두 선녀인 줄 안답니다."

"그래? 초나라가 변방에 있어 중원 여자들에 대해 잘 몰랐던 모양이오. 나라고 어찌 여색을 싫어할 리가 있겠소?"

초왕은 많은 보석을 주어 미녀들을 구해오라 일렀다.

초왕의 애첩이 소식을 듣고 두려워져 장의에게 거금을 뇌물로 전달했다. 이 애첩은 라이벌이 등장하면 코를 베어버릴 정도로 질투심이 많은 여인이었다.

장의는 초왕에게 고별인사를 하는 자리에서 특유의 말재주를 부렸다.

"언제 다시 대왕을 뵙게 될지 모르니 청컨대 대왕께서는 술이나 한 잔 내려 주십시오."

왕은 술을 권했다. 장의는 취기가 오르자 왕에게 재배를 하고 다시 말했다.

"원하옵건대 대왕께서 가장 아끼시는 분을 불러 함께 마셨으면 좋겠습니다."

왕이 그리하라 하여 애첩이 들어서자 장의가 갑자기 재배를 하고서 죄를 빌었다.

"신이 대왕께 죄를 지었습니다."

"무슨 소리인가?"

"제가 천하를 두루 다녀봤어도 이렇게 뛰어난 미인은 본 적이 없습니다. 그런데 제가 대왕께 미인을 구해 드린다고 했으니 이는 군왕을 기망한 것입니다."

그러자 초왕은 얼른 난처한 얼굴을 감추고,

"안심하시오. 나도 이런 미녀가 또 있으리라고는 생각지 않소이다."

장의는 세 치 혀로 임금과 애첩을 모두 기분 좋게 속이고 자신의 뜻을 이루었다.

장의가 조나라에 가서 소진을 만나 도움을 청하자 소진은 실의에 빠진 장의에게 도움은커녕 모욕을 주어 진秦으로 가게 하였다. 뒷날 소진이 자신을 더욱 분발케 하기 위한 목적으로 모욕을 준 것이고, 진에서 중용되기까지 이모저모로 도와준 것이 소진의 배려 덕분임을 알게 된 장의는 소진이 건재하는 동안만큼은 그에게 불리한 계략을 꾸미지 않을 것을 스스로 약속하고 이를 지켰다. 그러나 소진이 진나라에 대항하기 위해 여섯 나라를 설득하여 시행한 합종책合縱策이 효력을 잃게 되자, 장의는 여섯 나라가 진을 섬기는 연횡책連橫策을 따르게 하여 진의 천하통일을 앞당기게 만들었다.

　장의는 그 사업을 추진하면서 연나라의 소왕昭王을 찾아가 말하였다.

　"대왕과 조나라는 가깝습니다. 그러나 옛날 조왕은 자기 누이를 대代 나라 임금에게 시집보낸 후 그 나라를 삼키기 위해 계략을 꾸몄습니다. 그래서 대나라 왕에게 회의를 가지자고 약속하고서 대장장이에게 크고 긴 쇠국자를 만들어 놓으라고 지시해 두었습니다. 술자리가 벌어졌을 때 조왕은 요리사에게 술이 거나해지면 뜨거운 국물을 가져온 척하여 대나라 임금에게 다가간 다음 그 국자로 머리를 쳐서 죽이라고 하였습니다. 결국 그 왕은 머리가 깨져 죽었고 조왕의 누이는 스스로 목숨을 끊었습니다.

　지금 조나라도 진나라를 섬기겠다고 하는 마당에 조나라와 친해져 진에 대항하면 연나라는 국가를 보전할 수가 없습니다. 오히려 진을 섬기면 서쪽으로 진의 후원이 있고 남쪽으로는 조나라의 우환이 없어질 것인즉 심사숙고하시기 바랍니다."

　연의 소왕은 그의 언변에 넘어가 몇 개의 성을 떼어 진나라에 바쳐 충성을 약속하였다.

　전국시대를 갈무리하는 과정에서 가장 화려한 활동을 보인 것은 칼과 창을 휘두르는 장군이 아니라 세 치 혀를 내두르는 소진과 장의였다. 그 중에서도 장의는 화려한 언변으로 진秦에 대항하는 여섯 나라를 쥐락펴락하다가 결국에는 중국 최초의 통일왕조를 진의 영광으로 만들어낸 것이다. 이것이 한漢, 수隨, 당唐, 송宋, 원元, 명明, 청淸, 중화인민공화국으로 이어지는 통일 중국의 기틀이 되었으니, 오늘날 중국인들은 중국역사 영웅 중의 누구보다도 장의에게 감사를 표해야 할 것이다. 왜냐하면 이렇게 대륙의 통일이 이루어지지 않았다면, 지금의 중국은 마치 유럽의 각국들처럼 진, 초, 연, 제 등의 여러 나라가 할거하는 모습을 띠고 있을 것이기 때문이다.

위나라 왕에게 드리는 충고

어느 날 위魏 문후文候가 사냥과 놀이를 관장하는 우인虞人과 사냥을 가기로 약속을 했는데 마침 그날따라 주연이 벌어져 즐거운데다가 비까지 내리고 있었다. 그런데도 문후가 나가려고 하자 주위 사람들이 말렸다.

"오늘 주연이 이렇게 즐겁고 비까지 내리고 있는데 어딜 가시려고 합니까?"

"내가 우인과 오늘 사냥을 가기로 약속을 했는데 비록 지금 이 자리가 즐겁다하더라도 어찌 약속을 어기고 사냥을 나가지 않을 수 있겠소?"

그러고는 몸소 우인에게 가서 사냥 약속을 다음으로 연기하고 돌아왔다. 위나라는 이때부터 강성해지기 시작했다. 군왕이 신하에게 믿음을 주면 군왕은 반드시 신하의 충성을 얻을 것이다. 그래서 공자도 믿음이 없으면 설 수 없다(無信不立)고 하지 않았던가?

맹자도 만난 적이 있는 위나라 양혜왕梁惠王이 많은 제후들을 초청하여 누대에 연회를 베풀고 제후들에게 술잔을 권했다. 술기운이 오르자 노나라 임금에게 술을 권했다. 노나라 임금은 술잔을 든 채로 자리를 비켜 앉아 아뢰었다.

"옛날 의적儀狄이 술을 빚어서 우왕禹王에게 바치자 우왕이 이것을 맛보고서 감탄하더니 그때부터 의적을 멀리하며 술을 끊고서 말하기를 '뒤에 반드시 술 때문에 나라를 망치는 일이 있을 것이다'라고 하였습니다.

또 제나라 환공桓公이 밤에 출출할 때 역아易牙란 자가 굽고 지지고 맛을 내어 환공에게 드렸더니 환공이 맛있게 먹고 다음날까지 깨지 못하다가 일어나 말하기를 '후세에 이런 맛 때문에 나라를 망치는 일이 있을 것이다.'라고 하였습니다.

다음은 진晉의 문공文公에 대한 얘기입니다. 그가 절세미녀를 얻자 3일 동안 정사를 돌보지 않았습니다. 그러다가 갑자기 그 미녀를 물리치고 말하기를 '뒤에 반드시 여색 때문에 나라를 망치는 일이 있을 것이다.'라고 하였습니다.

초나라 왕이 누대에 올라 멀리 바라보다가 절경에 취해 정신을 잃을 지경이 되었습니다. 그러다 정신을 차리고 '뒤에 반드시 누대와 연못을 화려하게 꾸미다 나라가 망하는 일이 있을 것이다.' 하였습니다.

지금 대왕이 들고 있는 술은 의적의 미주요, 상 위의 요리는 역아의 진미요리며, 대왕의 좌우로는 미녀들이 시중을 들고 대왕이 자리한 누대의 좌우는 초의 누대와 다를 바가 없습니다. 이 중 하나만 가지고도 족히 나라가 망할 참인데 대왕께서는 네 가지나 즐기고 있으니 어찌 경계하지 않을 수 있겠습니까?" 하니 위왕이 몸 둘 바를 몰랐다고 한다.

술 취한 자들의
오줌세례에 대한 복수

위나라에는 범저^{范雎}라는 인물이 있었다. 그는 천하를 주유하며 크게 쓰이고자 했지만 집이 가난해서 비용을 마련 할 수가 없었으므로 수가^{須賈}라는 사람을 섬겼는데 그가 위나라 왕의 사자가 되어 제나라에 갈 때 그를 수행하였다.

제나라 민왕^{湣王}이 범저가 논설에 뛰어나다는 것을 알고 그를 초대하여 극진하게 대접했으나 범저는 극구 사양하고 받지 않으려 하였다. 그러자 수가는 범저가 제나라에 위나라의 기밀을 알려주었기 때문에 이런 대접을 받는 것이라고 오해를 하였다.

그들이 위나라로 돌아오자 수가는 위의 재상에게 제나라에서 있었던 일을 고해 바쳤고 재상은 화가 나 범저의 갈빗대가 부러질 정도로 심한 형벌을 주었다. 범저가 거짓으로 죽은 척 움직이지 않자 하인들이 그를 거적으로 말아서 변소에 놓아두었다. 그러자 손님들

중에서 술을 마신 자들이 번갈아 가면서 오줌을 누었는데, 이를 참고 버틴 범저는 자기를 지키고 있던 자들에게 자기를 구해주면 반드시 후한 답례를 하겠다고 말했다.

이들이 범저가 죽었다고 보고하자 수가는 갖다 버리라고 하였다. 도망친 범저는 이름을 장록張祿이라고 바꾸었다.

장록은 진秦나라로 도망가 소양왕昭陽王에게 먼 나라와는 친하게 지내되 가까운 나라는 치는 원교근공책遠交近攻策을 주창하여 재상이 되었다. 진이 그의 계책에 따라 가까운 한韓과 위魏를 친다는 소식을 듣고 놀란 위나라는 수가를 진나라에 보냈다. 진에서 장록을 만나게 된 수가는 장록이 범저임을 알고 깜짝 놀라 사죄를 하였다.

범저가 물었다.

"네 죄가 어느 정도라고 생각하느냐?"

"저의 머리털을 모두 뽑아 그것을 전부 잇는다 해도 오히려 부족합니다."

범저는 군사를 시켜 콩을 가져와 수가의 입에 들이대고 짐승처럼 콩을 먹게 하고서는 "우리 대왕께서는 화평을 받아들이셨지만 내 조건을 받아들여야 한다. 먼저 너희 재상의 목을 끊어 내게 바치고 위나라에 있는 내 가족들을 모두 진나라로 보내라. 그렇지 않으면 위나라는 쑥대밭이 될 것이다."

수가는 위나라로 돌아가 모든 것을 약속대로 시행했다. 범저는 위나라 재상의 해골을 발라 옻칠을 한 다음 요강으로 사용함으로써 과거의 모욕을 복수했다.

술자리로 만들어낸
황제

여불위^{呂不韋}는 전국시대 말기 하남 사람이다.
그는 원래 보석상이었는데 큰 꿈을 가지고 4단계 전략을 실행에 옮겼다.

제 1단계. 여불위는 조나라 한단^{邯鄲}에서 장사를 하다가 우연히 진^秦나라 왕손으로서 조나라에 인질로 잡혀 있는 공자 자초^{子楚}를 만났다. 자초는 오랜 인질 생활로 곤궁한 생활을 하고 있었으나 존귀한 티를 잃지 않고 의연하였다.

여불위가 집으로 돌아와 부친에게 물었다.

"밭농사를 지으면 이익이 어느 정도 됩니까?" 부친이 10배 정도 될 것이라 하자, 다시 묻기를 "보석을 팔면 이익이 어느 정도 됩니까?"라고 물었다. 부친이 100배 정도라고 대답하자 다시 묻기를 "만약 한 사람을 도와 왕으로 만들면 어느 정도 이익이 될까요?"라고 물었다. 그러자 부친은 웃으며 "가능만 하다면야 그건 계산도 할 수 없지."라고 하였다.

이후 여불위는 자초를 감시하는 공손건^{公孫乾}을 찾아 술자리를 자주 만들었다.

하루는 공손건이 답례차 연회를 베풀고 여불위를 초청했다. 공손건이 화장실에 간 사이 여불위가 낮은 목소리로 자초에게 말하기를, "지금 진나라 왕은 늙으셨습니다. 태자는 화양부인^{華陽夫人}을 사랑하나 화양부인에게는 자식이 없습니다. 전하께서는 진나라로 돌아가 화양부인의 아들이 되어 장차 왕위를 계승할 희망을 가꾸어야 할 것 아니겠습니까?"하였다. 그러자 자초는 "고국을 생각하면 내 심장을 칼로 베는 듯하오. 다만 몸을 뺄 방도가 없구려."라고 하였다. 이에 여불위는 자신이 계획하는 바를 귀띔해 주었고 자초는 감격의 눈물을 흘리며 만약에 귀국해 부귀를 누리게 되면 그 반은 여불위에게 보답할 것이라 하였다. 이윽고 공손건이 돌아오자 그들은 취하도록 술을 마셨다.

제 2단계. 여불위는 진나라로 가서 진귀한 보물과 연회로 고관들을 사귀고 화양부인을 자기 편으로 만들어 결국 자초를 수양아들로 만들었다. 당시 진나라는 소왕^{昭王}이 다스렸고 태자 안국공^{安國公}에게는 20여 명의 아들이 있었는데 유독 그 중의 자초만을 조나라에 인질로 보내 조나라와 전쟁에 대비하였다. 그러므로 누구도 자초에게 희망이 있다고 생각지 않았다.

여불위는 안국공이 화양부인을 가장 사랑하나 그 사이에 자식이 없어 마음에 시름이 깊은 것을 알고 우회적으로 부인의 언니에게 먼저 접근하여 말하기를 자초가 조나라에 있으면서 항상 화양부인을 생각하며 일찍 죽은 생모를 대신해 화양부인을 친어머니처럼 생각하므로 언젠가 귀국하게 되면 효도를 다할 것이라고 말한다면서 자초의 예물이라며 많은 선물을 내놓았다. 그후 그녀가 화양부인과 여불위를 초청해 주연을 베풀자 여불위가 넌지시 말하기를 "여자가 남자를 모시는 것도 한 순간일 뿐 늙으면 사랑도 잃고 맙니다. 자초가 효도가 지극하니 만약에 화양부인이 아들로 삼으면 자초가 왕위에 오를 수 있을 것이며 이렇게 되면 부인은 의지할 바가 있어 죽도록 권세를 잃지 않을 것입니다."라고 하였다. 화양부인이 이를 수락

하였으니 이것으로 여불위의 장사는 반쯤 성공하였다.

제 3단계. 여불위는 한단의 미녀 조희趙姬를 첩으로 거느리고 있었다. 이미 자신의 아들을 임신한 지가 두 달이 되었는데 속으로 생각하기를, 만약에 그녀를 자초에게 주어서 아들을 낳게 되면 자초가 왕위에 올랐을 때 이 아이가 대를 이을 것 아닌가 생각하고 어느 날 주연을 베풀고 자초를 모셨다. 술자리가 무르익었을 때 여불위는 조희를 불러 자초를 시중들고 춤을 추게 하다가 넌지시 자초의 뜻을 물었다. 요염하게 아름다운 그녀를 마다할 리가 없어, 자초는 그녀를 아내로 삼을 것이며 그가 왕위에 오르면 그녀를 왕비로 삼을 것임을 약속하였다.

제 4단계. 진과 조나라의 전쟁 분위기가 고조되면서 조나라는 자초를 죽여 진나라에 보복할 계획으로 자초에 대한 감시를 강화했다. 여불위는 더 이상 시간이 없음을 깨닫고 큰돈을 들여 공손건과 성문을 지키는 수문장을 매수한 다음 또 다시 주연을 베풀고 공손건을 초청하였다. 술이 거나해지면서 공손건과 호위 무사들이 취한 틈을 타 여불위는 자초와 조희를 데리고 진나라로 도망쳐 태자 안국공과 화양부인을 찾았다.

결국 안국공이 왕위에 올랐고, 자초는 태자가 되었는데 불과 1년이 못되어 안국공이 세상을 뜬 바람에 자초가 대를 이으면서 여불위는 승상에 오르고 조희는 왕비가 되었다. 이때 태어난 아이가 영정嬴政인데 전국시대 여섯 나라를 평정하고 중국 최초의 통일제국을 이룬 진시황이 바로 그이다. 술자리 네 번으로 여불위의 아이가 왕위에 오르게 된 것이다.

그런데 이 여불위도 결국 술을 마시고 죽게 된다.

진의 승상 자리에까지 오른 여불위는 과거의 첩이었던 조희, 지금

중국 최초의 통일제국 진의 시황제

진왕 정의 어미되는 왕태후와 계속하여 밀애를 즐겼다. 여불위도 불안한 마음을 가졌지만 왕태후의 색욕을 꺾을 수가 없었던 것이다. 이런 사실을 알게 된 진왕 정은 처음엔 여불위를 하남 땅에 가서 살게 하였으나 다른 나라에서 여불위를 정승으로 초빙을 하려 하자 이번에는 사천 쪽의 작은 마을로 가라고 명하였다. 그러자 여불위도 자신의 최후가 온 것을 알고 독주를 마시고 스스로 목숨을 끊었다.

진왕 정이 왕위에 올라 주변을 차례로 정복하면서 대륙에 마침내 중국 최초의 통일국가를 만들어가는 과정에서 모든 나라들은 적지 않은 공포감을 느끼고 이를 저지하고자 하였다.
그 중에는 연나라도 있었다. 연나라는 지금의 북경 일대를 차지하

나라를 다스리는 술— 175

고 있었고, 이곳에 형가^(荊軻)라는 인물이 있었는데 형가는 원래 위나라 (지금의 하남성) 사람이었고 독서와 칼쓰기를 좋아하였지만 어두운 세상을 비관하여 매일같이 술을 마시면서 축^(筑)(거문고)을 켜며 큰 소리로 노래를 부르곤 하였다. 형가는 시장에서 개를 잡는 이름 없는 백정 한 사람과 거문고의 명수 고점리^(高漸離)를 벗으로 삼아, 언제나 셋은 다른 사람을 의식하지 않고 술 마시고, 노래하며 울고, 웃고 함께 어울렸다.

이즈음 연나라 태자 단^(丹)은 진왕 정^(政)에 대한 복수의 칼날을 갈고 있었다. 나중에 진시황이 될 정은 무력으로 통일정책을 밀어붙이고 있었고, 연나라의 운명은 바람 앞의 등불이었다. 정을 암살해야겠다고 결론을 내린 단은 사방팔방으로 용맹한 장사와 현인들을 모집하기 시작했는데 그 중 진무양^(秦舞陽)이라는 칼잡이가 특출하였다. 그는 10대에 살인을 처음 시작한 흉포한 자로, 담이 약한 사람은 그의 눈빛만 봐도 오줌을 지리고, 담이 강한 자도 그와 눈이 마주치면 고개를 숙였다고 한다.

그래서 태자 단은 당대의 현인이었던 전광^(田光) 선생을 초빙하여 자신의 흉금을 터놓고 진왕 정에 대한 암살 계획을 이야기하면서 진무양을 비롯한 용사들을 소개했다. 용사들을 살펴 본 전광 선생이 코웃음을 치며 형가를 천거하였고, 태자 단이 수락하자 전광은 직접 형가를 찾아 시장으로 갔는데, 떠나기 전 태자 단은 전광에게 진왕의 암살계획을 다른 사람에게 비밀로 할 것을 신신당부하였다.

전광 선생은 시장에서 고점리, 개백정 등과 술을 마시던 형가에게 태자의 이야기를 전하고선, 태자 단이 강조한 비밀을 지키기 위해서라며 허리에 차고 있던 칼로 자결하였다. 형가가 태자 단을 찾아가 전광 선생의 요청과 자결에 대해 이야기하자 태자 단은 한참 통곡을 한 끝에 마음을 추스르고 형가를 지극 정성으로 모시게 된다.

예를 들어 어느 날 형가는 태자와 궁전의 연못가에서 이런 저런 이야기를 나누고 있던 중에 연못가로 거북이가 기어 나오니까 형가가 심심풀이로 기와 조각을 던져서 거북이를 맞추었는데, 이것을 본 태자가 시종을 불러서 황금 조각들을 가지고 오게 하여 기와 조각 대신 황금 조각을 쓰라고 하였다.

또 한번은 태자 단과 형가가 어울려 술을 마시는데 형가가 말의 간으로 만든 안주가 일품이라고 하자, 단은 자신이 타고 다니던 천리마를 잡아 그 간을 형가에게 바쳤다.

한번은 두 사람이 함께 술자리를 하는데, 형가가 무심코 그 연주하던 미인의 손을 보고 감탄해 마지않았더니, 태자 단은 그 손을 잘라 은쟁반에 올려 바쳤다고 한다. 엽기적이기는 하지만, 태자 단이 바친 정성의 크기는 짐작이 가고도 남는다.

마침내 단의 정성에 감복한 형가는 자신의 포부와 야망을 접고, 한낱 자객이 되기로 마음을 정하고 진왕을 안심시킬 두 가지를 요구하였다. 하나는 진나라의 명장이었지만 진왕 정과 사이가 나빠져 연나라로 도망 온 번어기(樊於期)의 목. 다른 하나는 연나라 최대의 곡창지대인 독항(督亢)의 지도.

둘 다 어려운 요구였지만 특히 태자 단이 난색을 보인 것은 진나라가 금 천근을 상금으로 걸고 수배 중인 번어기의 목이었다. 그러자 형가는 직접 번어기를 찾아가 상황을 설명해주었고, 번어기는 자신이 진왕 정(政)에 대한 복수를 다짐하면서도 그 길을 몰랐다면서 즉시 칼을 빼어 자신의 목을 찔러 죽었다.

마침내 번어기의 머리와 독항의 지도 그리고 독을 묻힌 명검까지 챙겨 장도를 떠나는 형가를 배웅하기 위해 태자 단과 고점리 그리고 개백정 등 많은 사람들이 나와, 떠나는 이와 보내는 이들이 함께 술잔을 나누었다. 고점리는 거문고를 뜯고, 형가는 여기에 화합하여 노래를 부르는데,

바람 쓸쓸하고 역수강물은 차가운데 風簫簫兮易水寒
장사 한 번 가면 다시는 돌아오지 않으리 壯士一去兮不復還

형가의 우렁찬 노래가 비장하게 높아지자 모든 사람들의 눈이 부릅떠지고 머리카락이 곤두서서 머리에 쓴 관을 찔렀다고 한다.

뒤도 돌아보지 않고 길을 떠나 진나라에 도착한 형가는 많은 돈을 뿌려가며 대신들을 매수한 끝에 진무양을 부사로 삼아 진왕 정을 알현하게 되었다.

옥좌에 앉은 진왕 정은 당시 30대의 대장부로 위엄이 대단하였다. 그토록 흉폭하고 사람들을 겁에 질리게 했던 진무양도 진왕 정을 보자 얼굴이 파랗게 질려서 무릎이 절로 떨렸다. 이것을 보고 미소를 지은 형가가 진왕에게 북방 오랑캐 촌놈이 대왕의 용안을 뵙고는 그 위엄에 눌려 저러는 것이니 용서해 달라고 말했다.

번어기의 목을 보고 만족한 진왕이 곧 이어 지도를 보자고 하자 형가는 진무양에게서 지도를 넘겨받아 단 위에 올라 옥좌 앞까지 걸어가 두루마리로 된 독항의 지도를 바쳤다.

진왕 정이 지도를 펼치는데 비수가 번쩍이며 나타났다. 동시에 형가가 왼 손으로 진왕의 옷자락을 잡고, 오른 손으로 비수를 들어 진왕을 찌르려는 순간 움켜쥔 옷자락이 찢어졌다. 진왕은 급히 옥좌 뒤로 몸을 피하고, 형가는 이를 악물고 왕을 뒤쫓았다.

당시 진은 국법이 워낙 엄해서 단 아래 신하들은 무기를 휴대할 수 없었다. 근위병들도 왕의 명령이 있기 전에는 내전으로 들어올 수 없는 상황에서, 무기를 가지고 있는 사람은 형가와 왕 자신밖에 없었다. 그러나 왕이 차고 있는 칼은 땅에 끌리는 긴 칼이었기 때문에 좁은 실내에서는 뽑을 수가 없었다. 형가가 막 비수를 찌르려는 순간, 단 아

형가의 진시황 암살 장면을 그린 한나라 시대 화상석(복원도)
왼쪽이 형가 오른쪽에 급히 피하는 이가 진시황이다.

래에 있던 시의(侍醫)가 들고 있던 약 봉지를 형가에게 집어던져 형가가 멈칫하자 신하들이 "왕이시어, 검을 등에 메십시오!"라고 외쳤다.

결국 진왕이 검을 등에 걸머진 다음에 뽑아 휘둘러 형가의 한쪽 다리를 베었다. 주저앉은 형가가 최후의 힘을 다해 비수를 던졌지만 왕이 재빨리 피해서 비수는 기둥에 꽂히고 말았다. 진왕 정은 칼을 예닐곱 번 휘두르고 나서야 간신히 형가를 죽일 수 있었는데 형가는 숨이 끊어진 다음에도 눈을 부릅뜨고 있었다고 한다.

미수에 그친 암살 사건을 무마하기 위해 연나라 왕은 자기 자식인 태자 단을 죽여 목을 진왕에게 바쳤지만, 연이 멸망하는 것을 막지는 못했다.

형가 사건 이후 관련자에 대한 색출 작업이 벌어졌으므로 특히 형가와 잘 어울려 놀던 고점리는 일등 수배자 명단에 오를 수밖에 없었다. 고점리는 이름을 감추고 시골 부잣집 하인으로 들어가 막일을 해가며 살았는데 시간이 지나며 몸과 마음이 함께 지쳐가던 어느 날 주인집에서 잔치가 벌어졌다. 푸짐한 술과 음식 그리고 질탕한 가무가 벌어지자 그 앞을 지나던 천하의 풍류객 고점리가 자기도 모르게 저건 음악도 아니라고 한 마디를 던졌다. 이 말을 옆에서 주워들은 하인 한 놈이 주인장에게 일러바치자 주인은 고점리를 불러서 하인 주제에 풍류를 논했다고 꾸중을 한 다음, 네가 정말 풍류를 잘 안다면 거문고를 뜯어보라고 명했다.

잠시 숨을 고르다가 마치 오랫동안 헤어져 있던 여인을 포옹하듯이 축筑을 안고 한 곡을 뜯자 주위 사람들이 넋이 나가 찬탄하고 열광했다. 흥이 난 고점리가 감추어 두었던 자신의 옷으로 갈아입고 애용하던 거문고를 가지고 와 특별 연주를 선보였다.

이 소문이 퍼져 결국 진시황(예전 진왕秦王 정政)의 귀에까지 들어가자 진시황은 고점리를 궁으로 불러들여 그의 연주를 듣고서 감동을 하는 참에, 한 신하가 저 자가 바로 형가의 친구로 수배 중인 고점리라고 일러바쳤다. 그러나 진시황은 그의 솜씨를 아껴 죽이지는 않고 다만 두 눈을 멀게 하고 황제 전용 악사로 채용했다고 한다.

비정한 진시황까지도 감동시킨 고점리가 거문고를 연주할 때마다 진시황은 칭찬을 아끼지 않았는데, 고점리는 친구 형가의 원수이자 조국 연나라의 원수를 잊지 않았으므로 거문고 속에다 납덩이를 채워 놓고 기회를 엿보고 있었다. 그러던 어느 날 연주에 흠뻑 취해서 손장단을 맞추고 있던 진시황을 향해 고점리는 납을 채운 축을 휘둘렀는데 이번에도 고점리의 거문고는 친구 형가의 비수처럼 빗나가버렸다.

다시 한 번 죽을 고비를 넘기고 사색이 된 진시황의 면전에서 고점리는 죽임을 당하였고, 이후로 진시황은 자신이 멸망시킨 나라 사람들을 피했으며 더욱 더 강압적인 전제정치를 실행했다.

훗날 진나라는 항우와 유방에게 멸망하게 되는데, 우리는 형가와 고점리의 이야기에서 아무리 폭군이라 할지라도 그를 벌하는 데에는 하늘의 때를 기다려야 한다는 사실을 배우게 된다.

항우의 치명적인 실수
홍문연

유방이 아직 항우의 적수가 되지 못하던 시절, 항우가 세력을 넓히며 함곡관으로 진출하려 할 때 유방이 이를 굳게 지키며 그에게 길을 내주지 않았다. 이에 화가 치민 항우가 홍문鴻門(지금의 섬서陝西 임동臨潼 근처)에 진을 치고 유방을 치려하였다.

항우를 모시는 범증范增은 유방이 큰 인물임을 알고 항우에게 내친김에 유방을 없앨 것을 강력히 권했다. 그러나 항우의 숙부로 항백項伯이라는 이가 있었는데 그는 유방을 모시고 있는 장량張良과 친해 이 사실을 미리 알려주었다. 필자는 유방이 결국 천하를 손에 넣게 된 데는 항백의 도움이 가장 결정적이지 않았나 생각한다.

다음날 유방은 친히 항우를 찾아가 자신이 아무런 욕심이 없음을 밝히고 위기를 모면하였다. 단순하고 우직한 항우는 이것을 고지식하게 믿고 그를 위해 술자리를 베풀었다. 이른바 홍문연鴻門宴이란 이 역사적인 잔치를 두고 붙인 이름이다.

범증은 술자리가 무르익는 중에 항우에게 눈짓을 하며 두 차례나 옥고리를 들어 신호를 보냈으나 항우는 모른 체했다. 이것은 유방을 죽이라는 신호였으나 유방의 속임수에 기분이 좋아진 항우가 무시해버렸던 것이다.

답답해진 범증은 자리에서 물러나 항장項莊을 불러 유방의 건강을 빌기 위한 것이라며 검무를 추다가 유방을 치라고 일렀다. 그런데

홍문연 묘사도

어찌하랴. 항백이 다시 일어나 항장의 검무에 맞추어 칼춤을 추면서 유방을 보호하므로 항장은 그를 벨 수가 없었다.

이것을 보고 있던 장량이 밖으로 나가 번쾌라는 장수를 불러들였다. 번쾌가 험상궂은 얼굴로 들어와 좌중을 둘러보니 그 형세가 사뭇 위압적이었다. 항우는 그 기세를 보고 감탄하여 술을 따라 주도록 분부하였다.

그는 선 채로 한 말들이 술을 받아서 마시고 허리의 칼을 뽑아 돼지고기를 잘라서 먹었다.

항우가 물었다.

"한 잔 더 마시겠는가?"

번쾌가 대답했다.

"저는 죽음을 두려워하지 않습니다. 하물며 술 따위를 두려워하겠습니까? 저의 주군인 패공은 진나라를 없애는 데 많은 공을 세웠는데도 장군께서는 하찮은 사람들의 말을 믿고 패공을 죽이려 하는군요."

이 같은 분위기를 살피다가 유방은 화장실을 가는 척 빠져나와 그 즉시 도망쳐버렸다.

남아 있던 장량은 항우에게

"패공은 술에 너무 취하여 그만 돌아가고 대신에 이것을 예물로 올리라고 전하였습니다."하면서 흰 구슬을 내놓고 범증에게도 옥으로 만든 국자를 선물로 주었다.

항우가 유방이 지금 어디 있는지를 묻자 장량은,

"실은 장군께서 벌을 주실 것으로 믿고 겁이나 이미 돌아간 참입니다."하고 아뢰었다.

범증은 칼을 뽑아 선물로 받은 국자를 부수어 버리고서는,

"아! 애송이 항우와는 천하의 큰일을 도모할 수가 없구나. 앞으로 천하를 뺏을 자는 유방이로다." 하면서 한탄을 했다고 한다.

사람들은 가까운 이들과 이별할 때 종종 술자리를 가지고 그 헤어짐을 아쉬워한다. 우리에게 영화로도 잘 알려진 '패왕별희覇王別姬'는 그 중에서도 가장 처연하다. 패왕별희는 역사 속의 한 장면을 묘사한 것으로 항우와 연인 우희의 이야기이다.

항우가 유방에게 밀려 대세가 기울었음을 뒤늦게 깨닫고 술을 마시며 울분을 달래자 총애하는 여인 우희漢姬가 검을 빼들고 춤을 추다가 스스로 찔러 죽었다는 고사를 가지고 만든 경극으로서 패왕, 즉 항우가 우희와 헤어진다는 뜻이다.

역사 속에서 자세한 내용을 보면 다음과 같다.

거의 천하를 손에 쥐었다고 믿은 항우는 자만에 빠져 전략에 소홀하다가 점점 수세에 몰려 궁지에 빠지게 되었다. 때를 놓치지 않고 유방은 여러 제후들을 모아 항우를 치기로 했다. 대장군 한신은 이미 군사도 부족하여 전의를 잃은 항우를 모욕하는 내용의 격문을 곳곳에 써 붙여 항우가 스스로 출병토록 유도하였다.

우희는 항우가 신하들의 말을 듣지 않고 출전하면 유방의 매복 작전에 말려 패배할 것으로 보고 '신첩이 보기에도 마땅히 이곳을 지켜

야지 가볍게 출병해서는 아니 됩니다.' 하고 말했으나 항우는 이를 듣지 않았다. 우희는 그날 밤 주연을 베풀고 항우와 함께 술을 마셨다.

다음날, 항우가 군사를 집결해 점검하는데 갑자기 바람이 불더니 깃발이 부러졌다. 그러나 항우는 이를 무시하고 출전을 강행해 결국 유방의 매복작전에 걸려 대패해 도망을 치게 되었다. 우희가 다시 '승패는 병가지상사(勝敗兵家之常事)입니다.'라며 위로의 술자리를 만들어 같이 마셨다. 항우도 술에 취해 모처럼 깊은 잠에 빠졌다.

그런데 우희가 장막 밖으로 나가니 병졸들이 여기저기서 탄식하는 소리가 들렸다. 어디선가 초나라 노래가 들리는데 고향의 부모님을 생각하는 구슬픈 내용이었다. 이 노래는 사실 한나라 병사들이 부른 것으로 일종의 심리전이었는데, 우희는 이것을 듣고 크게 놀라 항우를 깨웠다. 항우는 비로소 대세가 기울었음을 깨닫고 시름에 잠겼는데 이때 그가 아끼는 명마 오추마烏騅馬도 슬피 울어 더욱 비통해졌다. 그러자 우희는 바로 술자리를 만들어 항우의 근심을 덜어주려 했지만 항우는 술을 통음하고선 비장한 목소리로 노래를 불렀다.

    힘은 능히 산을 뽑고 기는 세상을 덮지만 力拔山兮氣蓋世
    때는 불리하고 오추마는 가지 않누나. 時不利兮騅不逝
    오추마가 가지 않으니 어찌하면 좋을까 騅不逝兮可奈何
    우희야 우희야 너를 어찌할까나 虞兮虞兮奈若何

우희가 이것을 듣고 눈물을 흘리더니 노래를 부르며 춤을 춘 다음 항우의 보검을 빼들어 스스로 죽었다. 다음 날 항우는 오강烏江에서 수백 명의 한나라 병졸들을 죽인 다음 그 역시 자신의 칼로 자결하였다. 유방이 항우를 무찌르고 제위에 올라 주연을 베풀었을 때 신하들에게 물었다.

"내가 천하를 취하고 항우는 취하지 못한 이유는 무엇이라고 생각하는가."

그때 누군가 대답했다.

"폐하께서는 성을 공격하여 땅을 뺏으면 이것을 공이 있는 사람들에게 주시어 천하 백성들에게 혜택이 고루 가도록 하셨습니다. 그러나 항우는 공이 있는 자를 죽이고 어진 사람을 의심했으며 공을 세운 자에게도 상을 주지 않았고 땅도 공이 있는 자에게 나누어주지 않았습니다." 이를 듣고 유방은 대답하였다.

"그건 하나만 알고 둘은 모르는 소리다. 백만의 군대를 이끌고 나가 적과 싸우면 반드시 이기고 손에 넣는 점에서 나는 한신韓信만 못하다. 국가를 다스리고 백성을 어루만지며 군량 보급을 원활히 수행함에 있어서 나는 소하蕭何만 못하다. 장막 안에서 계략을 세워 천리 밖에서도 승리를 결정하는 지략은 장량張良(張子房)만 못하다. 이들은 천하의 인걸들로서 나는 단지 이 세 사람을 부릴 줄 알았던 것이다. 이것이야 말로 내가 천하를 얻게 된 가장 큰 이유다. 그런데 항우에게는 범증范增이라는 인걸이 있었지만 그는 그 한 사람도 쓸 줄 몰랐다. 이것이 그가 내게 패한 까닭이다."

모든 신하들이 이를 듣고 감동하였다.

여기에서 말하는 소하는 한신을 대장군으로 추천하여 유방이 항우를 물리치고 천하를 제패할 수 있도록 해주었지만 여후呂后를 도와 한신을 잡아 죽이도록 만든 장본인이기도 하다. 다시 말하면 진흙 속의 진주 같았던 한신을 발탁하여 꼭 필요한 만큼만 쓰다 버리게 만든 비정한 면이 있는 인물이다.

재상이 술로 날을 지새는 까닭

소하가 죽고 조참(曹參)이 그의 뒤를 이어 승상의 자리를 대신하였다. 조참은 어진 재상이었지만, 술을 좋아하여 낮이고 밤이고 술을 마셨다. 이를 걱정한 사람들이 그에게 술을 절제하도록 말하기 위해 찾아가면, 술상을 내놓고 취할 때까지 마시는 바람에 사람들은 그에게 말할 기회를 찾지 못했다.

조참의 집 후원에는 관리들의 숙소가 이어져 있었는데 이곳 관리들도 매일 술을 마셨다. 조참을 모시는 수행관리가 이것을 막고자 했으나 그로서도 어찌 할 방법이 없어 골칫거리였다. 그래서 하루는 수행관이 조참을 모시고 후원으로 가서 관리들이 술에 취해 노래 부르는 것을 듣게 하려고 하였더니 조참은 이를 제지하기는커녕 술상을 가져오라 하고선 그도 자리에 끼어 마시고 노래 부르는 것이었다.

이렇듯 항상 술에 취해 정사를 돌보는 것이 소홀하므로 황제(惠帝)도 불만이 커서 그를 시종하던 조참의 아들에게 자기가 하더라는 말은 하지 말고 아버지에게 재상으로서 국사를 너무 소홀히 하는 것이 아니냐고 충고를 해드리라고 했다. 그런데 아들이 조참을 찾아 국사에 힘써 주시라는 말을 꺼내자마자 조참은 회초리를 꺼내어 들고 네가 어찌 감히 국사를 운운하느냐면서 200대를 쳤다고 한다. 다음날 이 얘기를 듣고 불쾌히 여기는 혜제에게 조참이 관을 벗어들고 사죄하면서

"한 말씀 올리겠습니다. 폐하께서는 선대황제(한고조 유방)보다 더 영민하다고 생각하십니까?"하면서 묻자 혜제는

"내 어찌 감히 선대황제에 비교를 하겠소!"라고 대답하였다.

그러자 조참이 다시 "그렇다면 신의 재능이 선대의 소하^{蕭何}보다 낫다고 생각하십니까?"라고 묻자 혜제는 "그야 소하만큼은 안 될 것이다."라고 답하였다.

조참이 "옳은 말씀입니다. 고조와 소하는 천하를 평정하고 법령을 명확히 제정하였습니다. 지금은 단지 이 법령을 잘 집행하면 되지 않겠습니까?"라고 말하자 혜제도 이를 수긍하고 더 이상 술에 대해 말하지 않았다.

조참은 자신의 재능이 소하에 미치지 못함을 잘 알고 있었으므로 소하가 정해 놓은 모든 제도를 그대로 따라 가기만 할 뿐 어떠한 변화도 가하려 하지 않았다는 것이다. 그래서 훗날 사람들은 "소하는 법을 만들었고, 조참은 이를 따랐다(蕭規曺隨)."라고 말했다.

조참은 왜 이렇게 특이한 자세로 국정에 임했을까?

조참은 재상이 되자 가능하면 앞의 진나라와 같은 폭정을 피하고 백성들이 편안한 마음으로 생업에 종사하기를 바랐기 때문이라고 한다. 그러나 필자가 보기에는 그에게 토사구팽의 그림자가 어른거렸던 까닭이라고 생각한다. 실제로 조참도 나라를 세우는 공로가 한신^{韓信}에 못지않게 컸으나 한신은 물론 수많은 공신들이 죽임을 당하고 나자 남은 이는 조참뿐이었다. 한고조 유방의 애첩도 사지를 잘라 돼지우리에 던져 버리는 여후의 공포정치 앞에서 자칫하면 목숨을 잃을지 모르는 마당에 그가 취할 수 있는 태도는 정권에 욕심을 부리지 않고 술로 세월을 보내는 것이 가장 좋은 처세술이었을 것이다. 한마디로 살아남기 위한 방편이 아니었을까.

한무제와 동방삭

한무제^{漢武帝}는 술의 전매정책을 실시하고서는 이것을 친히 살피기 위하여 평민의 옷을 차려입고 시골을 자주 찾았다. 하루는 여관에 잠자리를 정하고 주인을 불러 술을 달라고 청하였다. 주인은 술은 없고 오줌은 있다고 대답하더니 손님이 아무래도 수상한 놈이다 싶어 동네 사람들을 불러 모아 여관 주위를 포위하였다. 그렇지만 여주인은 손님이 보통 사람이 아닌 것을 알아채고 남편에게 그러지 말라고 말하였으나 귀담아 듣지 않았다. 여주인은 남편에게 술을 권하여 취하게 만든 다음 그를 묶어 놓고서는 무제에게 사죄를 하였다.

다음날 궁으로 돌아간 무제는 그녀를 불러 상금을 내리고 그녀의 남편도 용서하였다.

역시 한무제 때의 일이다.

군산^{君山}에 마시면 죽지 않고 신선이 된다는 불사주^{不死酒}가 있다는 얘기를 들은 무제가 동남동녀 수십 명을 보내 이를 구해 오라고 명했다. 이들이 마침내 술을 구해와 무제에게 바쳤는데 아직 무제가 마시기 전에 이 소식을 들은 동방삭^{東方朔}이 몰래 마셔버렸다. 무제가 이것을 알고 화를 내어 그를 죽이려 하자 동방삭은 말하였다.

"신은 불사주를 마셨기 때문에 폐하께서 신을 죽이려 해도 신은 죽지 않을 것입니다. 그렇지만 만약에 신이 죽는다면 그 술은 불사주가 아닐 것입니다."

이 말을 들은 무제가 웃고서 용서를 해주었다고 한다.

동방삭에게는 재미있는 일화가 많다.

소평군^{昭平君}이 무제의 딸을 처로 맞았다. 그런데 소평군은 무제의 여동생 아들로 평소에 잘못을 저지르는 일이 많아 어미는 항상 불안하였으므로 병이 깊어 죽을 때가 되자 황금을 꺼내어 아들이 죄를 짓거든 이것으로 죄를 용서해달라고 부탁했고 무제는 이것을 응낙했다.

과연 어미가 죽자 소평군은 더욱 포악해져 처의 유모를 죽이고 말았다. 한나라의 법률에 따르면 사람을 죽이면 마땅히 사형에 처해야 하므로 조정에서 대신들이 이에 대해 심각하게 의논을 하고 있는데 무제가 명쾌하게 결론을 내리고 만다.

"내 여동생은 단지 이 아들 하나만 남기고 죽으면서 내게 부탁을 한 바가 있다. 그러나 법령은 선대의 황제께서 정한 것으로 만약 누이라 해서 선대에 정한 법령을 위반한다면 내 어찌 죽어서 선황을 뵐 낯이 있겠는가. 하물며 천하 만백성을 어찌 다스리겠는가?" 하고서는 소평군을 참수하라 지시했다. 무제는 물론 모든 대신들이 크게 상심하며 슬퍼했다.

이때 오로지 동방삭만은 슬픈 기색이 없이 오히려 무제에게 술 한 잔을 올리며 "듣건대 훌륭한 임금은 상을 내림에 원수를 가리지 않고, 목숨을 빼앗는데 골육을 가리지 않는다 하였습니다. 이것은 옛날 고서에서 말하는 불편부당하면 왕도^{王道}가 크고 넓게 열림을 말합니다. 이번 일은 삼황오제^{三皇五帝}도 어려운 일로서 폐하께서 바르게 처리하셨으니 정말 다행스러운 일입니다. 신 술잔을 들어 감히 죽음을 무릅쓰고 폐하의 만세를 기원합니다."라고 하는데 무제는 아무 말도 않고 궁 안으로 들어갔다.

무제는 그날 밤 동방삭을 불러 "오늘 공이 내게 축수를 했는데 시기가 적절했다고 보는가?"하고 물었다. 동방삭이 관을 벗고 머리를 조아리며 죄를 청하기를 "제가 알기로 쾌락이 지나치면 양기가 넘치고 슬픔이 지나치면 음기가 손상됩니다. 음양이 변화하면 곧 심기가 움직이는데 심기가 움직이면 정신이 흐트러집니다. 정신이 흐트러지면 나쁜 기운이 들어옵니다. 수심과 번민을 없애는 데는 술이 가장 좋으므로 오늘 신이 황상께 축수의 술을 올린 것입니다. 신으로서는 폐하의 올곧음을 밝히고 술로써 폐하의 슬픔을 없애드리려 한 것일 뿐이오나 폐하를 어지럽혔다면 죽어 마땅할 죄일 것입니다."라고 하자, 무제는 일리가 있다고 생각하고 죄를 주지 않았다.

동방삭이라 하면 전설 속에서 삼천갑자三千甲子라는 별명이 붙을 정도로 오래 산 인물이다. 그가 과연 이 술을 마셨기 때문에 수백 년을 살게 되었는지는 알 길이 없되 건강에 좋았을 것은 틀림없을 것이다. 중국의 등소평이 매일 한 잔씩 마시며 장수를 기원했다는 장락보주長樂補酒라는 것도 같은 계통의 것이겠으나, 중국에는 장수나 정력과 관련된 민간요법이 워낙 많아서 어디부터 어디까지 믿어야할지는 모르겠다.

모난 돌이 정 맞는다

삼국시대에 조조를 섬기다 죽은 사람으로 공융孔融이라는 이가 있다. 그는 공자의 20대 후손으로서 어려서부터 대단히 총명하여 벼슬이 대중대부^{大中大夫}까지 올랐다.

그가 열 살 때의 일이다.

그의 아버지는 세도가 이응^{李膺}을 찾아 낙양으로 갔다. 당시는 아직 과거 제도가 없어, 높은 벼슬을 지내는 사람이 적당한 인물을 발견하면 임금에게 추천해서 벼슬길에 오르는 방식을 취하고 있었으므로 누구나 벼슬에 뜻이 있는 사람은 당연히 높은 자리에 있는 벼슬아치를 찾아 다녔다.

공융은 이응의 집에 당도하여

"나는 이씨 집안과는 잘 알고 지내는 집안의 자식입니다." 하고는 이응과 면회를 신청하였다.

이응이 공융을 만나서는,

"자네의 할아버지가 내 친구뻘이 되겠구나. 이름은 무엇이라 하는고?"라고 묻자 공융은 두 집안의 인연이 그보다 훨씬 전의 일이라고 대답하였다. 궁금하게 생각하는 이응에게 공융은,

"저의 20대 선조인 공자께서는 대감의 선조인 노자를 찾아 가르침을 청한 적이 있었습니다. 저와 대감의 선조가 서로 사제지간의 관계에 있으니 어찌 제가 대감댁과 서로 통하는 집안의 자식이라 아니 하겠습니까?"

여기서 노자가 등장하는 것은 무슨 연유인가?

노자는 성이 이^李씨이고 이름은 이^耳이다. 우리나라 조선시대의 대학자이자 정치가인 율곡^{栗谷} 이이^{李耳}와는 성명이 똑같다. 공융은 이응의 성이 이씨인 것을 빌어 그를 노자의 후손으로 치고 높은 대감과 첫 대면을 재치 있게 풀어나갔던 것이다.

이를 듣고 있던 손님 중 한 명이 이응에게 "어린 시절에 똑똑한 애들이 크면 재주가 별 것 아니더군요."라고 말하였다. 공융이 이것

을 듣고서 대뜸 한마디 하였다.

"그렇게 말씀하시는 것을 보니 아저씨는 어려서 신동이었던 모양입니다."

이응이 크게 웃으며 공융이 커서 큰 인물이 될 것이라고 말하였다.

그러나 자신의 똑똑함을 과신한 공융은 그다지 행복한 죽음을 맞지는 못하였다.

조조에 몸을 의지하고는 있어도 마음을 붙이지 못한 탓으로 하루빨리 조조를 떠나 원소袁紹의 원씨 집안을 섬기려 하였으나 뜻을 이루지 못하고 있던 중, 조조가 원씨 가문의 마지막 대들보인 원담袁譚을 쳤다. 그런데 조조의 아들 조비曹丕가 원담의 제수를 자신의 처로 삼았으니 참으로 혼란한 시절의 이야기이다(나중 일이지만 조비가 위나라의 황제文帝가 되자 그녀는 황후가 되었다).

이를 보고 들은 공융은 조조에게 편지 한통을 써서 올렸다.

그 편지 속에는 '무왕武王이 주紂를 벌하였고 달기妲己는 주공周公에게 주었다.'는 말이 씌어 있었다. 이것을 본 조조가 내용에 의문이 생겨 물었다.

"무왕이 달기를 주공에게 주었다는 말이 어디에 나오는 말이오? 사기史記에는 없는데!"

은殷의 포악한 주왕紂王이 다른 나라를 공격하여 빼앗은 여인 달기에 빠져 폭정을 일삼다가 여러 제후들과 연합한 주나라의 무왕에게 져서 주왕도 달기도 모두 죽음을 당하였음은 잘 알려진 사실이다. 그리고 주공周公은 무왕의 동생으로서 무왕을 도와 주나라의 기틀을 군건히 한 위인으로서 유교에서는 그를 성인으로 모시고 있다. 그러므로 달기와 주공과는 아무런 관계도 없으니 역사에 밝은 조조가 기이하게 생각한 것은 당연한 일이었다.

그러자 공융이 말하였다.

"물론 근거가 없지요. 그렇지만 요즈음 벌어지고 있는 것을 보면 그런 것 같기도 합니다."

공융은 이같은 억지로 조비가 원담의 제수를 취한 것을 놀리고 있었던 것이다. 이러니 조조도 공융을 곱게 볼 수가 없었다. 공융의 최후는 점점 다가오고 있었던 것이다.

마침 계속되는 전쟁으로 군량미가 모자라 조조는 술 담그는 것을 금지하고 있었는데 공융은 또 다시 조조에게 편지 한통을 보내어 금주령을 해제할 것을 건의하였다. 공융은 술과 친구를 좋아하여 집에 손님이 끊이지 않았으므로 조조의 금주령이 못마땅했던 까닭이다. 공융이 이때 지은 시에 다음과 같은 것이 전한다.

자리에는 항시 손님이 가득하고 座上客常滿
술잔에는 술이 비지 않는다 樽中酒不空

공융의 건의서를 받은 조조는 술은 나라를 망치는 원인일 뿐이라는 답장을 보내왔다.

공융이 가만히 있지를 못하고 또 다시 편지를 내어,

"그렇지 않습니다. 술은 예로부터 덕이 있는 것으로 일컬었으니 조상을 제사지내고 귀신을 위로하며 사람들의 괴로운 마음을 달래고 가라앉혀 주기 때문입니다. 서徐의 언왕偃王은 인仁과 의義를 너무 존중하다가 나라를 망쳤고, 노나라는 유학을 너무 숭상하다가 나라가 기울었으며, 하夏의 걸이나 은殷의 주紂는 여자 때문에 나라를 망쳤습니다. 그렇다고 인과 의를 없애든가 유학을 내칠 것이며, 결혼을 금지할 것입니까? 금주의 진짜 이유는 곡식 확보에 있는 것이 아닙니까?"라고 통렬히 비난하였다.

조조는 참을 수 없었지만, 기회를 기다렸다.

조조가 유표^{劉表}를 치려 하자 공융이 이를 말렸다.

"유비와 유표는 한나라 황족입니다. 이렇다 할 명분도 없이 군사를 일으키면 천하의 신망을 잃게 됩니다."

드디어 이 말에 조조는 불같이 화가 나서 두 번 다시 이 같은 말을 하는 자는 목을 베겠다고 명을 내렸다.

공융은 조조의 곁을 떠나며 문 밖에서,

"어질지 못한 것으로 어진 것을 치려 하니 어찌 패하지 않을 수 있으랴!"하고 탄식을 하였다. 그런데 이 말을 들은 자가 마침 공융에게 원한을 품은 자였기 때문에 이를 조조에게 일러 바쳤고 조조는 부하로 하여금 탄핵을 하도록 시켜서 공융과 그 일가족을 모두 죽였다. 이때 그의 두 아들은 주위 사람들이 피신할 것을 충고하였지만 "둥지가 부서지면 새알이 어찌 성할 수 있겠소." 하면서 잡혀 죽었다 한다.

오랑캐의 술자리에서 시종 노릇을 한 황제들

조조의 위^魏를 갈아엎고 들어선 사마씨의 진^晉(뒤의 동진^{東晉}과 구별하여 서진^{西晉}이라고도 함)은 명색이 중국 역사상 몇 안 되는 통일 왕조의 하나였으나 수명은 51년에 불과했다. 가장 큰 이유는 내치가 안정되자 군신이 모두 사치와 향락에 빠졌기 때문이다. 사치의 결과는 나라가 망하는 것뿐이어서 서진이 51년, 동진이 103년, 둘을 합쳐도 불과 154년에 불과했다.

예를 들면 서진의 무제武帝는 천하를 통일하고서 궁녀를 1만 명이나 두었고, 석숭石崇 같은 개국공신의 아들은 첩이 1백여 명에 어린 종이 8백 명이었다고 한다. 진무제晉武帝는 매일 밤 같이 잘 궁녀를 스스로 고르는 것도 귀찮아 양을 후궁에 보내 양이 서는 곳 근처에 사는 궁녀와 합궁했다. 그래서 궁녀들은 양이 좋아하는 소금을 뿌리고 대나무 가지를 꽂아 양을 유인했다고 한다.

석숭은 낙양洛陽 근처의 별장에 정원을 꾸며 놓고 날마다 친구들과 연회를 벌였다. 연회를 가질 때면 아름다운 미인들로 하여금 손님들에게 술을 권하도록 하였는데 만일 손님이 술잔을 비우지 않으면 시중든 여인의 목을 베어버렸다. 손님들에게는 술을 마시며 시를 짓게 하였는데 짓지 못하면 그 벌로 술을 억지로 마시게도 하였다.

그의 손님 중에 왕도王導와 왕돈王敦 형제가 있었다.

둘 다 술을 그다지 많이 마시지는 못했으나 왕도는 여인들의 목이 달아나는 것이 불쌍하여 매번 무리하게 술을 마시느라 인사불성이 되도록 취하곤 했다. 반면 동생인 왕돈은 세 여인이 목숨을 잃어도 얼굴색 하나 변하지 않고 여전히 술을 사양했다고 한다.

한번은 왕도가 이러한 동생을 나무라자 냉정하게 대답하기를,

"그가 자기 집안사람을 죽인다 해서 형님과 무슨 상관이 있다는 말이요."

어찌 생각하면 손님 대접하다 자기가 데리고 있는 몸종을 죽이는 석숭보다 제 몸 생각에 술 한잔 비우지 않아 애꿎은 여인들의 목숨을 잃

게 만든 왕돈의 심보가 더욱 얄밉다. 차라리 그런 술자리에 안 갔으면 그러고 말고도 없을 것 아닌가. 왜 마시지도 않을 술자리에는 가서, 꽃 같은 여인들이 목숨을 걸고 권하는 술잔을 비우지 않았는가 말이다.

뒤에 왕돈은 대장군에 올라 황제(元帝)를 무시할 정도의 권세를 휘두르고 쿠데타까지 성공했으나 병중에 차기 황제(明帝)의 반격을 받아 죽었고, 결국은 무덤이 파헤쳐지는 벌을 받게 된 반면, 승상에 오른 왕도가 명제에게도 신임을 받은 것은 이런 인품의 차이가 아니었나 싶다.

중국 고대에 북쪽 유목민의 중심 세력이 되었던 것은 흉노였다. 만리장성도 흉노를 방어하는 것이 가장 큰 목적이었고, 중국 왕실이 무너진 것도 흉노의 침략에서 비롯된 적이 많았다. 그러나 후한 시대에 들어 흉노가 남북으로 분열되면서 쇠약해지기 시작했다. 이후 많은 북방민족들, 즉 갈족(揭族), 강족(羌族), 저족(底族) 등은 후한 땅에 깊이 들어와 살다가 흉노는 산서 지역에서, 저는 관중과 사천 지역에서, 강은 관중 지역에서 각각 그들의 나라를 세웠다.

서진의 왕들은 이들을 통제하기 위해서 다른 오랑캐의 힘을 빌리는 이른바 이이제이(以夷制夷)의 전략이 필요했는데, 그 중에 유연(劉淵)이라는 자가 있었다.

유연은 선우의 자손으로 그의 조상이 한나라 왕실과 결혼으로 맺어졌다는 이유로 성을 유씨로 정한 자다. 유연은 산서 지역을 근거지로 해서 흉노의 자립을 도모하겠다는 계책을 세웠다. 유연은 서진을 위해 출전하는 척하고 산서로 돌아가 스스로 한왕(漢王)을 칭하고 독립국을 세웠다. 오호십육국의 시작이다. 서진의 내부에는 팔왕의 난이 진행되고 있었으므로 유연의 세력은 급속하게 커졌다.

유연이 죽고 일족인 유요(劉曜)는 서진의 수도 낙양을 고립하는 작전을 펴 함락에 성공하였는데 서진의 군사령관은 자기는 이름뿐이고 작전에는 조금도 관여하지 않았으니 용서를 해달라고 목숨을 구걸하는 형편이었다. 유요는 흙벽을 넘어뜨려 그가 그 밑에 깔려 죽게 만들었다.

이때 서진의 회제(懷帝)는 포로가 되었는데 승전축하연에서 그에게 맡겨진 임무는 허리에 청색 앞치마를 두르고 유요에게 술을 따르는 것이었다. 이것은 북방민족 출신 노예들이 후한이나 서진의 왕실 또는 귀족의 집에서 하는 일이었으니 그들로서는 통쾌한 복수였다.

회제의 조카가 겨우 목숨을 부지해 마지막 황제인 민제(愍帝)로 즉위하자마자 다시 쳐들어온 유요에게 붙잡히고 말았다. 유요는 민제를 사냥 대회에 나갈 때는 군복을 입고 긴 창을 들고 선두에 서게 하고, 연회가 열리면 술을 올린 뒤 술잔을 씻게 하였으며, 평소에는 그가 타는 수레에 치는 차양을 잡도록 하였다.

낙양이 함락되었을 때 혜제의 황후였던 양(羊)씨는 유요에게 사로잡혔다가 유요가 한나라의 후신인 전조(前趙)의 황제가 되자, 황후로 책립되었다. 유요가 양씨에게 물었다.

"사마씨 놈들과 나를 비교하면 어떤가?"

그러자 양씨는,

"어찌 같은 열에 놓고 비교할 수 있겠습니까? 폐하께서는 왕조의 기틀을 연 성군입니다. 혜제는 나라를 망친 자로 마누라, 아들과 자기 자신마저 지키지 못했습니다. 고귀한 제왕이었음에도 불구하고 처자식을 남들의 손에 욕보이게 하였던 것입니다. 나는 당시에는 진실로 살아갈 수 있으리라 생각하지 못했습니다. 어찌 오늘이 있을 것을 생각이나 할 수 있었겠습니까? 저는 좋은 가문에서 태어나 항상 세간의 남자들이란 다 그러려니 생각하고 있었습니다. 하지만 폐하의 첩이 되고부터 비로소 천하에 진짜 남자가 있다는 것을 알게 되었습니다."라고 하였다.

　이 부분은 중국사에서 수치로 생각하지만 엄연한 역사적 사실임을 어찌하랴.

술 취한 척
목숨을 구한 사람들

　이 시기는 중국 역사 속에서도 혼란이 극도로 심했던 시기이다.
　이때 왕윤(王允)이라는 인물이 있었다. 그는 대장군 왕돈(王敦)의 조카뻘이었는데 총명하고 재치가 있었다. 왕윤은 어려서 왕돈의 집에서 살았는데 왕돈은 군사력을 가지고 있어 항상 동진(東晉)을 뒤엎을 쿠데타를 궁리하면서 기회를 엿보고 있었다.
　어느 날 밤 왕윤은 술이 취했으나 본의 아니게 그의 아저씨뻘 되는 왕돈이 전봉(錢鳳)이라는 자와 모의하고 있는 것을 엿듣게 되었다. 왕윤은 그들이 자기가 들은 것을 알게 되면 살려 두지 않을 것임을 잘 알았기 때문에 손가락을 입에 넣어 억지로 구역질을 해 토한 것이 얼굴이며 옷에 죄다 묻도록 하였다. 과연 전봉이 떠난 다음에 왕돈은 돌아와 왕윤이 얼굴이며 옷에 토한 음식을 묻힌 채로 인사불성이 되어 잠들어 있는 것을 보고 안심을 하였다. 때로는 술에 취하는 것도 처세의 방법이 될 수 있음이다. 경우는 조금 다르지만 우리도 술자리에서 돈을 낼 때가 되면 갑자기 취해서 잠들거나 정신을 못 차리는 척하는 얌체들이 있음을 경험으로 알고 있다. 실리를 취하는 점에서는 마찬가지라 하겠다.

위에 나온 왕돈과 전봉에 대해서는 이런 이야기도 있다.

그들이 무언가 일을 저지를 것으로 생각한 온교(溫嶠)라는 사람이 그 둘을 갈라지게 할 계획을 세웠다. 그래서 그는 왕돈에게 전봉을 어느 지방관리로 내보낼 것을 건의하였지만 혹시나 자기의 속셈이 드러날까 봐 몹시 불안했다.

하루는 왕돈이 많은 사람을 초청하여 잔치를 벌였다.

이 자리에 참석한 온교는 자리에서 일어나 손님들에게 한사람씩 잔을 올렸다. 그는 전봉의 차례가 오자 전봉이 잔을 받아놓고 잠시 마시지 않고 있는 틈을 노려 그의 머리를 쳤다.

"네 이놈! 나를 어찌 보고 내가 준 술을 마시지 않는가!"

모두가 온교를 쳐다보니 술이 취한 모습이 분명했다.

다음날 전봉은 왕돈에게 온교는 아무래도 믿을 수가 없는 사람이니 지방으로 나가는 것은 잠시 보류해야 되겠다고 말했다. 이것을 들은 왕돈은 크게 실망하여 말했다.

"이제 보니 당신은 도량이 작구려. 그가 술자리에서 몇 마디 기분 나쁜 말을 했다고 그것을 마음속에 새겨두다니."

온교는 취중의 한마디로 소기의 목적을 충분히 달성하였던 것이다.

그러면 그 후 왕돈은 어찌 되었는가?

왕돈의 권세가 커지면서 당시 왕씨와 사마씨가 천하를 같이 다스린다는 말이 돌았을 정도로 왕돈의 위치가 높아졌다. 그러므로 황제(원제元帝)가 항상 왕돈을 두렵게 생각하여 그를 견제하려고 하였는데 이것을 미리 알게 된 왕돈이 전봉 등과 함께 먼저 군사를 내어 그를 견제하는 세력을 쳤다. 조정의 권력은 그의 손안에 들어갔고

원제는 울분에 차 죽고 말았다. 태자가 제위에 올라 명제^{明帝}가 된 다음 왕돈을 제거하는 계획을 차근차근 실천에 옮겼고, 왕돈이 중병에 걸린 기회를 틈타 공격을 개시하여 그의 세력을 모두 꺾을 수가 있었다. 그 후 왕돈은 무덤이 파헤쳐지는 벌을 받았다.

최후의 한잔을 원하는 황제들

남북조 시대에 중국 북방에는 5호16국이라 부르는 나라들이 세워졌다가 사라지곤 했는데, 그 중에 단지 3개만이 한족이 세운 나라였다. 이때 전진^{前秦}이라는 나라는 티베트계의 부생^{符生}이 다스렸는데 그는 술에 살다가 술을 마시며 죽었다. 하루는 부생이 대신들에게 나라 사정에 대해 말해보라 하였다. 한 신하가 나와 임금이 훌륭하여 천하가 태평하다고 추켜세우자 부생은 화를 버럭 내고 자기를 놀린다며 때려죽이라 하였다. 이에 다른 신하가 혹시나 임금의 마음을 돌려 그를 살려볼까 생각하고 영민하신 임금께서 자비를 베풀어 목숨만은 살려달라고 하자 부생은 그의 목까지 베어버렸다.

부생은 서기 355년에 왕위에 올라 불과 2년 만에 사촌동생인 부견^{符堅}의 공격을 받고 죽었는데 병사들이 침실에 밀어 닥칠 때까지도 술이 미처 깨지 않았다고 한다. 그는 부견에게 붙잡혀 죽게 되자 죽음에 앞서 술을 몇 되 달라고 청하였다. 그 술을 마시고 몽롱한 정신으로 번

득이는 칼날에 몸을 맡겼다.

그후 부견은 북쪽을 평정하였기 때문에 동진東晉을 마저 정복해 천하 통일을 이루고자 북방 이민족 연합군 100만을 이끌고 출정했으나 비수淝水 싸움에서 배수진을 친 동진에게 패하여 망하게 되었다. 고구려 소수림왕시절 우리나라에 불교를 최초로 전해준 순도順道는 바로 부견이 다스리던 무렵의 전진의 승려였다.

같은 얘기는 수隋 양제煬帝에게도 해당된다.

수양제가 진陳의 후주后主를 멸하고 수나라를 세웠는데 그와 후주는 주색을 좋아하고 시에도 일가견이 있는 등 여러 가지 면에서 비슷한 점이 많았다. 수가 장안에 도읍을 정하였지만, 내심 강남 지역의 수려한 강산과 강남의 미인들에게 마음이 있었다. 그는 양주揚州를 특히 좋아하여 백만 명의 백성들을 동원하여 운하를 파고 큰 배를 지어 3차에 걸쳐 강남지역을 순시하였다. 배 위에 연회를 차렸는데 전에 없이 크고 성대한 공연이 연출되었다. 또한 그는 북방의 유목민이 주점에 들리면 반드시 취하도록 술을 대접하라는 황당한 명령을 내리기도 하였다. 그 자신이 북방 유목민족의 피를 가진 탓인지도 모르지만 그는 자신의 치세가 태평성대임을 과시하고 싶어 하는 욕구가 강했다.

그러나 고구려와 치른 전쟁에서 실패하고 거듭된 민란으로 나라가 위태로워지자 더욱 술에 빠져 지내다가 술이 깨면 "누가 나의 머리를 벨 것인가?" 하고 탄식하곤 하였다. 마침내 부하의 반란으로 사로잡히자 수양제는 "천자에게는 천자의 죽는 법이 있는데 어찌 칼로 벨 것이냐. 독주를 가져오너라." 하고 소리쳤다. 그러나 술은 나오지 않았고 그는 목이 졸려 죽임을 당했다.

술로 신하를 시험하는 황제들

당이 망하고 5대 10국의 시대가 열렸다.

송의 역사가들은 이 열다섯 나라 중에서 다섯 나라만을 정통 왕조라 인정하여 5대라 하였는데, 후량^{後梁}, 후당^{後唐}, 후진^{後晉}, 후한^{後漢}, 후주^{後周}가 그들이다. 이 중에서 후량과 후주를 제외하면 돌궐족의 나라였다.

조광윤^{趙匡胤}은 원래 후주의 세종^{世宗} 밑에서 장수로 있었는데, 업적이 많았던 세종이 병에 걸려 일찍 죽고 일곱 살밖에 안 된 그의 어린 아들이 제위에 올랐다. 북에서 적이 침공하자 조광윤은 출전해 개봉^{開封} 밖 동북쪽에 이르자 전군이 푹 쉬도록 한 다음 자기 막사에 주연을 베풀고 부하 장군들과 술을 마시다 취한 척 쓰러져 누웠다. 조광윤은 남몰래 그의 심복 조광의^{趙匡義}와 조보^{趙普}에게 황제가 입는 황포를 자기 몸 위에 걸쳐 놓고 큰소리로 만세를 부르게 하였다. 전 장병들의 추대로 제위에 오른 조광윤은 군사를 되돌려 개봉으로 돌아와 어린 황제와 그의 모친에게 압박을 가해 결국 나라를 넘겨받아 이름을 송^宋으로 바꾸고 태조가 되었다.

그런데 조광윤이 송을 세운 것이나 우리나라 이성계가 위화도에서 군사를 돌려 고려를 엎고 조선을 세운 것과 나라를 세운 경위가 비슷하더니, 송이 무^武를 소홀히 하고 문^文을 지나치게 우대하다가 다른 민족인 요^遼와 원^元에게 당한 것처럼 조선도 무를 소홀히 하다가 만주의 청과 왜적에 당한 것을 보면 그 운명의 공통성이 놀라울 지경이다.

조광윤이 즉위하고 얼마 후 5대 10국 중 남한南漢의 유창劉鋹이 예방하자 조광윤이 그에게 술을 따라 주었다. 유창이 그 속에 독이 있을 것으로 생각하고 주저하는데 조광윤은 어서 마시라고 재촉했다. 유창은 눈물을 흘리며 "신이 이 술을 안 마시는 것은 죽을죄이나 살려만 주시면 그 은혜는 태산과도 같아 평생 신하로서 충성을 다해 섬길 것이오니 부디 신의 죄를 용서해 주시옵소서." 하고 빌었다.

조광윤은 속으로 괘씸하게 생각하면서도 겉으로는 태평스럽게 위로하면서 그의 술잔을 받아서 자신이 단번에 마시고서는 다시 술을 준비해 유창으로 하여금 안심하고 마실 수 있게 은혜를 베풀었다. 당연히 유창은 감격하여 돌아가 백성들을 다독여 송태조에게 모두 복속하게 만들었다.

조광윤은 즉위 후 가끔 평복을 입고 나가 민심을 알아보고자 했다. 그러므로 조보 등의 중신들은 퇴근 후 쉽게 관복을 벗지 못하곤 했다. 어느 눈이 내리는 밤 조보는 황제가 못 나올 것이라 생각하고 막 옷을 갈아입었는데 황제가 동생과 함께 행차했다는 전갈이 왔다. 눈 내리는 밤 세 사람이 유쾌하게 술을 마시는데 황제는 조보의 아내를 형수라 부르며 그녀도 합석할 것을 권하였으니 모두 마음으로 통하는 즐거운 자리가 될 수밖에 없었을 것이다.

중국 사람들이 술자리에서 하는 말로 '배주해병권杯酒解兵權'이라는 말이 있다. 본래의 뜻은 술을 마시고 군사권을 해제하였다는 말이지만 오늘날은 술자리에서 상하관계를 떠나 터놓고 마시자는 뜻으로 쓰이고 있다. 이 말이 나오게 된 연유를 알아본다.

조광윤이 송나라를 세우고서 반년이 지났으나 두 군데의 절도사가 아직 송나라를 반대하여 그를 섬기려 하지 않았으므로 그는 친히 군대를 이끌고 그들을 무찔러서 어렵사리 대륙 전체를 수중에 넣을 수 있었다. 그러므로 그는 항상 무력을 가진 장군들에 대한 불안감으로 마음이 편치 못하였다.

하루는 오래도록 그를 섬겨온 조보趙普를 불러 물어 보았다.

"당나라가 망하고서 얼마 되지 않는 기간 동안에 다섯 개나 되는 왕조가 번갈아가며 들어섰고 그 과정에서 수많은 백성들이 희생을 입었다. 이는 어찌된 노릇으로 생각하는가?"

조보는 대답하였다.

"간단한 이치입니다. 군사권이 지방에 흩어져 있었기 때문입니다. 현재 두 명의 대장군에게 주어진 군사권은 너무 큽니다. 이 군사권을 회수하여 중앙으로 모으면 천하는 태평하게 될 것입니다."

이 말을 들은 조광윤이 그들은 내 오랜 친구들이니 걱정할 필요가 없다고 하자 조보는 다시 충고하였다.

"제가 봐도 그들은 폐하를 배반할 사람들이 아닙니다. 그러나 그들의 부하들이 딴 마음을 먹고 배반한다면 그들로서도 어찌할 수가 없는 것입니다."

여기에서 조광윤은 깨달은 바가 있었다.

며칠 후 송 태조는 왕궁에서 큰 잔치를 베풀고 여러 장군들을 초청하였다. 술잔이 자리를 몇 바퀴 돌고 나서 태조는 내시들도 물리친 다음 잔을 들어 모두에게 건배를 권하면서 솔직하게 말하였다.

"그대들의 도움이 없었다면 오늘의 나는 없었을 것이오. 그러나 지난번 절도사들의 경우처럼 언제 무슨 일이 생길지 모르니 황제 노릇하기도 정말 힘들구려. 지난 일 년간 하룻밤도 잠자리가 편치 못했소."

대장군 석수신石守信이 이 말을 듣고서 천하가 모두 평정되었는데 무슨 말씀이냐고 의아해 하자 태조는 머리를 흔들고서 말하였다.

"만약 그대들의 부하 중에 부귀를 탐하는 자가 있어 그대들의 몸에 황포黃袍(황제의 옷)를 입혀 준다면 그대들은 어찌하겠소?"

그때에서야 장군들은 황제의 속마음을 알아채고 두려움에 떨며 머리를 조아렸다.

"신들이 그럴 리가 있겠습니까? 다만 어찌할 바를 가르쳐 주시옵기 바랄 뿐입니다."

이 말을 들은 태조는 기다렸다는 듯이 말하였다.

"이제는 그대들도 군사권을 내놓고 나와는 사돈을 맺은 다음, 각자 지방으로 떠나 적당한 관직과 재산을 가지고 넉넉한 생활을 즐기며 살다가 자손들에게 이를 물려주는 것이 어떻겠소."

다음날 장군들은 일제히 늙음과 병을 핑계로 사직서를 제출하였고 태조는 마지못한 듯 받아들였다. 또한 그는 자기의 딸, 아들을 장군들의 자식과 결혼시켜 사돈을 맺고 지방의 책임자로 발령을 냄과 동시에 상당한 재물을 나누어 주었다.

그들이 임지로 떠난 그날부터 장군들의 쿠데타에 대한 공포감 없이 송 태조가 편안한 잠을 잘 수 있었음은 물론이다.

명나라를 세운 주원장朱元璋이 군사를 일으켰을 때 금주령을 내린 적이 있고 또 술 만드는데 쓰지 못하도록 찹쌀을 키우지 말라고 한 적도 있는데 제위에 올라 6년이 되어서는 포도주를 올리지 말라고 하였다. 백성을 돌보는 것은 나라의 본분인데 입을 즐겁게 하자고 백성들에게 누를 끼칠 수는 없다는 논리였다.

그러나 말기에 이르러서는 큰 대궐을 지어 문무백관들과 술자리를 자주 가졌다. 그는 신하에 대한 의심이 많아서 신하들을 술에 취하게 만들어 놓고 관찰하는 이상한 버릇이 있었다. 그래서 수시로 주연을 베풀고 신하들을 시험하였는데 경우에 따라서는 이때의 실수로 군사를 함께 일으켜 동고동락하며 생사의 고비를 같이 한 개국공신들도 죽음을 면치 못하였다.

하루는 연회를 베풀어 밤이 깊었는데 서달徐達이라는 신하가 크게 취하자 황제가 내시로 하여금 부축해 가서 잠을 재우도록 하였다. 그런데 이 장소가 주원장이 황제를 칭하였을 때 머물던 곳으로 신하가 감히 잠을 잘 수 없는 곳이었다. 한참 잠을 자다가 깬 서달이 정신을 차려보니 황제가 머물던 곳인지라 깜짝 놀라 침대에서 내려와 황제 쪽을 향해 재배를 드리고 물러나 집으로 돌아왔다. 주원장이 나중에 이를 듣고 속으로 흐뭇하게 여겼다고 한다.

또 한번은 같은 방법으로 개국공신의 하나인 곽덕성郭德成을 시험하였다. 곽덕성과 술자리를 가진 다음 술에 취할 무렵 주원장은 곽덕성에게 두 개의 황금 주사위를 주면서 아무에게도 말하지 말라고 하였다. 자신을 테스트하려는 황제의 뜻임을 간파한 곽덕성은 이것을 신발 속에 넣고 궁궐을 나오다가 수문장 앞에서 취한 척 넘어졌다. 이때 황금 주사위가 밖으로 튀어 나오자 수문장은 급히 황제에게 이 사실을 보고 하였고, 황제는 자기가 하사한 것이니 문제없다고 하였다. 속으로 흐뭇하게 생각했을 것임은 물론이다. 곽덕성은 자기 입으로 황제가 주었다는 사실을 말하지 않고 곤경에서 빠져 나온 것이다.

송렴宋濂은 유명한 학자로서 태조 주원장에게 충성을 다했지만, 의심 많은 주원장은 미덥지가 않아 비밀리에 감시요원을 붙여 놓았다.

하루는 송렴이 손님들을 초청하여 술자리를 가졌는데 이 감시원은 참석자 이름과 차린 음식의 내용을 세세히 적어 태조에게 보고했다. 이튿날 송렴이 출근하자 태조는 그를 불러 어제 무슨 일이 있었는지, 누가 참석했는지, 음식은 무엇을 차렸는지 꼼꼼히 물었다. 송렴의 답변과 보고서의 내용이 일치하는 것을 확인하고서야 태조는 송렴에 대한 의심을 풀었다.

그러나 얼마 후 호유용胡惟庸의 반란사건이 터졌다. 건국 이래 가장 큰 사건인데 이때 송렴은 수도 남경에서 천 리 떨어진 산에서 살고 있었다. 그런데 그의 손자가 호유용의 모반을 알고서도 고발하지 않았다는 죄로 송렴도 이에 연루되어 남경으로 압송되었다. 명 태조는 모반 사건에 대해서는 철저히 응징을 하였기 때문에 건국 후 이런 죄로 죽은 사람이 수만 명이 넘었다.

이때 태조의 마황후는 중국 역사상 손꼽히는 어진 여인이었다. 황후는 한때 태자의 스승이기도 했던 송렴이 압송되어 온다는 소식을 듣고 태조를 찾아가 말했다.

"황제께서 송렴을 죽이려 한다는데 무슨 까닭이십니까?"

"송렴의 손자가 모반사건을 알고서도 고변하지 않았으니 이는 모반에 가담한 것이나 다름없소. 법에 따르면 구족을 멸해야 하는 큰 죄이기 때문이오."

"송학사는 이미 정치를 떠나 천리 길 먼 산 속에 살고 있으니 어찌 서울에서 벌어지는 모반을 알겠습니까? 이런 이유로 공신을 죽여서는 안 됩니다."

태조는 황후의 말을 듣지 않고 나가 버렸다.

저녁 식사 때 마황후는 눈물만 흘리며 밥을 먹지 않았다. 태조가 이유를 물었다.

"송학사는 폐하를 위해 40년을 일한 사람으로 덕망이 높아 세상 사람들의 존경을 받고 있습니다. 죽음을 무릅쓰고 폐하를 도와 많은 공을 세웠는데 지금 고희를 넘은 나이에 처형을 받게 되었으니 어찌 진수성찬이라 한들 목에 넘어가겠습니까?"

결국 태조는 황후의 열성에 감동되어 그의 죽음을 면하고 귀양 보내는 것으로 결론지었다.

명 태조의 엽기적인 면을 보여주는 일화는 많다.

하루는 명태조가 개국공신이면서 원나라를 몰아내는 데 큰 공을 세운 상우춘常遇春에게 시녀를 선물로 준 적이 있다. 그런데 그가 그녀의 손을 잡았다는 얘기를 듣자 상우춘의 처는 즉각 시녀의 팔을 잘랐다. 천하의 명장 상우춘도 크게 놀란 나머지 얼굴빛이 변했다. 다음날 상우춘이 입궐하자 그의 낯빛이 평소와 다른 것을 보고 태조가 자초지종을 물었다. 황제가 이를 듣고 나더니 크게 웃고서 별 일이 아니라고 하였다.

황제는 상우춘과 술을 나누다가 은밀히 부하장수를 불러 상우춘의 집으로 보내 그의 처를 토막 내 죽인 다음, 겉포장에 '사나운 부인의 고기(悍婦之肉)'이라고 써 붙여 신하들에게 하사를 했다. 상우춘이 집에 돌아가니 그에게도 한 토막이 와 있었다.

그런데 사람을 토막 내거나 소금에 절여 먹는 것은 중국의 난세에는 흔히 있는 일이었다. 중국의 정사에도 그 사례는 부지기수로 많지만, 명 말기 이자성李自成이 난을 일으켰을 때 낙양은 신종의 아들 복왕福王이 다스리고 있었다. 그는 오로지 주색에만 탐닉할 뿐 지독히 무능한 군주였다.

이자성의 군대는 별다른 저항도 없이 낙양을 함락했고 복왕은 아들과 도망치다가 잡혔는데 몸무게를 달아보니 300근(180kg)이 넘었다고 한다. 반란군이 사지를 자르고 살코기를 저며 솥에 넣고 끓여서 이자성과 함께 둘러 앉아 먹었는데 이때 마신 술을 복록주福祿酒라 하였다.

황제와 갖는
술자리 대화

송 태조가 갑자기 죽자 그의 동생 조광의(趙匡義)가 등극하여 태종(太宗)이 되었다. 장남이 계승해야 할 것이나 동생이 올랐으므로 여론이 분분하여 태종은 민심도 수습할 겸 새로운 세력을 구축할 목적에서 대규모로 과거를 실시하였는데 500명이 뽑힌 진사시험에서 여몽정(呂蒙正)이 1등을 하였다. 이러한 배경으로 태종의 신임을 얻은 여몽정은 재상에 세 번이나 올라 송 초기의 큰 인물이 되었다.

송 태종은 정월 보름날 등불놀이를 구경하려고 주안상을 마련해 놓고 여몽정 등을 불렀다. 그는 자신이 정사를 잘 돌보고 있다고 믿고 있었기 때문에 술자리가 시작되자마자 자화자찬에 빠졌다.

"송의 건국 이전에 백성들은 도탄에 빠져 있었고 하늘에 혜성이 나타나자 사람들은 앞으로 태평세월은 없을 것이라며 절망했소만 짐이 천하를 다스리자 만사가 조화롭게 되지 않았는가. 짐은 늘 하늘에 감사를 드리지만 나라의 안정과 백성들의 풍요는 모두 사람이 하는 일이지 하늘이 하는 일은 아니라고 생각하오."

태종의 말도 틀린 말은 아니지만 그렇다고 군주가 할 말도 아니었다. 여몽정을 비롯한 대신들이 아무런 대꾸를 하지 않자 분위기가 어색해졌다.

이때 여몽정이 침묵을 깨고 일어나서 입을 열었다.

"천자가 계시는 곳은 도성인지라 당연히 번화한 모습만 보이는 것

송대의 유명한 4대 장군을 그린 그림. 왼쪽 두 번째 인물이 악비. 젊어서 술을 즐기던 그는, "황하 이북을 되찾은 후에 마셔도 좋지 않겠는가"라는 황제의 한 마디에 그 날로 술을 끊었다 한다.

입니다. 그러나 이곳에서 먼 곳에 사는 사람들은 굶거나 집도 없어 얼어 죽는 사람이 많으니 폐하께서 말씀하듯이 천하가 조화로운 것은 아닙니다. 폐하께서 좀 더 원대한 안목으로 교만을 경계하면서 노력하신다면 천하 백성들에게는 복이 될 것입니다."

태종은 기분이 나빠져서 얼굴빛까지 변했지만, 여몽정은 태연히 말을 마치고 자리에 돌아가 앉았다.

남송의 명장, 악비(岳飛)는 중국의 한족들이 민족의 영웅으로 모시는 장군이지만 간신의 모함에 빠져 죽었다. 그도 젊어서는 술을 무척 즐겼다. 이를 안 황제(高宗)가 그를 불러 "황하(黃河) 이북을 찾은 다음에 마시면 좋지 않겠는가?"하고 충고하자 그는 그날로 술을 끊고 임무에 충실하였다. 그때는 송나라가 금에게 쫓겨 남쪽으로 계속 밀리고 있을 때의 일이었다.

그의 글 중에 '황룡부로 돌진하여 제군과 함께 통쾌하게 마시자!(直搗黃龍府 與諸君痛飮耳!)'라고 한 것은 그의 단단한 각오를 말해 준다. 황룡부는 금나라의 수도가 있던 농안(農安)을 뜻하는 글귀로 다시 말해서 금나라를 물리칠 때까지 금주를 하겠다는 결연한 의지를 밝힌 것이다.

그러나 어찌하랴. 간신 진회(秦檜)의 모함은 악비가 더 이상 살아서는 술을 마시지 못하도록 하였으니.

불꽃같이 살다간 여인
추근

추근秋瑾은 19세기인 청말에 할아버지가 복건성 아모이厦門에 부임한 탓으로 이곳에서 태어났으나 절강의 소흥紹興을 본관으로 한다. 그녀는 당시로서는 보기 드물게 어려서부터 시문은 물론 경마와 무술까지 익혔다. '여자는 재능이 없는 것이 덕'이라고 여기던 시대에 그러한 활동은 그야말로 파격이었다. 구국의 길에 남녀가 따로 없다며 여성의 몸으로 적극 참여한 그녀를 손문은 민족의 영웅으로 높이 평가했다.

단검을 든 청나라 말기의 여성 혁명가 추근

추근은 고향의 소흥주를 즐겨서, 짧고 장렬한 그녀의 생에 쓴 시에도 술과 관련한 이야기가 많이 언급되어 있다. 상해에서 부녀해방 투쟁을 할 때에 남긴 글에도 '우리는 자유를 사랑한다. 자유를 위해 한 잔 합시다.'라는 구절이 있다.

그녀는 20세에 호남의 명문 집안으로 시집을 가 일남일녀를 둔 평온한 가정을 꾸려갔다. 그러나 남편이 돈으로 관직을 사 북경으로 옮기고서 청나라가 기울어 가는 모습을 목격하게 되었다. 마침내 그녀는 매일 책을 읽으며 소일하던 안락한 삶을 박차고 일본으로 떠나 글도 쓰고 강연도 하면서 혁명활동에 점차 깊숙이 빨려들어 갔다. 유학 초기 그녀가 열렬히 주장했던 것은 전족의 폐지였다. 그녀 자신도 어려서 양가집 규수로 자랄 것을 바라는 어머니가 전족을 만들기 위해 밤마다 발을 싸매주면 몰래 풀어놓고 저항을 했던 전력이 있었다. 여성이 평등권을 얻으려면 여성 스스로도 혁명대열에 동참해야 한다는 것이 그녀의 기본 사상이었다. 혁명 대열에 남녀 구별이 없다는 것이 그녀의 주장이었다.

추근은 1905년 손문이 이끄는 동맹회에 가입하였고, 귀국 후에는 일시나마 교단에 섰다. 그녀가 학교에 출근할 때는 항상 배를 이용했는데 술 한 병과 새우 한 접시를 준비해 뱃전에서 시를 지으며 술을 마시곤 했다. 뱃사공도 추근이 수업하는 동안 미리 소흥주와 안주를 준비해 두었다가 돌아오는 길에 술을 화로에 데워 함께 마시며 추근에게서 혁명에 대한 얘기를 들었다고 한다.

추근은 짧은 교사 시절에도 여권운동에 매진했는데 이에 대해 학교측은 물론 학부모들의 반발이 커서 교단을 떠날 수밖에 없었다. 이로써 그녀는 사회계몽의 필요성을 더욱 절감하고 적극적인 행동으로 무장투쟁을 통해 혁명을 앞당기려 했다. 그러나 무장봉기 계획이 탄로 나 관에서 그들을 체포하기로 결정하자 주위사람들이 피신을 권유했음에도 불구하고 그녀는 "내가 지옥으로 가지 않으면, 누가 지옥으로 가겠는가? 삶과 죽음이란 기러기의 털과 같은 것, 인생을 여기까지 살았으니 무엇이 문제인가?"라며 도피를 거절했다.

추근은 체포되던 날 밤, 오빠와 함께 술을 마셨는데 "술로써 우국

'추풍추우추수인(秋風秋雨愁煞人)'이라는 절명시를 남기고 형장의 이슬로 사라진 추근

의 눈물을 지울 수는 없습니다. 십만 명의 머리에서 피를 흘리며 전력을 다해서 만회를 해야 할 것입니다."라고 절규하였다. 피가 끓어오르는 여성 혁명가다운 소리가 아닐 수 없다.

그녀는 3백여 명의 청나라 군에 포위당해 동료 30여 명과 단검을 들고 최후의 저항을 펼치다 체포되어 이틀 만에 소흥의 네거리에서 참수를 당하고 말았다. 형을 집행하기에 앞서 그녀는 '가을바람 가을비 수심에 싸인다(秋風秋雨愁煞人)'라는 절명시를 남겨 비통한 현실을 개탄했다. 이때 그녀의 나이 불과 29세였다.

항주에 가면 서호 호반에 그녀의 묘와 함께 서호를 바라보는 추근의 동상이 서 있다.

모택동의
스트레스 해소법

　모택동이 애연가임은 잘 알려진 사실이다. 그는 술은 담배만큼 즐기지는 않아서 평소에는 마시는 일이 적었다. 모택동이 술을 마실 때는 두 가지 경우였는데 하나는 잠을 자기 위함이고 다른 하나는 중대한 문제를 처리해야 할 때였다.

　1942년 해방일보를 발간할 때 모택동은 편집인 서군(舒群)과 편집진 명단의 초안을 작성해 공산당 중앙판공청에 통지하면서 그 중 범문란(范文瀾), 등발(鄧發), 서진(徐眞), 가중평(柯仲平) 등 쟁쟁한 문인들에게 기념연회 참석을 요청했다.

　모택동은 연회석상에서 이들에게 정중하게 협조를 부탁했고, 모두 이를 기꺼이 수락했음은 물론이다. 참석자들은 즐겁게 마시며 대화를 나누며 즐기다가 귀가하였는데 서군과 가중평 만이 남았다. 이때 모택동이 경호원을 불러 큰 잔 세 개를 가져오라 하여 가중평에게 "마십시다. 나를 알아주는 술벗이 있으면 천 잔의 술도 적고……" 하면서 권하는 것이었다.

　밤이 깊어져 서군이 그만 마시라고 메모를 써서 가중평에게 보였으나 모택동이 이것을 빼앗고 더 마시다 가라고 권했다. 한참을 마시다 더 이상 마실 수 없을 지경이 되어 돌아가는데 가중평이 말 위에서 너무 흔들거리자 서군이 그를 내리도록 해서 함께 걷다가 그만 땅 위에 누워 잠이 들었다. 한참 단잠에 빠졌는데 모택동이 경호원을 데리고 그들을 찾으러 와서 해외 화교가 보내준 자동차에 태워 보냈다. 이를 보면 모택동은 술을 즐기질 않았을 뿐이지 주량 자체는 그리 나쁘지 않았을 것으로 보인다.

1947년 모택동이 사가점沙家店 전투를 지휘할 때의 일이다.

그는 경호실장 이은교李銀橋에게 "이번은 정말 중요한 전투일세. 적과 아군은 모두 주력부대를 여기에 집중했네. 궁지에 몰린 맹수도 발악을 하는데 하물며 국민당 종송鍾松은 장개석의 상도 받은 적이 있어 기염을 토하고 있지. 그렇지만 우리 유감劉戡 동지한테는 상대가 안 될 거야. 이기면 전환이 되는 거고 지면 계속 가는 거지 뭐."라고 하였다.

전투가 개시되자 모택동은 다시 말했다. "술이 있으면 한 병 가지고 오게." 이은교는 모택동이 평소 술을 마시지 않고, 며칠씩 잠을 못 이룰 때나 찾는 것을 잘 알고 있었다. 그가 포도주를 가져올지 묻자 모택동은 머리를 가볍게 저으며 유머러스하게 "아니, 종송이 포도주보다 더 독한걸." 하고 말했고, 그러면 고량주를 가져 오겠다고 하자 모택동은 다시 머리를 흔들며 "그것도 도수가 약해서 말이야, 브랜디를 가져오지."라고 하였다.

모택동의 이 말들은 모두 비유적인 유머였다. 이 말을 전해들은 주은래를 비롯한 당 지휘부는 모두 크게 웃었다.

이 전투의 서곡은 팽덕회彭德懷가 국민당 종송의 123여단을 섬멸하는 것으로 시작해 36사단의 궤멸로 끝났다. 전투가 끝났을 때 모택동은 술을 채 3분의 1도 마시지 못했다. 모택동은 병을 톡톡 치면서 "뭐 그리 대단치도 않구먼. 처음부터 잘못 가져왔네."라고 말했다고 한다.

주은래와 마오타이주

  홍군이 장정을 할 때 부대가 모태진^{茅台鎭}에 들어갔다. 마오타이 술이 근육을 풀어 주고 피를 통하게 하며 소염 작용은 물론 부스럼도 없애주는 효과가 있다고 소문이 나 장병들은 술로 얼굴을 문대고 머리도 감고, 발도 씻었다. 실제로 피로가 가시고 정신이 맑아지는 듯 기분 좋게 떠들고 있는데 주은래가 도착해 이 광경을 보고는 소리쳤다. "성인^{聖人}을 망치는구나!" 주은래는 왜 '성인'이라고 하였는가.
  동한 말기 조조가 조정을 좌지우지할 때의 일이다.
  하루는 상서시랑^{尙書侍郎} 서막^{徐邈}이 집에서 술을 마시다 많이 취했다. 이때 조조가 사람을 보내 궁에 들어와 나랏일을 상의하자고 하는데 술에 취해 "승상께 말씀드려요. 지금 나는 성인^{聖人}과 의논을 하는 중이라서 들어 갈 수가 없노라고." 이 말을 들은 조조도 무슨 말인지 알 수 없었지만 더 묻지 않았다. 그런데 훗날 서목이 친구와 얘기를 나누던 중 "성인이라는 두 글자가 떠오르지 않았으면 내 목숨을 구하지 못 했을 거요."라고 말해서 이때부터 성인^{聖人}은 술을 뜻하는 말이 되었다.
  주은래는 술의 별명을 가지고 홍군 전사들의 행실을 젊잖게 타이르려고 한 것이다. 그는 조용히 말했다. "동지들. 이것은 우리나라가 파나마 만국박람회에서 금메달을 받은 마오타이주입니다." 그리고 선 마오타이 술에 대해 설명해주었다. 병사들이 그 후로 마오타이주

국교 단절 이후 처음으로 중국을 방문한 미국 대통령인 닉슨을 맞아 만찬을 연 주은래

로 발 씻고 머리 감는 일이 없어졌음은 물론이다.

1950년 국경일. 주은래는 마오타이주를 국빈용 술로 지정키로 결정했다. 그런데 국경일을 앞두고 북경 시내에서 마오타이주는 단 한 병도 구할 수가 없었다. 당시만 해도 마오타이주는 지방명주로 북경 사람들은 잘 모를 때였다. 주 총리는 다급해져 귀주에 직접 전화를 걸어서 귀주성 당서기에게 급히 마오타이주를 보내 달라고 부탁해서 간신히 술 준비에 차질이 없었다.

주 총리는 주량이 대단했으나 절제하였고 특히 외교활동 때에는 더욱 조심하였으며 닉슨 대통령, 다나카 수상 등의 방문 시 국빈연회를 베풀 때는 항상 마오타이주를 사용하였다.

1971년 키신저가 닉슨 대통령의 밀명을 받고 중국에 처음 왔을 때 상당히 긴장하였다. 주총리는 "여러분 조심해야 합니다. 우리 마오타이주는 사람을 취하게 하는데 여러분이 취하면 돌아가 처분을 받는 것이 아닌가요?"라고 말해서 미국대표단 일행의 긴장감을 덜어주었다고 한다.

1972년 닉슨 대통령이 방문했을 때 주 총리는 30년 묵은 마오타이주를 내놓았는데 닉슨은 그 향에 몹시 반하였다. 주 총리는 건배를 하면서 그에게 장정 중에 마오타이주를 25잔을 마신 적이 있다고 말했다. 닉슨은 이미 중국에 오기 전 에드가 스노우가 쓴 책을 통해 홍군이 장정 도중 마오타이진을 점령한 다음 마오타이주를 마신 이야기를 알고 있었다.

주 총리와 닉슨이 웃으며 마오타이주로 건배를 하는 모습이 전파를 타고 세계에 전해지면서 마오타이는 세계적인 명주로 올라섰다.

뒤에 다나카 수상이 방문하여 국빈만찬을 할 때 다나카 수상도 "마오타이주는 정말 좋은 술, 세계 제일입니다."라고 말했다.

주은래의 삶은 치열했다. 그리고 그의 삶은 바로 중국 인민에 대한 끝없는 사랑 때문이었다. 그리고 이런 삶은 중국 천안문天安門 광장에 세워진 주은래의 추도 시비에 새겨진 다음의 글귀에 잘 나타나 있다.

'인민의 총리로 인민이 사랑하고 인민의 총리로 인민을 사랑하고 총리와 인민이 동고동락하며 인민과 총리의 마음이 이어졌다.'

주은래가 항상 강조하던 말은 '작은 일에 최선을 다해야 큰일도 이룰 수 있다'는 것이었다. 그는 부하 직원들에게 언제나 모든 일은 꼼꼼하게 챙겨야 한다고 당부했으며, 그들이 '아마도'라든가 '그럴 수도 있다'는 등으로 모호하게 표현하는 것을 매우 싫어했다.

어느 날 외빈 초청연회가 있었는데 그가 질문을 했다.

"오늘 저녁 만두[點心]에는 어떤 소가 들어가는가?"

'아마 해산물이 들어갈 것입니다.'

10대 후반 전통 복장 차림의 주은래(좌)와 황포군관학교 시절(우)

그러자 주 총리의 호통이 떨어졌다.

"아마 들어갈 것이라는 말이 도대체 무슨 말인가? 그렇다는 건가, 아니라는 건가? 외빈 중에 해산물에 알레르기가 있는 사람이 있어서 문제라도 생기면 누가 책임을 질 건가?"

주은래는 1898년 중국 강소성 회안淮安에서 출생하여 어린 시절에 절강성의 소흥에 있는 큰아버지 밑에서 성장했다. 중학은 천진에서 마치고 일본으로 건너가 공부를 하다가 돌아와 남개대학南開大學 재학 중 1919년 5·4운동에 참여 했다가 등소평 등과 함께 떠난 프랑스 유학 도중 공산혁명에 몸 바치기로 결심하였다.

다시 중국에 돌아온 주은래는 당시 장개석의 황포군관학교에 정치부 주임으로 임명되어 교장 장개석과 첫 번째 인연을 맺었다. 그러나 국민당이 우익 테러조직인 백의사白衣社를 동원해 공산주의자를 색출, 살해하는 와중에 간신히 도망쳐 1927년 남창봉기를 일으키지만 다시 국민당 군에 쫓겨 상해로 도피하였다.

당시 중국공산당은 소련 코민테른의 지시 하에 노동자를 중심으로 하는 도시 혁명에 주력하고 있었으나 이러한 중국공산당의 전략은 실패를 거듭했다. 주은래는 처음에는 농민혁명을 주장하던 모택동과는 다른 노선을 취했지만 주덕朱德과 모택동이 조성한 혁명 근거지인 정강산井岡山으로 옮기면서 점차 모택동의 전략을 이해하기 시작하였고 준의遵義 회의에서 모택동의 장정노선을 지지한 이후로는 죽을 때까지 모택동에 대해 충성을 바쳤다. 사실 이 회의 때까지만 해도 당내 서열은 주은래가 훨씬 위였다.

총리와 사령관의 술 대결

허세우許世友 사령관이 북경에 왔을 때 주은래 총리가 술 좋아하는 그를 초대했다.

"허 사령관, 오늘 저녁 다른 일이 없다면 내가 술을 한 잔 내지."

허 사령관이 눈을 크게 뜨고 반가워했다. 그렇지 않아도 평소 존경해 마지않는 총리의 초청이 아닌가.

저녁에 허 사령관이 총리를 찾아왔을 때 총리는 문 앞에서 기다리고 있었다. 총리는 그의 손을 잡아끌며 "오늘은 둘이서 조촐하게 먹는 거요. 마음 편하게 마십시다."라고 말했다. 총리 말대로 자리에는 두 사람밖에 없었고, 직원 한 명만이 대기하고 있었다. 음식은 총리가 손님 접대할 때 늘 그랬듯이 요리 네 접시에 탕 한 그릇이 전부였다.

"허 사령관, 무슨 술을 마실까?"

"총리께서 정하시지요."

"마오타이를 좋아한다고 들었는데 마오타이로 하지."

"그러시지요."

총리는 직원에게 마오타이를 가져오라 시키고 허 사령관에게 물었다.

"남경에 술꾼이 넷이 있다고 하던데 누구누구인가."

"왕펑王平, 강위청江渭淸, 섭봉지聶鳳智 그리고 접니다."

"네 사람 중 누가 주량이 제일 센가? 듣자하니 당신이라고 하던데."

허 사령관은 하하 웃으며 "그렇다고 할 수 있지요"라고 대답했다.

총리가 말했다.

"남경에 가면 그럴지 모르지만 산동에 가면 당신도 안 될 걸."

자존심 세고 성미 급하기로 소문난 허 사령관이 발끈했다.

"안 된다니요? 산동을 다 돌아다녀 봐도 상대가 없던데요."

원래 성격이 불같은 그는 총리가 자신의 술 실력을 의심한다고 생각하니 견딜 수가 없었다. "허 사령관은 전투 얘기를 하는 건가? 전투 얘기라면 믿겠네만 나는 술 이야기를 하고 있네." 하고 총리가 은근히 약을 올렸다.

허 사령관은 흥분했다.

"총리! 저를 못 믿는 겁니까? 저는 지금까지 술이라면 적수를 만나본 적이 없습니다."

하지만 총리는 계속 부화를 돋웠다.

"사람들이 허 사령관은 솔직한 사람이지만 술 실력만큼은 뻥이라고 하던데."

"어느 놈이 그러던가요. 내 그놈을 잡아서……."

"그 사람을 지금 어디서 찾겠나. 오늘은 나하고 술 시합을 해보세."

허 사령관은 총리와 술 시합을 한다는 것이 송구해 몇 차례 사양하다가 결국 시합을 하기로 했다. 총리의 술 실력이 자기보다 나을 것이 없다고 확신했고, 이 기회에 총리를 납작하게 만들어주리라 생각했다.

허 사령관은 직원에게 마오타이를 두 병 가져오라고 했다. 술을 가져오자 그는 총리에게 각자 한 병씩 마시자고 했다.

허 사령관은 "제가 먼저 한 잔 하겠습니다."라며 자신만만하게 일어서서 거푸 두 잔을 마셨다. 잠시 씩씩거리더니 다시 거푸 두 잔, 또 두 잔……. 총리는 그러나 이 얘기 저 얘기하면서 마시는 듯 마는 듯 태연자약하게 조용히 마셨다. 드디어 허 사령관이 벌떡 일어나 술병을 거꾸로 들어보였다. 마지막 한 방울이 떨어졌으나 그나마 그의 입 속으로 들어갔다. "총리, 보세요. 다 마셨습니다."

"아하, 아무래도 내가 뒤지는 것 같군." 총리는 자기 술병을 들어 잔에 수직으로 기울였다. 남은 술은 겨우 반 잔. 총리는 남경의 군부대 상황 등 이것저것 묻고 농담도 하면서 어느새 술 한 병을 다 비운 것이다. 허 사령관은 눈이 휘둥그레졌고, 총리는 남은 반잔마저 말끔히 비웠다.

"이제 그만 하지."

"안됩니다. 손님을 청해놓고서 이제 그만 마시라니요." 허 사령관은 직원에게 두 병 더 가져오라고 소리쳤다.

복무원이 술을 가져오자 총리는 자기 술병을 꿰차고 앉아 여전히 두런두런 이야기를 하며 천천히 술잔을 기울였다. 허 사령관은 첫 병 때와 마찬가지로 거푸 두 잔, 또 두 잔, 벌겋게 상기된 얼굴로 계속 마셔댔다. 두 사람은 드디어 병을 다 비웠다. 이번에는 총리가 직원에게 소리쳤다.

"어이, 두 병 더 가져오게. 허 사령관이 더 마실 수 있을 것 같아."

허 사령관은 피식피식, 그러나 힘들게 웃었다. 마치 얼굴 근육이 온통 마비된 것 같았다.

복무원이 또 다시 마오타이 두 병을 가져오자 총리가 직접 병마개를 땄다.

하지만 허 사령관의 상체는 서서히 아래로 무너지고 있었다. 드디어 허 사령관은 탁자 밑으로 나동그라졌다.

총리는 그를 부축해 일으키면서,

"일어나게, 일어나라고, 군인은 살아서 싸워야지 죽으면 그만이야. 내가 당신을 청했는데 당신은 내게 얼굴도 안 보여주려는가." 총리는 마오타이를 또 한 잔 들이켰다. 허 사령관은 이제 총리를 향해 이마를 바닥에 부딪치며 꾸벅 절을 했다.

"총리, 제가, 제가 졌습니다. 이제부터 총리께서 지시하는 곳이면 어디든 가서 싸우겠습니다."

"또 쓸데없는 소리. 모주석 지시에 따라야지 왜 내 지시를 따른다는 건가."

"총리, 저를, 저를 죽여주십시오."

"그렇다면 한마디 하겠네. 술 마실 때는 탁자 위에 빈 대접을 올려놓거나 술 마시는 걸 감독하는 부하를 세워놓지 말게(허 사령관은 자신의 주량을 과시하고자 술좌석에는 늘 빈 대접을 올려놓고 상대가 술을 흘리는지 어떤지를 테스트했으며, 뒤에 부하를 세워놓고 술 제대로 안 마시는 사람이 있는지 감시하게 했음. 종종 술 안 마시는 부하에게 손으로 입을 강제로 벌려 나발을 불게 했다고 한다). 동지 사이에 기분 좋게 술 마시는 것은 원래 좋은 일일세. 하지만 당신처럼 하면 좋은 술 분위기를 망치게 된다고. 앞으로 술 마실 때 절대 여섯 잔, 반근 이상 마시지 말게."

허 사령관은 총리에게 완전히 굴복했다.

"알겠습니다. 총리 말씀 명심하겠습니다. 절대 반 근을 넘기지 않겠습니다."

이 이야기는 《식탁 위의 중국공산당 영수領袖들》이라는 책에서 발췌한 내용이다. 아무튼 허 사령관이 유명한 말술이었고 주 총리 또한 두주불사였다는 것은 널리 알려진 이야기이다.

허세우는 괄괄하고 직설적이고 사나이다운 성격으로 유명하다. 한때 소림사에서 도를 닦다가 혁명에 뛰어들어 무공을 드날린 인물로서 공산혁명 성공 후 남경군구 사령관으로 있다 문화대혁명을 맞았는데, 문혁의 잘못을 지적하며 모주석에게 맞선 거의 유일한 인물이라고 한다. 문혁세력이 자기를 체포하려 하자, 군부대에 은거한 채 홍위병이 접근하면 휘하 군대로 한판 붙겠다고 선언을 하였고, 모택동 사망 직전에는 광주군구를 맡고 있다가 피신해 온 등소평을 보호하면서 4인방파와 일전도 불사할 정도로 호방한 사나이로서 지금도 나이 지긋한 중국 인민들에게 허세우는 충직하고 화끈한 사나이의 전형으로 남아 있다.

허세우는 현대를 전설 속의 영웅처럼 살다 간 인물이다. 그의 일

대장정 당시 병사들 앞에서 소림사 권법 시범을 보이는 허세우 사령관

생은 한마디로 무협소설의 주인공을 연상케 한다. 호북성 출신인 그는 8살 때 중국 무술의 본산지인 하남성 숭산의 소림사^{少林寺}에 입문한다.

그는 소림사에서 양쪽에 세운 말뚝에 머리와 발뒤꿈치를 걸고 몇 시간 동 안이나 허공에 뜬 채 견뎌 내거나 서까래에 거꾸로 매달린 채 잠을 자는 수행 등으로 몹시 혹독한 수련을 받았다. 이렇게 해서 무예를 터득한 그는 8년 만에 하산하여 처음에는 군벌에 참여하였다가 1926년 공산폭동에 가담한 것을 계기로 공산당에 입당한다. 1930년대의 대장정에서 무술과 용맹을 크게 떨쳐 그는 중국 인민의 신화적 존재가 되었다. 그 좋은 예가 바로 10미터 너비의 강을 '능공허도^{凌空虛道}'의 경공으로 건너간 사건이다.

허세우는 손끝 관수로 칼처럼 사람을 찔러 죽이거나 손가락으로 자기 몸에 박힌 총알을 후벼 파내는 등 기공에도 능했다. 장개석군과의 싸움에서 패퇴한 그가 혼자 몸으로 수백명의 적군에게 쫓기는 긴박한 상황 하에서 한 줄기 강물이 앞길을 가로 막았다.

강폭은 대략 10여 미터쯤 되어 보였다. 멈칫할 여유도 없었다. 허세우는 기를 모아 발끝으로 지면을 박차고 강으로 뛰어 들었다. 뒤쫓던 추격병들은 강물에 빠질 걸 두려워하여 황급히 걸음을 멈추고 떠들었다.

"조금 있다가 물 위에 떠오르는 놈의 시체를 건지기만 하면 되는 거야."

그런데 상황은 전혀 딴판이었다. 허세우는 물에 빠지지 않았다. 발가락 하나 수면에 닿지 않은 채 그의 몸은 수평으로 직선비행을 했다. 눈 깜짝할 사이에 허세우는 건너편 기슭에 착지해 있었다.

"이럴 수가? 어서 총을 쏴라. 저 놈을 놓쳐선 안 된다!"

추격군 지휘관이 뒤늦은 발포명령을 내렸지만 이미 허세우의 모습은 시야에서 사라진 뒤였다.

광주군구 사령관, 군사위원회 상무위원. 공산당 정치국원 등 당과 군의 고위직을 두루 역임한 그는 자신의 봉토와도 같은 남경에서 만년을 보내다가 1987년 80세의 나이로 세상을 떠났다.

그의 효도는 대단하였다. 소림사 승려 출신으로 환속하여 혁명원로의 하나가 된 그는 마침내 중국인민해방군 대장 계급의 신분으로 남경군구사령관이 되었다. 남경에 부임한 허세우는 시골에서 농사를 짓던 모친을 모셔온 다음 그의 부하들에게 다음과 같이 부탁했다.

"나는 어려서 집을 나와 승려가 되었고 다시 혁명과업을 완수하느라 어머니를 모실 수 없었다. 내가 이제 출세를 하였으니 이 모든 것을 어머니에게 갚아드려야 되겠다. 앞으로 너희들은 내 방에 오면 어머니에게 경례를 부치기 바란다."

허세우는 군구사령관의 책상과 의자에 자기 어머니를 앉히고 자기 대신 어머니가 부하들의 경례를 받도록 했다. 그런데 얼마간의 시간이 지나자 어머니가 몸이 아파 자리에 눕게 되었다. 군의관이 허세우에게 모친께서는 원래 농사를 짓다가, 갑자기 불려와 큰 책상과 의자에 앉아서 생활하는 것이 생리에 맞지 않아서 병이 난 것이니 모친을 고향으로 보내드려서 예전처럼 농사 짓고 사시게 하는 게 건강에 좋을 것이라고 말했다. 허세우는 할 수 없이 모친을 고향으로 보내드려 농사를 지으며 살게 했다.

후에 허세우가 병들어 임종이 가까워 오고 있을 때 하루는 그가 간호사에게 밖으로 나가 햇빛을 보고 싶다고 하였다. 그녀는 의사에게 그가 한 번이라도 일어서게 해줄 수 있는 방법이 없는지 물었다. 의사는 머뭇거리더니 "술 한 잔을 드린다면 모르지……." 하였다.

실제로 마지막 날 오랫동안 누워 있던 허세우는 술 한 잔을 마시더니 기적처럼 일어섰다가 술 향기에 취해 쓰러졌으니 죽도록 술을 떠나지 못하고 살다 간 영웅의 삶이다.

그는 임종 때 유언으로 자기가 죽거든 모친 곁에 묻어 달라고 했다. 중국 공산혁명 지도자들 가운데 죽은 후에 화장을 안 한 사람은 단 두 명이라고 한다. 주은래와 등소평 등 모든 지도자도 화장에 예외가 없었다. 한 사람은 유리관에 들어가 인민대회당에 전시된 모택동이고 한 사람은 자기 모친 곁에 묻힌 허세우다. 화장을 극도로 싫어한 허세우가 당지도부에 호소하여 예외를 인정받았다고 한다.

다음에는 문학이나 사랑과 관련이 있는 이야기로 들어가보자.

문학과 사랑에 향을 더해주는 술

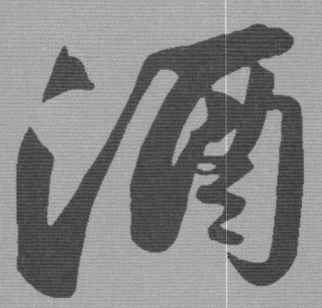

중국인들의 가슴을 울리는 러브스토리

사마상여^{司馬相如}는 한나라의 저명한 문장가로서 사천성 성도^{成都} 출신이다. 어려서부터 독서를 좋아하고, 음악에 정통할 뿐만 아니라 무술에 능하여 문무를 겸비한 인재로 효경제^{孝景帝} 때 황제를 호위하는 경호실장격인 무기상시^{武騎常侍}에 올랐다. 그런데 효경제는 학문을 그다지 좋아하지 않아 사마상여는 자신의 문학적 자질을 펼칠 기회가 없어서 은퇴하고 양효왕^{梁孝王}에게 잠시 의탁해 지내다가 양효왕이 죽자 고향으로 돌아왔다. 그러나 가진 재산이 없어 매우 곤궁한 생활이었는데 마침 그의 재주를 아끼는 절친한 친구가 부근 마을의 현령으로 있어 그에게 도움을 받으며 살고 있었다.

그런데 어느 날 이곳에 사는 탁왕손^{卓王孫}이라는 거부가 현령과 사마상여를 초청했다. 탁왕손은 손님들을 모시고 집안을 안내하다가 정자에 주연을 베풀고 사마상여에게 거문고 연주를 청하였다. 사마상여가 음악을 연주하면서 슬쩍 보니 아름다운 여인이 거문고 소리를 열심히 듣고 있는데 바로 탁왕손의 딸 탁문군^{卓文君}이었다. 그가 한눈에 반한 순간 창 밖에서 엿보는 탁문군도 그에게 반하였다. 더구나 그가 연주하는 곡은 〈봉구황^{鳳求凰}〉(봉황이 서로 짝을 찾는다는 곡)이니 가슴이 뛸 노릇이다.

그녀가 방으로 돌아와 마음을 가라앉히려 해도 그를 향한 연모의 정을 누를 길이 없는데 몸종이 들어오더니 지금 거문고를 뜯는 손님이 사마상여라고 귀띔을 해주었다. 탁문군도 이미 사마상여에 대해서는 소문을 들은 바가 있었다.

밤이 되어 자리에 누웠어도 잠이 오지 않는데 낮에 들은 곡으로 미루어 사마상여 역시 자신에게 마음을 두고 있음을 알고 그에게 시집을 가기로 결심했다. 결심을 하자 탁문군은 바로 몸종의 도움을 얻어 그날 밤으로 사마상여를 찾아가 함께 성도로 떠났다. 다음날 뒤늦게 딸이 도망간 사실을 안 탁왕손은 크게 화를 내고 절대로 용서를 안 할 것이며 단 한 푼도 주지 않을 것이라 선언했다.

탁문군이 성도로 와서 보니 사마상여는 아무 것도 가진 것이 없는 빈털터리에 불과했다. 얼마 후 탁문군은 사마상여와 상의한 뒤 다시 고향으로 돌아와 마차를 판 돈으로 주점을 열었다. 앞치마를 두른 사마상여는 손님을 맞고 탁문군은 술통 앞에 앉아 손님들에게 술을 따라 주었다. 아버지의 체면을 자극하려는 탁문군의 여우같은 꾀로 시작한 장사였다. 술맛과 안주가 좋은 데다가 예쁘고 총명한 안주인과 당대의 이름난 문학가가 시중을 드는 술집이니 이내 소문이 나면서 구름 같은 손님이 몰려들기 시작했다. 한번 와 본 손님들마다 곱게 자란 부잣집 딸이 고생하는 것을 안쓰럽게 생각하면서 그녀의 아버지가 인정머리가 없다며 비난하는 소리가 끊이지 않았다. 사람들의 입에 오르내리면서 체면이 깎일 대로 깎인 탁왕손이 결국 손을 들고 마음을 바꿔 많은 돈과 하인 100명을 혼수품으로 주었다.

소기의 목적을 달성한 둘은 술집 문을 닫고 성도로 돌아와 밭을 사고 집을 새로 지었다. 사마상여는 생활에 안정을 얻은 뒤 더욱 학문을 갈고 닦아 대문장가로 활약하는 한편 황제(한무제漢武帝)에게 불려 올라가 궁정문학가로 활동하면서 한나라의 전성기를 찬양하는 많은 걸작을 남길 수 있게 되었다.

남녀간 사랑의 얘기로 중국인들이 우리 춘향전만큼이나 사랑하는 작품으로 《백사전白蛇傳》이 있다.

이 소설의 주인공 백소정白素貞은 원래 천년 묵은 흰뱀이었으나 오랜 수련 끝에 몸종인 소청小靑과 함께 아름다운 여인으로 변신하는 데 성공하였다.

둘은 항주로 와서 서호를 거닐던 중 비를 만났는데 한약방을 하는 허선許仙이 우산을 건네줘 비를 피하면서 서로 연정을 느꼈다. 둘은 금방 가까워져서 결혼까지 하고 행복한 생활을 하게 되었는데 어느날 법해法海라는 승려가 나타나면서 운명이 꼬이기 시작한다.

법해는 그들을 질투한 나머지 허선에게 그가 요괴의 함정에 빠져 있다면서 백소정에게 약초를 섞은 술을 마시게 했다. 이 술을 마신 백소정은 뱀의 몸으로 돌아왔고, 이를 본 허선은 놀라 쓰러지게 된다. 백소정은 가까스로 허선을 살려냈으나 법해와 힘든 싸움을 벌이게 되었고, 이 싸움 끝에 어렵사리 피신에 성공해 허선과 재결합하였지만 다시 나타난 법해에게 패해 탑에 갇히고 만다. 항주의 서호가에 있는 저 유명한 뇌봉탑雷峰塔이 바로 이 탑인데 원래의 탑은 20세기 초에 무너지고 지금의 탑은 새로 건립한 것이다.

몇년 후 몸종이었던 소청이 돌아와 탑을 불사르고 백소정을 구출하게 된다는 백사전은 수도 없이 영화화되고, 연극으로도 꾸며져 세월에 관계없이 중국인들의 사랑을 받고 있다. 중국의 유명 배우 장국영과 왕조현이 주연한 영화 《천녀유혼》의 원작 역시 《백사전》이다.

형의 미움을 받아
죽은 조식

조식^{曹植}은 조조의 아들로 중국 문학사에 우뚝 솟은 인물로서 문인으로서는 성공을 거두었으나 형인 문제^{文帝} 조비^{曹丕}와 조카인 명제^{明帝} 조예^{曹叡}에게 시기를 많이 받아서 정치적으로는 성공하지 못하고 단지 글 속에 자신의 불만을 털어놓을 뿐이었다.

그의 재주를 미워한 조비가 어느 날 연회 석상에서 일곱 걸음을 걷기 전에 시를 짓지 못하면 죽이겠다고 하자,

콩을 삶기 위하여 콩대를 태우나니 煮豆燃豆萁
콩이 가마 속에서 소리 없이 우노라 豆在釜中泣
본디 한 뿌리에서 같이 태어났거늘 本是同根生
서로 괴롭히기가 어찌 이리 심할까 相煎何太急

라는 칠보지시^{七步之詩}를 지어 같은 동생을 괴롭히는 형을 멀쑥하게 만들어 더욱 유명해졌다.

조식의 재주는 천부적으로 워낙 뛰어나 10여 세에 이미 논리가 정연하고 붓을 들면 바로 문장이 이루어져 부친 조조의 사랑을 많이 받았다. 조조에게 죽임을 당한 공융^{孔融} 등 많은 학자들과 교류해 더욱 정진하였으므로 그가 전력을 기울여 쓴 글이 마치 호랑이 같다 하여 사람들은 그를 문호^{文虎}라 하였다.

조식은 귀공자로서 부귀영화를 누리면서 투계와 승마, 연회 등을 즐겼다. 그는 까치꼬리 모양의 자루를 하나 가지고 있었는데 가늘고

곧았다. 술을 마실 때는 이것을 술단지 안에 넣어두고 자루꼬리가 누굴 가리키는지에 따라 술을 권하곤 했다. 이태백이 그의 장진주^{將進酒}라는 시에서

　진왕이 옛날 평락관에서 잔치 벌일 때 陳王昔時宴平樂

　한 말에 만 냥 술로 맘껏 즐겼다네 斗酒十千恣歡謔

　에서 말하는 진왕은 조식을 일컫는 것으로 조식의 생활상을 읊은 것이다.

　스스로 문무를 모두 갖춘 조조도 그를 매우 사랑해 한때는 그를 태자로 삼을 생각도 했다. 조조가 손권을 치러 출전을 했을 때 조식을 불러 수도인 업^鄴(지금의 하남성 안양^{安陽})을 지키라 하며 "네가 지금 23세인데 내가 23세 때를 돌이켜 보아도 후회함이 없다. 잘 해내야 할 것이다."라고 말한 것은 매우 심상치 않은 지시로서 장차 왕위를 넘길 수도 있다는 뜻이 담긴 것이었다. 그렇지만 조식은 일반 문인들이 그러한 것처럼 사람들과 어울려 노래 부르고 시짓기를 즐기는 바람에 점차 조조의 눈밖으로 벗어나고 말았다. 그래서 조조는 그의 문학적 재질은 아꼈지만, 통치자로서는 마땅치 않다고 여겨 마침내 조비를 태자로 삼았다. 그 결정적인 계기가 된 사건은 다음과 같다.

　조식은 두주불사의 애주가였으므로 가끔 집에 돌아오지 않는 수가 있었다. 어느 해 조조가 일이 있어 외출을 했는데 조식이 술에 크게 취하여 우쭐한 기분으로 왕실의 마차를 몰고 왕궁 정문을 통과해 왕궁 안으로 들어갔다. 그러나 이것은 있을 수가 없는 큰 죄에 해당하는 일이어서 조조도 이를 알고 크게 화가 나서 왕실 마차를 담당하는 관원을 죽였다. 이 일로 조조는 조식에게 크게 실망하였다.

　두 번째 일이다.

삼년 후 관운장의 공격으로 변방이 위태로웠다. 조조가 이곳을 구원하려고 군사를 보내는데 여러 신하들이 조식을 권하기도 했지만 그 또한 조식에게 기회를 주고 싶어 조식을 장군으로 임명했는데 조식은 이 날도 인사불성으로 취해 조조는 임명을 취소해버렸다. 이것으로 조식은 조조의 눈에서 완전히 벗어나고 말았다. 조비가 등극하고 나서 조식은 엄청나게 박해를 받았는데 그럴수록 술에 빠지고 방랑을 즐기다 결국 41세의 젊은 나이로 죽음을 맞았다.

울화가 술을 부르고 술이 병을 만들어 죽은 이는 인류가 술을 마신 이후로 하늘에 별만큼 많을 것이다. 조식보다 훨씬 앞선 전국시대 위나라의 뛰어난 지도자였던 신릉군(信陵君)도 이런 예에 해당한다.

그는 훌륭한 인재들과 교제를 두텁게 한 사람으로 유명하다. 특히 신릉군은 사람 됨됨이만 훌륭하면 신분의 높고 낮음을 따지지 않고 사귀는 장점이 있었다.

당시 위나라는 진(秦)으로부터 공격을 받게 되어 신릉군이 돌아와 주기를 간청하였다. 인품이 뛰어난 신릉군이 위로 돌아가 대장군을 맡자 여러 나라에서 군사를 보내어 그를 도왔으므로 그는 막강한 진나라를 손쉽게 격퇴할 수가 있었다. 이로써 군사력으로 위나라를 칠 수가 없음을 깨달은 진은 방법을 달리하여 첩보전을 펼치기 시작하였다.

그들은 첩자를 시켜 "신릉군이 이미 위나라 왕의 자리에 올랐습니까, 아니면 아직 그대로 계십니까?"라고 묻도록 하여 위나라의 왕이 신릉군을 의심하도록 만들었다. 위왕은 마침내 신릉군으로부터 대장군의 직위를 빼앗았고, 이때부터 신릉군은 자신이 신임을 잃게 되었음을 알고 밤낮으로 술자리를 벌여 술을 마시는가 하면 여자를 가까이 하였다. 이러기를 4년. 현명하던 신릉군은 결국 술병으로 죽고 말았다.

그런가 하면 송나라 때 하도 괴이하게 술을 마셔서 주괴^{酒怪}라고 불리던 석연년^{石延年}도 있다. 문학가이자 서예가로 이름 높았던 석연년은 성격이 호방하고 주량이 커서 그의 재주를 아낀 인종^{仁宗}이 절주를 권했으나 이를 듣지 않고 많이 마신 탓에 병을 얻어 중년에 죽었다. 그는 단지 주량이 남보다 많은 정도가 아니라 술 마시는 방식이 특출하여 사람들이 주괴라고 했다. 예를 들어 어느 날 그가 술을 마실 때 머리를 풀어 헤치고 맨발에 쇠사슬을 차고 마셨는데 그는 이것을 죄수가 술 마시는 방식이라 하고, 어떤 때는 나무에 올라 마시기도 하였다. 또 어떤 때는 깜깜한 밤에 촛불도 켜지 않고 마시기도 하였다.

한번은 그가 술친구와 함께 새로 개업한 술집을 찾아 술을 마시는데 한 마디 말도 없이 한 잔 마시고 이어서 또 한 잔 마시는 식으로 밤늦도록 마셔도 얼굴에 전혀 취기가 없는 것을 보고 주인이 두 사람의 주량에 놀라는 한편 평범한 사람은 아닐 것으로 생각해서 술과 안주를 서비스로 내놓았으나 쳐다보지도 않고 여전히 계속해서 말없이 한 잔 두 잔 마시다가 밤이 아주 깊어서야 일어나 간단히 예를 갖추고 사라졌다.

다음날 다른 사람들이 이 이야기를 듣고 처음에는 신선 두 분이 와서 마신 것으로 알았다가 사실은 석연년과 그의 친구였음을 알게 되었다.

또 한번은 석연년이 다른 곳에서 벼슬을 살 때의 일이다.

이때도 같은 친구가 그를 찾아와 둘은 밤이 깊도록 마시다보니 술이 모자랐다. 술이 부족하여 둘러보니 마침 한 말의 식초 항아리가 보였다. 석연년은 얼른 식초를 술항아리에 쏟아 붓고 날이 밝을 때까지 마셨다고 한다.

문학과 사랑에 향을 더해주는 술 ― 235

술에 의탁해 세상을 잊은 죽림칠현

유비, 손권, 조조의 삼국시대 말 조조의 아들 조비^{曹丕}가 후한^{後漢} 대신에 위^魏를 세웠고, 이후 촉한과 오는 차례로 위에게 멸망했다. 촉한의 제갈공명과 맞서 싸우던 위의 대전략가 사마의^{司馬懿}가 정권을 잡은 후, 그의 아들 사마소^{司馬昭}는 마침내 위나라를 없애고 진^晉을 세웠다.

죽림칠현은 이와 같은 어수선한 시대의 산물이다.

그러므로 그들은 살벌한 정치세계와 근엄한 유교의 가르침을 벗어나 자유롭게 생활하고자 하였다. 그러나 그들도 내용을 알고 보면 마냥 현실에서 떨어져 있었던 것은 아니다. 유일한 예외는 혜강^{嵇康}일 정도로 나머지 모두는 한때나마 사마^{司馬}씨 밑에서 관직을 가졌었다. 다시 말해서 제도권 하에서 불평불만을 토하며 신선노릇을 하는 이중성격을 가졌던 것이다. 어찌 보면 감투 안 주는 것을 불평하는 무리였는지도 모른다. 아무튼 여기서 그 시비를 가릴 필요는 없다. 술꾼으로서의 모습을 그려 어두운 시대를 살아간 지식인의 고뇌를 알아볼 뿐이다.

진^晉의 완적^{阮籍}은 술로서 자신을 지킨 사람이다. 죽림칠현 중의 으뜸으로 꼽는 사람이 혜강과 완적이지만 혜강은 사마씨의 왕권찬탈에 반대하다가 죽임을 당했으나 완적은 비쩍 말라 병색이 완연했어도 술을 즐기는 폭주가였기 때문에 난세에 별다른 의심을 받지 않고 생명을 유지할 수 있었다. 사마의가 위를 없애고 그에게 교위^{校尉} 벼슬을 주었어도 그는 술에 쩌들어 세월을 보낼 뿐이었다.

완적은 세속의 예법을 무시하고 자유분방하게 행동하여 죽림의 선비를 대표하는 생활태도를 보였다. 그는 우리도 쓰고 있는 말 중에 백안시^{白眼視}라는 말과 관계 있는 사람이다.

백안^{白眼}이란 눈의 흰자위를 뜻한다. 그러니까 눈의 흰자위를 보인다는 말이니 시선이 그리 곱지 않은 것임을 뜻하는 것이다. 완적은 그가 상대하는 사람이 세상의 통속적인 예법을 따르면 백안으로 대했다고 한다. 실제로 그의 어머니가 돌아가서 친지가 조문을 오자 백안을 보였고 다른 이가 술과 거문고를 들고 오자 흑안^{黑眼}으로 즐겁게 맞았다고 한다. 이때부터 남에게 좋지 않은 감정을 가지고 상대하는 것을 백안시한다고 말하게 되었다.

이외에도 완적에게는 술과 관련된 많은 이야기가 있다. 그중의 몇 가지만을 들어 본다.

사마의의 아들인 사마소는 제위에 오르기 전에도 이미 제왕과 같은 위엄을 가지고 있었다. 모두가 그 앞에서 근신을 하였지만 완적만은 책상다리를 하고 앉았으며 휘파람도 불고 술이 취해서도 태연했다.

완적은 어머니가 죽었을 때 바둑을 두고 있었는데 손님이 그만두자고 해도 끝까지 둔 다음 술을 두 말이나 마셨다고 한다. 그는 어머니의 복상 중에도 사마소의 연회에 참석하여 술을 마시고 고기를 먹었다. 다른 관리가 사마소에게 예에 어긋남을 들어 멀리 쫓아버릴 것을 권하였으나 사마소는 완적의 몸이 너무 말라서 병이 심각하고 병중에는 술과 고기를 먹는 것도 괜찮다고 하며 감싸주었다. 사마소는 속마음으로 충성을 바치지 아니하는 완적을 대하면서도 한결 같이 아끼고 총애했던 것이다.

사마소의 아들은 사마염(司馬炎)으로 진(晉)의 초대 황제(武帝)가 되었는데 사마소는 완적의 딸을 며느리로 삼고자 하였다. 당시 나는 새도 떨어뜨린다는 권세를 가진 사마소가 수차 중매인을 보내 청혼을 하였으나 완적이 이를 알고 60일이 넘게 곤죽이 되도록 술에 취해 있어서 말을 꺼내지도 못하게 만들었다.

사마소의 권세가 커지자 당시 위나라 황제는 그에게 구석(九錫)(천자(天子)가 특별한 공로가 있는 신하에게 내리는 아홉 가지 은전(恩典). 곧 거마(車馬)·의복(衣服)·악기(樂器)·주호(朱戶)·납폐(納陛)[중계(中陛)로 올라갈 수 있는 특권]·호분(虎賁)[종자(從者)]·궁시(弓矢)·부월(斧鉞)·거창(秬鬯)[검은 기장과 향초(香草)를 섞어 빚은 술])을 하사하기로 하였다. 구석을 내리는 것은 공덕이 뛰어난 신하에게 아홉 가지 선물을 주는 것으로 이는 사실상 제왕의 자리를 물려주겠다는 의사 표시이기도 했다. 그런데 이것을 내리는 글을 완적이 맡게 되었다. 완적은 고민 끝에 술을 많이 마시고 취하였지만 심부름꾼이 와서 글을 가지고 가려고 흔들어 깨우며 재촉하였다. 완적은 단숨에 붓을 들어 글을 썼는데 이 글이 뛰어난 명문장으로 꼽히고 있다. 그는 글을 쓴 다음 수레를 몰아 제멋대로 달리다가 골목이 막히면 실컷 통곡을 하고 돌아왔다고 한다.

그의 집 근처에 술을 잘 담그는 예쁜 주모가 있는 주막이 있었다. 그는 이 집에 자주 가서 그녀 곁에서 잠들곤 하였다. 주모의 남편이 완적을 의심하여 오래도록 관찰해보아도 아무런 이상 행동이 없어서 안심하였다고 한다.

진나라의 왕효백(王孝伯)이 왕대(王大)에게 물었다.
"완적과 사마상여를 비교하면 어떻습니까?"

사마상여는 한나라 때의 유명한 문인이자 정치가이다.

이에 대해 왕대는 대답하였다.

"완적의 가슴에는 첩첩히 쌓인 덩어리가 있다. 그는 술로서 그것을 씻어 내렸다. 그 점이 사마상여와는 다르고 그 외는 모두 같다."

고민을 하며 살아간 완적과 어려운 역경을 현명한 부인의 도움을 얻어 개척해 나간 사마상여의 삶을 그는 이렇게 달리 평가했다.

왕융王戎도 죽림칠현 가운데 한 사람이다. 그는 평생을 술을 즐기며 깨끗하게 살다 갔다.

한번은 그들 칠현이 죽림에 모여 놀 때 왕융이 어슬렁거리며 늦게 오자, 완적이 술에 취해 술잔을 든 채로 속물이 이제야 왔다고 놀렸다. 이것은 왕융이 아직 세속에 물들어 있다는 뜻이었다. 이에 왕융이 웃으며 "내가 안 왔으면 여러분 모두가 속물이 되는 것인데, 내가 왔으니 여러분은 속물이 아닌 거요."라고 하자 모두 큰 소리로 웃었다.

후에 왕융이 벼슬길에 나가 상서령尚書令이라는 고위 관리가 되었을 때 7현 중의 완적과 혜강은 이미 죽었다. 하루는 왕융이 관복을 입고 당시 유명한 양조장 앞을 지나다가 이곳을 쳐다 보며 "이곳은 전에 내가 완적, 혜강 등과 자주 마시던 곳인데 이제 그들은 갔고, 오늘 바로 앞에 두고 보지만 마치 멀고 먼 곳으로 생각되는구나."하며 탄식을 하였다고 한다.

죽림칠현 중의 산도山濤는 주량이 크고 일정하기로 정평이 나 있다.

한번은 진晉의 무제가 그를 시험해보고자 초청하였다. 산도의 주량은 여덟 말이었으므로 이것을 준비해두고 그에게 술을 마시도록 권하였다. 그리고 산도 몰래 얼마큼의 술을 더 부어 놓도록 지시해 두었다.

그러나 산도는 정확히 여덟 말 만큼의 술을 마시더니 더 이상 술을 마시지 않았다. 사람들은 모두 그가 뱃속에 여덟 말짜리 계량기를 가지고 있다며 놀랬다고 한다.

산도는 젊었을 때 앞에서 이야기한 혜강과 완적을 만나자, 바로 금란지교金蘭之交(합심하면 날카로움이 쇠와 같고 그 향기로움이 난초의 향과 같다는 뜻으로 두터운 정을 가진 친구사이를 일컫는 말이다)를 맺었다. 그의 부인은 남편이 두 사람과 매우 가까운 것을 알고 자기 눈으로 그들의 됨됨이를 확인할 수 있도록 해달라고 요청하였다.

얼마 후 산도는 그 둘을 초청하여 술과 음식을 대접하며 하루를 그의 집에서 묵도록 하였다. 그녀는 벽에 구멍을 뚫고 엿보았는데 두 사람에게 홀려서 아침이 될 때까지 그대로 들여다보고 있었다는 것이다.

산도가 그들이 어떻더냐고 물었다.

"당신은 재능으로는 도저히 상대가 되지 않겠어요. 도량으로 사귀는 것이겠지요."

산도는 사마소 밑에서 인사책임을 맡은 적이 있었다. 그는 자신의 후임으로 혜강을 추천하였는데 혜강은 아직도 자기를 모르는 사람이라며 절교장을 보내고 친구의 의리를 끊어 버렸다. 죽림칠현이라 하지만 실제로 관직에 오르지 않은 인물은 혜강에 불과하다. 실제로 왕융은 재상의 반열에 올랐고 자기 자리를 혜강에게 양보하려다가 오히려 절교를 당하고 말았다. 산도도 76세에 고위직에 오른 바 있다. 그러니 고고한 척하던 죽림 6현도 죽림에서 때를 기다리며 신선처럼 노닐다가 기회만 주어지면 관직에 올랐던 것이다.

진정한 애주가
도연명

동진東晉의 대시인 도연명陶淵明은 몰락한 귀족 집안에서 태어나 백여 편의 시를 남겼는데 그 중 거의 반에는 '술[酒]'이 들어 있을 정도로 애주가 시인일 뿐만 아니라, 스스로 말하기를 "평생 술을 끊지 아니하였으니 술을 끊으면 즐거움이 없기 때문이다. 저녁에 마시지 않으면 잠자리가 편치 않고 새벽에 안 마시면 일어날 수가 없다."고까지 하였으니 알코올 중독자가 아니었나 싶다. 또한 술을 '망우물忘憂物' 또는 '배중물杯中物'이라 할 정도로 애지중지하였다. '스트레스를 없애 주는 물건, 잔속의 소중한 물건'이라는 뜻이니 참으로 진정한 애주가라고 하겠다.

그는 오류선생전五柳先生傳이라는 자전적 글에서 자기가 팽택彭澤의 현령이 되어 우선적으로 부하들에게 찹쌀을 심도록 하였는데, 이것은 술 원료를 확보하기 위함이었다고 했다. 그는 "나는 늘 취하도록 술을 마시는데 이것은 이내 마음이 평온해지기 때문이다."라고 하였다.

도연명은 그의 시에서 "내가 집에서 한가로울 때는 별달리 즐거운 일도 없는데 더구나 요즘은 낮은 짧아지고 밤은 길어지고 있어 좋은 술이 있으면 매일 밤 술을 마시지만 혼자서 마시면 이내 취기가 오른다. 술이 깨기를 기다려 시를 짓고 스스로 즐긴다."고 밝힌 적도 있다. 전하는 바에 따르면 그는 두건으로 술을 걸렀는데 술 거르기가 끝나면 두건을 다시 머리에 썼다고 한다.

당시는 사회가 몹시 혼란스러워 모든 관직이 혈연과 돈으로 결정되고 있어 몰락한 양반 가문 출신의 도연명이 의지할 곳은 아무 데도 없었다. 겨우 말단 관리로 맴돌던 그가 조그만 고을의 책임을 맡았지만 이곳에 감사를 나온 중앙정부의 관리가 뇌물을 요구하자 이에 분노하여 쌀 닷 말의 쥐꼬리 같은 월급 때문에 소인에게 허리를 굽히고 자존심을 상할 수는 없다면서 사직하고 말았다.

　고향땅으로 돌아와 이때의 심경을 노래한 귀거래사歸去來辭는 후세의 문학에도 크게 영향을 끼친 걸작이다.

　이에 처마를 쳐다보고 기쁜 마음에 내 집으로 달려가니
　乃瞻衡宇 載欣載奔
　하인은 반가이 맞이하고 어린 아들은 문에서 기다린다
　僮僕歡迎 稚子候門
　세 갈래 오솔길은 황폐해졌으나 소나무며 국화는 아직 그대로
　三逕就荒 松菊猶存
　어린 아이 손잡고 방으로 들어가니 술항아리엔 향기로운 술이 가득
　攜幼入室 有酒盈樽
　술 단지와 잔을 잡아당겨 스스로 따라 마시고, 뜰의 나뭇가지를 바라보며 얼굴을 펴노라
　引壺觴以自酌 眄庭柯以怡顏
　남쪽 창가에 기대어 내키는 대로 앉아 있으니 무릎이나 들어갈 작은 방이지만 편안키만 하구나
　倚南牕以寄傲 審容膝之易安

　늙어서 형편이 더욱 어려워진 것을 보고 어떤 친구가 큰돈을 주

고 가자 도연명은 이 돈으로 술집 외상값을 먼저 갚고 남은 돈으로 다시 술을 즐겼다고 한다.

이태백은 폭음으로 유명하지만 도연명은 술을 즐긴 애주가로서 존경받고 있다. 그는 '술이 있어 백 가지 고민을 없앨 수 있어' 마셨고 '술잔을 기울여 정을 떨쳐버리니 천 겹의 고민을 잊기 위해' 마셨다. 그의 고민은 과연 무엇이었을까?

그의 음주飮酒라는 시에 보면 술 이야기는 하나도 나오지 않고 술 마신 뒤의 기분만을 신선의 세계처럼 드러내고 있다

사람 사는 곳에 오두막 지었지만 結廬在入境
문 앞에 수레소리 들리지 않네 而無車馬喧
어쩌면 이리 되는가 問君何能爾
마음이 멀어지면 사는 곳도 절로 멀어지오 心遠地自偏
동쪽 울 밑에 국화를 따며 采菊東籬下
멀리 남산을 바라보니 悠然見南山
산기운은 석양이 되어 한창 좋고 山氣日夕佳
새도 무리지어 돌아오누나 飛鳥相與還
이 가운데 참 뜻 있어 설명하려다 此中有眞意
그 말마저 잊었네 欲辨已忘言

이런 애주가도 한때는 술을 끊으려 한 적이 있다.

도연명의 〈술을 끊다止酒〉라는 제목의 시에 보면 아래와 같은 구절이 있다.

평생 술을 끊지 않은 것은 平生不止酒

술을 끊으면 즐거움이 없어지는 때문이고 止酒情無喜
저녁 무렵 끊으면 잠을 이룰 수가 없고 暮止不安寢
새벽에 끊으면 자리에서 일어날 수가 없음이라 晨止不能起

결국 금주를 말하려다 술을 끊지 못하는 변명만 늘어놓고 있다.
그는 나중에 술을 마시며 줄이 없는 거문고 뜯기를 좋아해 술을 빌려 현묘한 소리 없는 아름다움을 즐겼으니 살아있는 신선이 아니었나 싶다.

술 대문에
파면을 당하는 한이 있어도

동진東晉 초기, 술을 무척 즐긴 필탁畢卓이라는 관원이 있었다.
그는 '한 손에 게 집게다리를 쥐고 다른 손에 술잔을 들고 술 속을 헤엄치다가 일생을 끝낸다면 그것으로 족하다(一手持蟹螯 一手持酒杯 拍浮酒池中 便足了一生)'는 글을 쓸 정도로 술을 즐겼다. 결국 음주가 지나쳐 자주 공무를 그르쳤으므로 마침내 파면이 되었다.
그후 하루는 밤늦게 집에서 술을 마시고 밖으로 나가 양조장 근처를 지나게 되었다. 잘 익은 술 냄새에 그냥 지나칠 수가 없던 필탁은 창고로 들어가 한잔 두잔 술을 퍼 마시다가 그만 대취해 쓰러졌다.
주인이 그를 발견하고 다음날 관청에 고발하려고 묶어 두었는데 아침이 되어 다시 보니 전직 관원이던 필탁이 아닌가. 급히 그를 풀어 놓고 사과를 한 다음 두 사람은 술독을 앞에 놓고 술을 마시기 시작하였다. 이때부터 필탁畢卓이라고 하면 술을 즐기는 사람을 일컫게 되었다.

또 다른 애주가로는 진晉의 장한張翰을 빼놓을 수 없다.
그는 강남 사람으로 낙양에서 관리생활을 하였는데 가을바람이 불어오니 고향의 농어회鱸膾와 순채국蓴菜湯 생각이 간절했다. 사나이 태어나서 이 정도 벼슬살이면 됐지 더 이상 무엇을 바라겠는가 하고는 사표를 던지고서 천리 길을 재촉하여 고향땅으로 돌아가 버렸다. 이때부터 순로지사蓴鱸之事라 하면 고향땅, 고향음식을 그리워함을 뜻하게 되었다.
우리 같으면 관직에 오른 양반으로서 한낱 음식 때문에 관직을 버리면 두고두고 비난을 받을 일이겠으나 음식에 대한 관념이 전혀 다른 중국에서는 미식가의 한 표본으로 존경을 받는다는 점이 우리와 크게 다르다.
장한은 애주가로서도 유명하다.
그는 말하기를 "내가 죽어서 이름을 남긴다 할지라도 지금 술 한 잔과는 비교할 수가 없다."고 하였다.
같은 술 동지 이태백이 뒷날 이렇게 맞장구를 쳤다.
"옛날부터 수많은 성현들이 있었지만 지금은 적막하고 단지 술을 좋아하는 이들만이 그 이름을 남긴다."
아닌 게 아니라 장한은 스스로 이름을 구하고자 그리 노력하지 않았지만 지금도 미식가, 애주가로서 그 명성을 떨치고 있다.
이들과 대비되는 우리나라 인물로는 임제林悌 생각이 난다.

청초^{靑草} 우거진 골에 자는가 누엇는가
홍안^{紅顔}을 어디 두고 백골^{白骨}만 묻혔는가
잔^盞 잡아 권^勸할 이 없으니 그를 슬퍼하노라

임제가 부임하는 길에 송도를 지나다가 황진이 무덤을 지나게 되자 닭 한 마리와 술 한 병을 차려놓고 지은 이 시가 문제되어 결국 파직을 당하게 되었다. 술도 좋지만 풍류를 아는 임제의 멋이 한결 돋보인다.

임제의 다른 이야기.

남의 잔칫집에 갔다가 술이 취해 나오는데 한 쪽은 가죽신, 다른 쪽은 나막신을 신고 나왔던 모양이다. 하인이 신발이 바뀌었다고 하자 임제는 "이놈아. 왼편에서 보는 자는 가죽신을 신은 것으로 알 것이고, 오른편에서 보는 자는 나막신을 신은 것으로 알 텐데 무슨 상관이냐, 어서 가자." 했다는 것이다.

그러나 임제보다 조금 뒤에 태어난 권필^{權韠}은 억울함이 사무쳐 술 한 잔에 목숨을 잃었다. 그는 정철과 가까웠으며 임진왜란 때는 주전론을 주장했다. 광해군 초에 권세를 가진 이이첨^{李爾瞻}이 교제하기를 청하였으나 끝내 거절했고 과거에 뜻이 없어 시주^{詩酒}로 낙을 삼고 살았다. 그는 〈희제^{戱題}〉라는 시에서,

시는 고민을 덜어주기에 때로 붓을 잡았고 詩能遣悶時拈筆
술은 가슴을 적셔줘 자주 잔을 들었노라 酒爲澆胸屢擧觥

라고 말하며 시와 술을 즐기는 이유를 설명하였다.

그러나 이 당대의 문장가는 시로서 죽음을 맞게 되었다.

불의를 보고 좌시하지 못하는 그가 광해군 외척들의 방종을 시로 써 비방하자, 광해군의 노여움을 크게 사 친국을 받고 귀양을 가게 되었다. 귀양길에 올라 동대문 밖에 이르렀을 때 그를 아끼는 사람들이 주는 막걸리를 폭음하고 이튿날 죽었다. 평소 몸이 약한 데다가 매 맞은 후유증이 커서 술을 이겨내지 못한 것이다. 막상 광해군도 그가 죽었다는 소식을 듣고서는 아까워했고, 이항복도 그를 살리지 못한 것을 무척 안쓰럽게 생각했다고 한다.

술꾼의 영원한 사부 이태백

누가 뭐라 해도 술꾼의 우상으로는 이태백^{李太白}을 들어야 한다. 우리는 이태백이라 하지만 중국인들은 보통 이백^{李白}이라고 부른다.

그의 본적은 감숙^{甘肅}의 성기^{成紀}이지만 실제로는 지금의 키르기스 공화국에서 태어나 어려서 사천성 면현^{綿縣}으로 옮겨 자라다가 25세 무렵 고향을 떠나 평생을 유랑하였다. 이 때문에 중앙아시아계 핏줄로 추정하기도 한다. 호북^{湖北}의 안능^{安陵}에서 결혼했지만 산동^{山東}으로 이사했고 그 후로도 계속하여 곳곳을 유랑했다.

호수에 배를 띄우고 놀다가 술에 취해 물에 뜬 달을 잡으려다 빠져 죽었다고도 하나 병으로 죽었다는 것이 정설이다. 어찌 보면 그토록 많은 술을 마신 사람이 그만큼 오래 살았다는 것이 외려 신기

할 정도이다.

  그는 눈을 뜨면 술을 마셨고 술을 마시면 시를 지었다.

  그래서 후세 사람들은 그를 일컫기를 '시선詩仙' 또는 '주선酒仙'이라 했다. 천하의 술집이 모두 '태백유풍太白遺風' 같은 글귀를 써서 붙인 것은 이 때문이다. 그는 백 년은 3만 6천일이니 하루에 3백 잔은 마셔야 한다고 생각하였다. 그의 시에 스스로 '3백60일 날마다 곤죽이 되도록 마신다(三百六十日 日日醉如泥)'고 말한 것도 이를 뜻하는 것이다.

  같은 시대를 살다간 그의 시벗이자 '시성詩聖'으로 일컬어진 두보杜甫의 입을 빌어 우리 모든 술꾼들의 사부인 이태백을 그려보자.

    이백은 한 말의 술이면 시 백수를 짓고 李白斗酒詩百篇
    장안의 술집에서 잠을 자면서 長安市上酒家眠
    천자가 불러도 배에 오르지 않고 天子呼來不上船
    스스로 취한 신선이라 하더라 自稱臣是醉中仙

  이태백은 일생을 통해 한 곳에 오래도록 정착한 적이 없었기에 고향에 대한 감정도 일반인들과는 달랐다. 다음 시에서 이태백의 그런 감정의 한 모습을 알 수 있다.

    난릉의 이름난 술은 울금향기 蘭陵美酒鬱金香
    옥잔에 가득 부으니 호박빛깔 玉椀盛來琥珀光
    주인이여 나그네를 취하게 하라 但使主人能醉客
    어디가 타향인지 모르도록 不知何處是他鄕

  그의 시에는 술과 관련한 주옥 같은 작품들이 많지만 술과 인생에 대한 그의 독특한 관념을 노래한 〈장진주^{將進酒}〉에서는 그의 도교적인 인생철학이 잘 드러난다.

그대는 보지 못 하는가 황하의 물이 하늘에서 내려와
君不見黃河之水天上來
세차게 흐르다가 바다에 이르면 돌아오지 못하는 것을
奔流到海不復回
그대는 보지 못 하는가 고대광실 거울 속 흰머리가
君不見高堂明鏡悲白髮
아침에는 푸른 비단실 같더니 저녁에는 눈이 되었소
朝如靑絲暮成雪
인생은 뜻대로 될 때 즐겨야 하니 人生得意須盡歡
황금단지를 그냥 달 아래 두지 마소 莫使金樽空對月
하늘이 내게 주신 재능은 반드시 쓰일 바 있고 天生我材必有用
천금을 다 쓰고 나면 다시 돌아올 것이니 千金散盡還復來
양을 삶고 소를 잡아 즐기세 烹羊宰牛且爲樂
한번 마시면 마땅히 삼백 잔은 마셔야지 會須一飮三百杯

이태백은 주선^{酒仙}답게 혼자 마시는 술에도 익숙해 〈달밤에 혼자 마시며^{月下獨酌}〉라는 유명한 다음 시도 남겼다.

꽃밭 속에서 한 병의 술 花間一壺酒
벗도 없이 홀로 마신다 獨酌無相親
잔 들어 달을 청하니 擧杯邀明月
그림자까지 셋이로다 對影成三人

달은 술을 못 마시고　月既不解欲
그림자는 흉내만 내는구나　影徒隨我身
잠시 달과 그림자와 함께 즐겨보자　暫伴月將影
이 봄이 가기 전에　行樂須及春
내 노래에 달은 서성이고　我歌月徘徊
내 춤에 그림자는 흐느적거린다　我舞影凌亂
깨어서는 같이 즐기고　醒時同交歡
취한 후엔 각자 흩어지리라　醉後各分散
영원하고 담담한 우정　永結無情遊
아득한 은하를 사이에 두고 다시 만나리　相期邈雲漢

그런가 하면 그는 친구와 더불어 마시는 것도 즐겼다. 친구가 있어도 좋고 없어도 좋은 그였다. 다음의 시에 나오는 '한 잔 한 잔 또 한 잔(一杯一杯復一杯)'이라는 구절은 이태백을 모르는 사람들도 중얼거려본 기억이 있을 정도로 널리 알려진 시구이다.

두 사람이 술을 마시니 산꽃은 활짝 피었고　兩人對酌山花開
한 잔 한 잔 또 한 잔　一杯一杯復一杯
나는 취해 자려는데 그대는 가려는가　我醉欲眠卿且去
내일 아침 뜻이 있으면 거문고 안고 오게나　明朝有意抱琴來

이태백이 활약한 당 현종^{玄宗} 시대는 중국의 최대 숙적이던 고구려도 무너뜨린 지 오십 년이 지났고 측천무후^{則天武后}의 혼란기도 수습되어 정치적으로 안정이 되었던 때이다. 그러나 안정은 불안정을 낳는다 했던가. 현종은 등극 초기에는 바른 정치로 태평성대를 만들었으나 환갑이 지나면서는 나라 다스림에 싫증이 났는지 실권은 이임보^(李林甫)와 몇몇 내시에게 넘어갔고 그는 오로지 양귀비와 풍류를 즐길 뿐이었다.

양귀비는 얼굴만 예쁜 것이 아니라 총명하고 악기를 잘 다루었으며 춤도 잘 추는 팔방미인이었다. 그러나 여러 기록에 따르면 그녀는 날씬하기보다는 약간 살이 찐 모습이었다고 하는데 당시에는 가녀린 여자보다는 볼륨이 있는 여자가 더 인기 있었다는 것이다.

그 무렵, 황제의 총애를 한 몸에 받는 양귀비가 바라는 것은 지체 없이 이루어졌다. 그녀가 리쯔^(茘枝)를 먹고 싶다고 하면 현종은 즉시 올리라고 하였다.

리쯔는 남쪽 끝 광동^(廣東)에서 나는 과일이니 당시의 운송 수단이나 보관 기술로 이것을 장안^(長安)(지금의 시안^(西安))까지 때맞추어 가져오는 것이 보통일은 아니었지만 황제의 명령은 이것을 가능케 했다. 빠른 말에다 신고서 릴레이를 하여 장안으로 날랐던 것이다. 이 리쯔가 광동산이 아니고 양귀비의 고향인 사천산이라는 설도 있다.

스스로가 풍류객으로 글과 시에 능했던 현종은 술과 미인만으로는 무언가 부족함을 느꼈다. 이때 추천을 받은 사람이 바로 이태백이다.

어려서부터 고전을 두루 익히고 무술까지 닦은 이태백은 청년이 되어 전국을 유람하며 견문을 넓혔으나 조정에 나갈 기회를 갖지 못했다. 그러다 마침 황제의 부름을 받아 한림원^(翰林院)에 자리를 얻어 천자의 조서를 기초하는 일을 맡게 되었다. 오늘로 치면 스피치 라이터와 비슷한 일자리라 하겠다.

그러던 어느 날 현종이 황실 전속 악단으로 하여금 신곡을 하나 만들게 하였는데 이에 맞는 가사가 마땅치 않아 이태백에게 이 일을 맡기고자 하였다. 임금의 명령을 받들어 이곳저곳을 찾아 헤맨 내시는 그를 장안의 어느 술집에서 발견하였으나 이미 이태백은 술에 취하여 깊은 잠이 들어 있었다. 아무리 깨워도 일어나지 않자 내시는 어쩔 수 없이 그를 가마에 태워 궁궐로 돌아왔지만 임금 앞에서도 술이 깨지 않아 내시가 찬물을 끼얹어도 몸을 제대로 가누지 못할 정도였다. 앞에서 두보의 시에 임금이 불러도 배에 오르지 않았다는 것은 바로 이런 상황을 빗댄 것이다. 한참이 지나 겨우 정신을 차린 그에게 현종은 어서 좋은 시를 지어 바치도록 분부하였다.

정신을 가다듬던 이태백은 주위를 둘러보다가 현종의 곁에 서 있는 늙은 내시에 눈이 미치자 대뜸 그 내시로 하여금 자기의 신을 벗겨 달라고 하였다. 그가 누구인가. 그는 내시 중에 으뜸으로 있으면서 대신들까지도 우습게보던 고력사^{高力士}였다. 또 양귀비의 친척으로 현종의 총애를 입어 재상에 오른 양국충^{楊國忠}에게는 먹을 갈게 하였다. 그때 이태백은 한림원의 하위직으로 양국충이나 고력사의 눈에는 하찮은 존재에 불과했지만 임금이 특별히 불러서 청하는 자리이고보니 아무리 실력자들이라 할지라도 싫다고 할 수 없는 일이었다.

이 자리에서 지어 바친 노래가 바로 〈청평조^{淸平調}〉라는 세 편의 시이다.

아름다운 붉은 꽃에 이슬이 맺혀 향기를 뿜네 一枝濃艶露凝香
무산의 구름비 헛되이 애끊는다 雲雨巫山枉斷腸
묻노라 한나라 궁궐의 누구와 비하겠는가 借問漢宮誰得似
가련한 비연이 새로 단장이나 하면 모를까 可憐飛燕倚新粧

그 중의 한 편이 위의 시려니와 수려한 필체로 쓴 호방한 기풍의 시를 받아들고 매우 만족한 현종은 양귀비와 악사에게 주어 이것을 익히도록 하였다.

그러나 권력을 가진 자가 모욕을 참는 법은 없다. 이 일이 있고 나서 얼마 지나지 않아서이다

고력사가 양귀비를 모시고 후원을 거니는데 양귀비는 이태백이 지은 시 〈청평조〉를 곡에 맞추어 흥얼거리고 있었다. 이를 듣고 있던 고력사가 짐짓 놀란 척하며 말하였다.

"이태백이란 자가 지은 그 시가 사실은 마마를 놀리고 있는데도 마마는 모르고 있군요. 그 자는 한나라의 날씬한 조비연^{趙飛燕}에 빗대어 마마를 조롱한 것이랍니다."

시의 의미를 음미해보니 그의 말도 전혀 틀린 것은 아니었다. 한나라 때 후궁이었던 조비연(조비연은 손바닥에 위에서 춤을 출 수 있을 정도로 날렵한 몸매인데 반해, 당나라 때 미인의 기준은 약간 비만한 체형인데다가 양귀비도 상당히 풍만한 몸매였다고 한다)과 자기를 비교해 욕되게 하였다는 생각에 화가 끌끈한 양귀비는 현종에게 이태백을 나쁘게 말하게 되었다. 양귀비의 미움을 산 이태백은 결국 2년도 못 되는 궁정 생활을 그만두고 다시 주유천하의 길을 떠나게 된다.

절세의 미녀와 위대한 시인이 그녀의 미를 노래한 시 한수로 나쁜 인연을 맺은 것이 시간과 공간을 달리한 우리를 안타깝게 한다.

그는 그 뒤 이곳저곳을 유랑하다가 61세에 세상을 떠나 신선의 길로 들어갔다. 병(만성 알코올성 질환)으로 죽었다는 것이 정설이지만 신선이 되었다고 믿고 싶은 일반인들로서는 그를 시선^{詩仙}과 주선^{酒仙}으로 추앙하는 다른 설에 따르기도 한다. 그가 장강^{長江}의 채석기^{采石磯}라는 곳에서 뱃놀이를 하다가 여느 때처럼 곤드레만드레 취한 상태에서 강물에 뜬 달그림자를 잡으려다 물속에 빠져 죽었다고 한다.

소문난 외상쟁이
두보

두보^{杜甫} 역시 술에서는 결코 빠지지 않는다.

소년기에 이미 술꾼이 되어 그의 시에는 14,5세에 술을 즐겼다는 표현이 들어 있을 정도이다. 늙어서도 술을 즐겨 옷을 담보로 맡기고 마셨는데 그만큼 삶은 팍팍했다. 두보의 유명한 시 중에, 곡강^{曲江}이라는 시를 보면 그의 고단한 삶의 한 단면을 잘 엿볼 수 있다.

조정에서 돌아오면 날마다 봄옷 잡히고 朝回日日典春衣
언제나 강가에 나가 실컷 취해 돌아온다 每向江頭盡醉歸
가는 곳마다 으레 술 빚은 있지만 酒債尋常處處有
인생 칠십은 예로부터 드물거니 人生七十古來稀

라는 구절에서 우리는 이런 두보의 생활상을 잘 알 수 있는 것이다.

이태백은 술을 즐겨 스스로 취중선^{醉中仙}이라 하였지만, 두보가 술을 즐긴 것도 결코 이태백에 못지않다. 통계에 따르면 현존하는 두보의 시문 1,400여 수 중에서 술을 언급한 것이 300수로서 21%에 해당하며 이런 이유로 현대 중국의 대문장가인 곽말약^{郭末若}은 그를 주호^{酒豪}라 하였다.

두보에게 음주와 시짓기는 이태백과 마찬가지로 떼려야 뗄 수 없는 관계였다. 그래서 나온 말이 '이두^{李杜}'라는 것인데, 이는 이태백과

사천성 성도에 복원한 두보 초당

두보를 함께 일컫는 표현이다. 실제로도 두보와 이태백은 생전에 우정이 두터워 술을 같이 하면 함께 취하였고, 손을 잡고 같이 놀러 다녀 친형제간 이상으로 가까웠다.

두보는 매일 퇴근하면 옷을 맡기고라도 술을 마시고, 술을 마시면 반드시 취하도록 마셨다. 맡길 옷이 없으면 외상을 달아 두었는데 도처에 외상이 깔렸다. 두보의 술 마시는 습관은 소년 때부터 노년에 이르기까지 심지어 임종에 이르렀을 때도 바뀌지 않았다. 그럼에도 불구하고 일흔이 넘도록 살았으니 그 당시로서는 흔치 않은 일이다.

두보는 과거에 두 번 실패하였는데 당시 재상으로서 간신이던 이임보李林甫가 과거를 주관하고서는 현종에게 보고하기를 폐하께서 영명하시기 때문에 천하의 인재들이 모두 관직에 올랐으므로 재야에 남은 인재는 한 사람도 없다고 고했다는 것이다. 두보는 안록산安祿山의 난이 일어나자 반란군에 잡혔으나 탈출에 성공해 간신히 구한 관직을 다시 버리고 사천성 성도成都로 가서 초가집을 짓고 10여 년을 머물면서 시를 지었다. 지금 성도에 가면 볼 수 있는 두보초당^{杜甫草堂}은 이것을 복원한 것이다. 자^字를 자미^{子美}라 하기 때문에 두자미라 부르기도 하지만 당시 두보의 친구인 엄무^{嚴武}가 두보에게 검교공부^{檢校工部}에 자리를 주어 일한 까닭에 그를 두공부^{杜工部}라 부르기도 한다.

일설에 따르면 두보의 죽음은 쇠고기, 술과 관계가 있다고 한다.

마침내 늙어 고향으로 돌아갈 생각으로 배를 타고 양자강 하류로 내려가다가 형주^{衡州}를 지나는데 도중에 홍수가 나서 며칠 굶게 되었다. 그곳 현령이 이 소식을 듣고 그에게 술과 쇠고기를 보냈는데 빈속에 갑자기 배불리 먹고 마신 바람에 목숨을 잃게 되었다는 것이다. 냉장고가 없는 시절에 상한 고기를 먹고 탈이 생겨 죽었을 것이다.

과거에 떨어질 때와 붙었을 때

같은 성씨로 이름이 비슷한 유명 시인으로 두목^{杜牧}이 있다. 명문가의 자손이지만 본인은 그다지 관운이 좋지 않아서 주색에 빠져 지냈다. 그의 〈견회^{遣懷}(지난 날을 회상하며)〉라는 시에는 이런 그의 모습이 잘 드러나 있다.

강남 땅 술병 차고 휘젓고 다니며 落拓江南載酒行
초나라 허리 가는 여인 가볍게 안다가 楚腰纖細掌中輕

십 년 만에 양주에서 꿈을 깨니 十年一覺揚州夢
   기생집에서 얻은 것은 무정타는 이름 뿐 贏得靑樓薄倖名

   당나라 때 두고(杜羔)는 과거에 해마다 낙방을 하였던 모양이다.
   사실 예로부터 과거는 붙기가 어려워 등용문(登龍門)이라는 표현도 있지만, '30에 명경과(明經科)에 붙으면 늦고, 50에 진사에 합격하면 빠르다'는 말까지 있을 정도였다. 어느 해인가 그가 또 낙방을 하자 이번엔 그의 아내가 시를 지어 보냈다.

   낭군께선 뛰어난 재주를 가지고도 良人的的有奇才
   어찌 매년 낙제하고 돌아오십니까 何事年年被放廻
   이제는 님의 얼굴 뵙기 부끄러우니 如今妾面羞君面
   오시려거든 밤중에 오시구려 君到來時近夜來

   언제나 과거에 떨어지는 남편으로 주위 사람들 보기가 민망했던 아내의 투정이지만 남편의 분발을 촉구하는 사랑이기도 하다. 아무튼 두고는 이에 자극을 받았는지 열심히 노력해 이듬해에는 과거에 붙었다. 그런데 이런 우여곡절 끝에 과거에 급제한 두고가 이제는 집에를 안 들어오고 술집을 전전한다. 그러자 그의 아내가 다시 시를 써서 남편에게 보냈다.

   낭군께선 뜻을 이루었고 나이는 한창 젊은데 良人得意正年少
   오늘 밤은 취하여 어느 술집에서 주무시나요 今夜醉眠何處樓

   우리 춘향전에도 보면 한양으로 떠난 이몽룡이 과거에 붙자 춘향을 잠시 잊는 대목이 나오는데 장기간의 수험준비에서 해방된 합격자들의 일순간의 일탈이라면 용서가 될까? 예나 제나 남편의 성공만을 속절없이 기원하는 여인들이 안쓰럽다.

현실을 즐긴 백거이

당나라의 백거이^{白居易}는 평이한 언어를 구사하여 아름다운 시를 많이 남긴 위대한 시인이다. 백거이는 자^字가 낙천^{樂天}이므로 백낙천^{白樂天}으로 부르기도 한다.

그도 술 마시기를 좋아하여 스스로 '취음선생^{醉吟先生}'이라 하였는데, 두보는 가난했지만 백거이는 비교적 부유해 평소 집에 많은 양의 술을 담가 두고, 시를 지으려 할 때는 언제나 술을 취하도록 마시고서 시짓기를 시작하였고 시를 지은 다음에는 또 다시 취하도록 마셨다. 식구들이 그의 건강을 걱정하였으나 그의 논리는 술 마시기가 도박이나 다른 엉뚱한 짓보다는 나쁜 면이 적다는 것이었다.

　이십 년 전에 헤어져 二十年前別
　3천리 밖에서 다시 만나니 三千里外行
　이때 술 한 잔이 없으면 此時無一盞
　어찌 평생의 사연을 토하리 何以敍平生

그러나 백거이의 술 마시기는 이태백이나 완적^{阮籍}, 도연명^{陶淵明}과는 달랐다. 그는 남과 달리 괴로워서 마신 것이 아니라 한가하므로 마셨다. 그는 현실에 만족하였으므로 현실을 초월하려 하지도 않았으며 비록 한때 좌절이 와도 순조롭게 이를 극복했고 경제적으로도 풍족하였다. 벼슬길도 비교적 순탄해서 과거에 합격해 진사가 되고 이후 항주자사와 형부상서를 역임했다. 그렇기 때문에 그의 생활과 문학에서는 한적한 멋이 가득하다. 술을 권하는 그의 시로 가장 유명한 것은 〈권주 14수^{勸酒十四首}〉이다. 그 중에 다음 부분을 발췌하여 소개한다.

그대에게 권하는 한 잔의 술 거절하지 말게나 勸君一杯君莫辭
그대에게 권하는 두 번째 잔도 머뭇거리지 말게나 勸君一杯君莫疑
세 번째 잔을 권하면 그대도 비로소 알게 되겠지 勸君三杯君始知
얼굴이 어제보다 더 늙었으니 面上今日老昨時
차라리 취했을 때가 깨었을 때보다 편한 것을 心中醉時勝醒時

이보다 더욱 간결한 글로 술을 권하는 시도 있다. 당나라 때 나은^{羅隱}이 지은 것이다.

얻으면 노래하고 잃으면 쉰다 得卽高歌失卽休
근심이 많고 한이 많아도 역시 유유하다 多愁多恨亦悠悠
오늘 술 있으면 오늘 취하고 今朝有酒今朝醉
내일 근심은 내일 근심하자 明日愁來明日愁

백거이가 친구에게 술을 권하는 다음의 시는 친구에 대한 정감이 넘치고 먹물이 흘러내릴 듯한 느낌이 살아 있다. 역시 백거이다운 여유와 멋이 담겨 있기 때문에 예로부터 술을 좋아하는 문인들이 즐겨 인용했다.

   좋은 술을 새로 걸러 綠螘新醅酒
   화톳불로 따끈히 데워놓았네 紅泥小火爐
   밤은 깊어 눈이라도 내릴 듯한데 晚來天欲雪
   와서 한잔 하지 않으려나 能飮一杯無

이에 못지않은 유명한 권주가로는 왕유[王維]의 〈양관곡[陽關曲]〉이 있다.

   위성 땅 아침 비에 살짝 젖어 渭城朝雨浥輕塵
   주막집 푸른 버들잎 새롭구려 客舍靑靑柳色新
   권하노니 한 잔 더 마시게 勸君更進一杯酒
   양관 지나 서역 길엔 벗이 없나니 西出陽關無故人

특히 마지막 구절은 당대에도 인기를 크게 끌어 백거이도 그의 시에서 이를 인용한 적이 있다.

그러나 이렇게 술을 권해도 멋지게 사양하는 방법이 있었다.
당나라의 시인 위장[韋莊]은 술을 멋들어지게 사양한 시로서 유명한 이다. 그를 떠나보내는 그의 친구가 술을 거듭 권하자 위장은 다음의 시로서 사양을 하였다.

   그대의 정을 느끼니 헤어지기 정말 서운하고 感君情重惜分離

권하는 술잔은 가득 찼네 送我殷勤酒滿巵
취한 뒤 깨어나지 못할까 두려워서가 아니라 不是不能判酩酊
오히려 가는 길에 깨어날까 걱정일세 却憂前路醉醒時

　백거이는 67세 때에 〈취음선생전醉吟先生傳〉이라는 글을 썼는데 여기에서 술에 취해서 읊는다는 취음선생은 바로 자기 자신을 가리키는 표현이다. 이 글에서 그는 30년 관리 생활을 하다가 모든 것을 버리고 낙양으로 돌아와 연못가에 머물며 술이나 마시고, 거문고를 치며 시를 읊는 자신의 삶을 그린 것이다. 그는 〈취음醉吟〉이라는 시에서 이런 생활의 모습을 아래와 같이 묘사했다.

술에 미치다가 또 시에 빠져 酒狂又引詩魔發
한낮부터 슬피 읊는데 해는 서산에 지네 日午悲吟到日西

　그가 항주에서 자사刺史를 하고 있을 때, 일이 바쁠 때면 혼자서 마시곤 했다. 이때 그는 '하루 술을 마시면 아흐레의 피로를 씻는다. 아흐레의 피로가 없고서야 어찌 백성들을 편히 다스리겠는가. 하루 술을 안 마시면 어찌 나의 심신을 즐겁게 하겠는가.'라고 하였다. 결국 그가 술을 마시는 것은 백성들을 위한 고육지책이라는 말씀이다. 그의 백성 사랑이 전혀 틀린 말은 아니어서 항주의 서호에 소동파가 만든 소제蘇堤라는 제방이 있는데, 이 소제 옆에 백거이가 먼저 만든 만든 백제白堤가 있음으로 증명이 된다.

　그는 말년에 형부상서(오늘의 법무부 장관)에 제수되었으나 낙향하여 75세까지 술을 즐기다 세상을 떴으니 그의 술 해독법이 궁금하기 그지없다. 그의 시에 보면 자신의 눈병에 대한 구절이 있는 것으로 보아 알코올성 약시였던 것으로 추정되기도 한다.

그가 떠난 후 수많은 사람들이 낙양에 있는 그의 묘를 찾아와 묘소 주위에 술을 뿌리며 추모를 하는 바람에 그의 묘 주위는 뿌려진 술로 마를 날이 없었다고 한다. 살아서나 죽어서나 참으로 더 없이 행복한 분이다.

그러나 백거이의 성가를 가장 높여준 시는 뭐니 뭐니 해도 〈장한가長恨歌〉와 〈비파행琵琶行〉이다.

현종이 안녹산의 난으로 피난을 가는 도중에 호위병들이 나라가 이 꼴이 된 것은 양귀비 때문이라며 움직이지를 않자 어쩔 수 없이 양귀비를 목 졸라 죽이게 하였다. 난이 평정되고 장안으로 돌아오자 70세가 넘은 현종은 양귀비에 대한 그리움으로 잠을 못 이루게 되었다.

백거이는 여행 중에 양귀비의 죽음에 얽힌 전설을 듣고 장한가를 짓게 되었는데, 전체를 소개하자면 너무 길어서 중간 중간을 생략하고 그 중 특히 아름다운 부분만 뽑아서 소개한다.

후궁에 미녀 삼천 있었지만 後宮佳麗三千人
삼천의 총애가 그녀에 있으니 三千寵愛在一身

옥 같은 얼굴은 시름에 젖고 눈물은 난간에 흘러 玉容寂寞淚欄干
배꽃 가지 하나에 봄비가 맺힌 듯 梨花一枝春帶雨

천지는 유구해도 다할 때가 있으련만 天長地久有時盡
이 슬픈 사랑의 한은 끊어지지 않으리 此恨綿綿無絶期

마지막 두 구절의 두 번째 글자에서 우리는 장한가의 이름을 찾을 수 있다. 백거이 본인도 이 시를 짓고서 스스로 크게 만족하였다지만, 당시 이 시를 노래로 부를 줄 아는 장안 기녀들은 서비스료가 두 배였다고 하니 그 인기를 짐작하기가 어렵지 않다.

백거이가 장안에서 한창 이름을 떨치고 있을 때 낙양洛陽에는 배도裵度라는 이가 있었다. 그는 재상까지 지내다 관직을 그만둔 뒤에 낙양의 유수留守로 물러앉았다. 배도는 낙양의 복선사福先寺라는 절을 크게 고쳐 짓고 이를 기념하여 비석을 세우려 하였는데 장안長安에 있는 백거이에게 그 비문을 부탁하려 하였다.

마침 그의 손님 중에 황보식皇甫湜이라는 문인이 있었는데 그도 상당한 문장력의 소유자로서 이 소식을 듣자 기분이 상하여 "가까이 있는 황보식을 놔두고 멀리 있는 백거이를 쓰려 하다니, 오늘로 나는 떠나겠소!"하고서는 떠나려 하였다. 배도가 그의 말을 듣고 틀린 말은 아니라 생각하고 황급히 그를 좇아가 그에게 글을 써줄 것을 간청하였다. 황보식은 먼저 술 한 말을 달라고 하였다. 그는 술을 비우더니 비문을 써 내려갔다. 배도가 그의 글을 읽어 보니 백거이에 못지않은 명문장이어서 크게 기뻐 빛깔이 고운 비단 한 수레를 답례로 주었다.

그러자 황보식은 화를 내어 말하였다.

"현재 비문에는 모두 3천자의 글을 썼는데, 저의 글을 값어치로 계산한다면 한 글자당 비단 세필은 쳐야 할 것입니다."

배도는 일리가 있다고 생각하고 그의 말대로 셈을 치러 주었다.

술꾼의 뜻하는 바는

송나라의 구양수^{歐陽修}는 당송 8대가의 한 명으로 역사학자이면서 정치가로도 많은 업적을 남긴 사람이다. 22세에 과거에 합격해 벼슬을 살면서 저술 활동도 많이 했다. 그는 스스로를 취옹^{醉翁}(술 취한 늙은이)이라고 부를 정도로 술을 좋아하였는데 그가 쓴 글 중에는 다음과 같은 구절이 있다.

그러므로 스스로 호를 짓기를 취옹이라 하였으니 故自號曰醉翁也
술 취한 영감의 뜻은 술에 있지 않고 醉翁之意不在酒
산수를 즐기는 데 있나니 在乎山水之間也
산수의 즐거움을 마음에 얻어 술에 붙인 것이노라 山水之樂 得之心而寓之酒也

구양수 역시 술을 좋아하여 그의 시와 글 중에 술과 관련된 것이 적지 않은데, 〈어가오^{漁家傲}〉에 보면 연꽃을 따는 아가씨가 배를 타고 연잎으로 잔을 만들어 술을 마시는 얘기가 나온다. 실제 구양수가 양주^{揚州}(최치원이 벼슬을 살던 곳)에서 태수를 맡고 있을 때 해마다 여름이면 연꽃을 따와 꽂아 놓고 기생들로 하여금 노래를 부르며 연꽃을 하나씩 떼다가 마지막 연꽃잎이 떨어지는 손님이 술을 마시게 하는 놀이를 즐겼다.

1,050년 무렵, 하북 지방에서 안찰사로 복무하던 그가 체포되어 개봉으로 끌려가 조사를 받게 되자 조야가 모두 크게 놀랐다. 왜냐하면 구양수는 이미 대문장가로 명성이 높았는데 그런 그가 잡혀왔다니 놀라운 일이 아닐 수 없었던 것이다.

사실은 구양수가 어릴 때부터 키워 시집을 보낸 조카뻘 되는 장씨 성을 가진 여자가 결혼한 후 남편의 부하와 간통을 하다가 잡혔는데 장씨가 죄를 벗기 위해 결혼 전에 구양수와 관계가 있었다고 거짓으로 고하였다. 하지만 조사를 맡은 판관은 장씨의 간통 사건 외에는 별다른 문제가 없다고 보고하였다.

그러나 이것을 보고 받은 재상 진집중陳執中이 크게 화를 내고 태상박사汰常博士로 있는 소안세蘇安世와 왕소명王昭明이라는 환관으로 하여금 재조사를 시켰다. 원래 구양수가 하북으로 발령이 날 때 황제는 왕소명이 구양수와 같이 부임하여 구양수를 보좌하도록 했으나 구양수가 이를 반대하여 취소한 적이 있었는데 진집중은 이 환관을 시키면 구양수에 대한 보복 심리로 자신의 뜻에 맞는 결과가 나올 것으로 기대하였던 것이다.

하지만 이 환관은 매우 사리가 분명한 사람이어서 조사를 해보자 매질로 조작된 것이라는 결론을 내린 반면에, 소안세는 재상의 뜻을 알기 때문에 판관이나 환관의 조사 기록을 고칠 생각은 못했지만 구양수가 장씨의 땅을 가로챈 사실을 덧붙여 보고하였다.

그러나 이 사건의 배후에는 정치적 음모가 있었다. 구양수가 보수적인 대신들을 비판하는 글을 쓴 적이 있었는데 재상 진집중 등은 이 일로 구양수에게 앙심을 품고 있었던 것이다. 결국 구양수는 이 사건을 계기로 현직에서 물러나 술에 취한 노인이 되었다.

술이 임자를 만나면
천 잔도 적고

　왕안석王安石은 21세에 진사가 되었으나 근 20년 동안 지방에서 하급 관직을 전전했다. 그러나 묵묵히 맡은 일에 최선을 다한 결과 곧은 성격과 뛰어난 문장력, 탁월한 행정능력을 인정받아 중앙의 고위직으로 추천 받고 재상에까지 올랐다.
　중앙 정부에 진출한 그는 송의 인종仁宗에게 〈만언서萬言書〉를 올렸다. 이 글은 주로 관료제에 초점을 맞추고 직무에 적합한 유능한 관리들을 육성, 선발할 것을 주장하는 내용이다. 이후 그는 다양한 내용의 개혁정책(新法)을 실행에 옮겼는데, 그 중에는 경제성장을 촉진하려면 정부와 백성 모두에게 어떤 자극이 필요하다는 주장과 함께, 기금을 만들어 농민들에게 대부를 해줌으로써 농민들이 고리대금에 시달리지 않도록 돕는 내용도 들어 있었다.
　그러나 무엇보다도 보수파의 심한 반대를 불러일으킨 것은 공정한 세금 부과를 위해 토지를 해마다 측량하여 중앙정부가 필요한 물자는 각지에서 공급하도록 제도를 개선하자는 것이었다. 그러나 이는 바로 기득권층의 이익을 해치는 일이었다. 또한 관료 양성기관인 한림원翰林院을 재편하는 한편 과거제도를 개혁해 경전을 암송하고 시문을 짓는 과목을 없애고 법률, 의학, 군사학 등의 실용적인 학문에 중점을 두고, 관리들의 업적 평가를 엄격히 하여 공이 있는 사람만 승진하도록 하는 제도도 만들었다.

중국에 통일제국이 세워진 이래 전례 없는 규모로 단행된 왕안석의 개혁은 백성들의 기본적인 살림살이를 윤택하게 도와주며 국가를 부강하게 만드는 데 본래의 목표가 있었지만, 결과적으로 실패로 끝나고 말았다. 이런 개혁안은 하나하나가 보수파들의 이해(舊法)와 맞물리는 것이므로 강력한 저항에 부딪치게 되었다. 때마침 기근까지 겹치자 왕안석에 반대하는 보수파의 입지가 강화되면서 왕안석은 결국 재상직에서 물러날 수밖에 없었다. 그 자신은 올곧은 신념을 가진 사람이었으나, 약간의 개인적인 단점과 정치적 결함도 있는 데다가, 고위관리들은 협력하지 않았고 하급관료들은 무능력했기 때문이다. 하기야 우리나라에서도 역사적으로 언제나 개혁파들이 실패하게된 것은 대개 같은 이유 때문이었고 적지 않은 사람이 목숨까지 잃었으니 이에 비하면 그는 그나마 행복한 생을 살았는지도 모르겠다.

은퇴한 후에 그는 저술 및 학문 활동을 계속하며 조용한 여생을 보냈다. 조정에 있을 때조차 검소하여 옷차림에 신경을 쓰지 않았는데, 때로는 그 차림이 기이하기까지 했다. 그러나 그의 글은 우아하고 깊이가 있어서 당송8대가(唐宋八大家) 중 한 사람으로 이름이 높다.

그가 정협(鄭俠)이라는 이와 술을 마시며 '술이 임자를 만나면 천 잔도 적고(酒逢知己千杯少)'라 하자 정협은 곧 이어서 '뜻이 맞지 않으면 반 마디도 많다(話不投機半句多)'고 하였는데, 이것은 술과 관련된 댓글로서는 지금까지도 최고의 것으로 꼽히고 있다.

양조 레시피 《주경》을 펴낸
주현 소동파

구양수보다 한 수 위로는 역시 소동파 즉, 소식蘇軾을 쳐야만 한다. 소식은 사천 사람으로 호를 동파거사東坡居士라 하였다. 그래서 우리에게는 본 이름인 소식보다는 오히려 소동파로 더 잘 알려져 있다.

그는 당송 8대가로도 손꼽히지만 현대의 생활철학자 임어당林語堂 선생이 찬탄했듯이 중국의 어느 다른 시인보다도 다방면에 걸쳐 천재적인 감성과 풍부한 유머 그리고 폭넓은 지식을 펼친 위대한 인물이었다. 그 자신이 문학가이면서 서화가였고, 부친 소순蘇洵과 동생 소철蘇轍이 모두 뛰어난 인물이었기에 이들 3부자를 '삼소三蘇'라 부르기도 한다. 그는 자신이 발표한 글로 모함을 받아 황주黃州로 귀양 간 적이 있는데 이때 성 밖 동쪽 언덕에 밭을 얻어 농사를 지으며 스스로 동파거사라는 호를 지었다.

우리나라의 송강松江 정철鄭澈이 조선시대 최고 문장가의 한 사람으로 귀양살이를 다니면서 사미인곡, 관동별곡, 청산별곡 등의 명작을 남긴 것과 참으로 흡사한 삶이라 하겠다. 다만 정철은 당파 싸움의 한가운데에서 기축사화己丑士禍를 일으키고 특별재판관으로 활동하면서 수많은 반대파(東人)를 죽인 오점을 남긴 점이 유감스럽다 할 것이다.

소동파는 21세 때 과거에 합격해 진사가 되었고 이후 한림학사를 거쳐 예부상서에 올랐으나, 다시 노년에 귀양을 갔다가 돌아오는 길에 병을 얻어 죽었다. 그는 평소에 자신은 매일 술을 마시지 않으면

청대 화가 전두가 그린 소동파

몸에 병이 생긴다고 할 정도로 술을 즐겼지만 주량은 많지 않아 애주가였을 뿐 호주가는 아니었다고 한다. 그가 술에 관해서 남다른 애정과 관심을 기울였음은 오늘날까지도 중국 각지에 남아 있는 각종 유적과 관련 문헌을 통해서도 잘 알 수 있다.

그가 항주杭州를 다스릴 때에 서호는 쓸모가 없을 정도로 무너지고 망가져 있었다. 그가 서호를 새로 고치는 대공사를 시작하면서 내세운 다섯 가지 이유 중에는 물론 농사용 물을 얻고 물고기를 기르기 위해서라는 것도 있었지만 술을 빚는데 사용할 좋은 물을 대량으로 얻기 위해서라는 것도 들어 있었다.

소동파는 어느 마을을 가도 그곳의 좋은 술을 찾아 이를 맛보고

문학과 사랑에 향을 더해주는 술 — 269

빚는 법을 묻곤 하였는데, 나중에 이를 발전시켜 스스로 술 빚기를 좋아하다가 《주경酒經》이라는 책까지 썼으니 애주가로서 그가 할 바는 다하지 않았나 생각된다. 그를 '주현酒賢'이라는 별칭으로 부르는 것은 이 때문이 아닌가 싶다.

  소동파는 그가 쓴 시문에서 조정과 황실을 비방했다는 죄명으로 체포되어 130일을 감옥에서 지내다가 간신히 풀려난 뒤 황주로 떠났다. 황주에서 그는 귀천, 이해득실, 삶과 죽음 등을 모두 버리고 살았는데 이때 그가 쓴 거의 모든 시에 술 주酒 자가 빠지지 않는 것으로 보아 술을 빌려 시름을 달랜 것으로 보인다.

  가장 유명한 〈전적벽부前赤壁賦〉에는 그가 손님과 적벽 아래에서 배를 타며 한편으로는 술을 마시고 한편으로는 노래를 부르고, 또 한편으로는 강변의 풍경을 감상하며 손님이 피리를 부는 것 등을 묘사함으로써 현실의 고민에서 일탈하려 한 것을 알 수 있지만, 실제로 이는 가능한 것이 아니었다. 이 점은 도연명이나 구양수, 이태백이 모두 마찬가지로 술로써 시름을 덜려고 한 것과 동일한 것이다.

  그는 또 식도락가이면서 단 것을 무척 좋아하였다. 어릴 적에는 매일 꿀을 먹다시피 하였고 커서 관직에 올라 항주에서 근무할 때 쓴 시에는 '안주노인 꿀 먹는 노래安州老人食蜜歌'라는 것이 있을 정도였다. 안주노인은 승려로서 곡식을 안 먹고 꿀을 상식하는 사람인데 하루는 소동파를 비롯한 손님을 초청해 놓고 꿀에 절인 식품만 내놓았기 때문에 모두들 먹기를 주저하고 있었으나 소동파만은 맛있게 먹었다고 한다. 그가 황주에 귀양 가 있을 때는 꿀로 술을 담가 〈꿀술의 노래蜜酒歌〉를 지어 읊을 정도였다니 참으로 기이한 입맛이라 아니 할 수 없다.

최고의 미녀 문인
이청조

　비록 술꾼은 아니지만 중국 최고의 여류 시인인 이청조^{李淸照}를 빠뜨린다는 것은 두고두고 애석할 일이기에 술 향기가 살포시 나는 사^詞(한문 문체의 하나. 당대에 발생해 송대에 성행했던 운문이다. 사는 넓은 의미에서 시라고 할 수 있지만, 시가 음악과 완전히 분리된 뒤에 노래 가사로서 새로 생겨난 것이 사이므로 곡자^{曲子}라고 불렀다)를 소개하는 핑계로 그녀를 독자 곁으로 모시고자 한다.

　이청조는 호가 이안거사^{易安居士}로 산동 제남 사람이다. 그러나 그녀는 결코 호처럼 쉽고 편하게 살지는 못했다. 그녀의 아버지는 예부 시랑을 지낸 이격비^{李格非}이고, 어머니는 송나라 황족이었다. 가정환경도 좋지만 미모까지 뛰어난 그녀는 착실하게 학문을 익히다가 당시 재상의 아들인 조명성^{趙明誠}과 결혼하여 금슬 좋게 시^詩와 사^詞를 지으면서 금석학을 연구하여 큰 업적을 남겼다.

　선비로만 지내다 잠시 관직에 올라 변방에 나가 있는 남편을 그리워하며 써 보낸 것이 아래의 〈취화음^{醉花陰}〉이다.

　　엷은 안개 짙은 구름 긴긴 하루 시름에 젖는데 薄霧濃雲愁永晝
　　용뇌 향은 금빛 짐승 모양 향로 안에서 타오릅니다 瑞腦消金獸
　　아름다운 계절 중양절은 돌아왔는데 佳節又重陽
　　옥 베개 비단주렴엔 초저녁 스산함이 스며듭니다 玉枕紗櫥半夜凉初透

문학과 사랑에 향을 더해주는 술— 271

동쪽 울타리 아래 황혼이 지도록 술 마시니 東籬把酒黃昏後
국화 그윽한 향기 소매에 가득했지요 有暗香盈袖
넋은 안 나갔네 하는 말씀은 마셔요 莫道不銷魂
주렴을 거두노니 가을바람 부는데 簾捲西風
국화보다 마른 나의 얼굴이랍니다 人比黃花瘦

조명성은 아내가 보낸 위의 사詞를 받아보고, 아내의 문학적 재능에 감탄하면서도 지기 싫은 마음에 며칠을 밤새우며 같은 제목으로 사詞 25수를 지어 아내가 쓴 위의 글과 함께 당대의 뛰어난 문인 친구에게 보내 잘 된 것을 골라 달라고 부탁했다. 친구는 조명성이 보낸 26개의 사詞 중에서 세 구절이 특히 좋다고 했는데 그 세 구절이 모두 이청조의 것이어서 조명성은 그 후로는 아내와 글로서 다툴 생각을 접었다고 한다. 실제로 그녀의 글은 소동파도 격찬한 바가 있다.

이청조가 마흔을 넘긴 1125년, 금나라가 남침을 시작하여 남쪽으로 피난을 갔는데 이 와중에 남편을 잃었다. 그 뒤 재가를 하였지만 그녀의 새 남편은 부패한 탐관오리로서 오로지 그녀의 재산을 탐낼 뿐이었다. 실망한 이청조는 100일 만에 이혼을 하고 세상을 유람하다가 동생이 살던 절강의 금화金華에서 60여 세에 숨을 거두었다.

그녀는 재혼했다가 이혼한 사실로 후세 유학자들로부터 손가락질을 받기도 했지만 유교의 굴레를 벗어던지고 자신의 의지로 살아간 여성으로 추앙을 받기도 한다. 사실 당시는 계속되는 전란으로 과부가 많아져 나라에서 재혼을 권장하기도 했다.

그녀의 대표적인 아름다운 사詞 두 수(일전매一剪梅와 여몽령如夢令)를 더 읊어보자.

붉은 연꽃 향기 돗자리 위에 남은 가을날 紅藕香殘玉簟秋
비단치마 살며시 풀고 홀로 배에 오르네. 輕解羅裳 獨上蘭舟
저 구름 속 그 누가 님의 편지 내게 전해 주려나? 雲中誰寄錦書來
기러기는 돌아오는데 서쪽 누각엔 달빛만 가득 하구나. 雁字回時月滿西樓

꽃잎 무심히 흩날리고 강물도 무심히 흐른다 花自飄零水自流
사랑의 마음은 하나인데 따로 떨어져 견뎌내야 하는 슬픔이여
一種相思 兩處閒愁
이 쓰린 정 풀 길 없어 此情無計可消除
눈썹 밑으로 내려가더니 어느새 가슴 위로 솟아오르네
才下眉頭 却上心頭

어젯밤 비는 드문드문 바람은 세찼지 昨夜雨疏風驟
깊은 잠에도 술기운은 남아 있어 濃睡不消殘酒
발을 걷는 이에게 물어보니 試問捲簾人
도리어 해당화는 전과 같다고 하네 却道海棠依舊
아는가, 아는가 知否知否
잎사귀는 무성해도 꽃은 시드는 것을 應是綠肥紅瘦

술에 취해 호랑이를 때려잡다

《수호지^{水滸誌}》의 108명 영웅 중에 무송^{武松}이 있다.

그는 《금병매^{金甁梅}》의 주인공 중 한 명인 반금련^{潘金蓮}의 시동생이기도 하다. 그가 젊어서 외지에 나갔다가 고향으로 돌아가는 길에 산동^{山東}의 양곡^{陽穀} 현을 지나게 되었다. 이곳에는 경양강^{景陽岡}이라는 언덕이 있는데 호랑이가 지나는 사람을 물어 죽이곤 했던 모양이다. 그래서 이 언덕을 넘을 때 사람들은 떼를 지어 넘었으며 언덕 아래의 술집에는 세 잔의 술을 마시고는 넘지 말라는 깃발을 꽂아 두었다고 한다.

그가 이곳의 술집에서 주인의 만류를 무릅쓰고 열다섯 사발이나 되는 술을 마신 다음 경양강을 넘다가 호랑이를 만나 맨주먹으로 때려잡은 이야기는 너무도 유명하다.

그러나 그에게는 이에 못지않은 유명한 이야기가 또 있다.

무송이 호랑이를 잡은 후 얼마 지나지 않아 그의 형수 반금련이 서문경^{西門慶}과 눈이 맞아 형 무대랑^{武大郎}을 죽인 것을 알고는 그들 모두를 죽였는데, 그 죄로 낙양^{洛陽} 근처의 맹주^{孟州}로 귀양을 간 일이 있다.

여기서 시은^{施恩}이라는 사람과 의형제를 맺었는데 시은이 장문신^{蔣門神}이라는 자에게 봉변을 당하고 영업을 못하게 되었음을 듣고서 그의 복수를 도와주기 위해서 장문신이 살고 있다는 쾌활림^{快活林}으로 길을 떠나게 되었다.

이때 무송은 시은에게 조건을 제시한다.

"지금부터 쾌활림까지 가는 도중에 술집이 있거든 한 집에 석 잔씩만 사주게."

이를 듣고 시은이 놀라서 말하였다.

"아니, 여기서 그곳까지 가는 도중에 술집이 열 곳이 넘는데 한 집에 석 잔이면 모두 서른 잔을 넘어 마시게 되지 않겠습니까? 크게 취할게 틀림없는데 그래가지고서야 아무리 형님인들 장문신이를 당해낼 수 있겠습니까?"

그렇지만 결국 그는 무송의 고집을 꺾을 수 없었고 이왕 술을 마실 바에는 차라리 자기 집의 좋은 술을 마시게 하려고 술통을 하인들이 짊어지고 따라가면서 술집만 만나면 석 잔씩 대접하게 하였다. 쾌활림에 도착하여 마침내 장문신과 맞닥뜨린 무송은 주먹 몇 번 휘두르지 아니하고 굴복시켰다.

그런데 이쯤에서 고대 중국인들의 술의 양을 알아둘 필요가 있다.

고대 중국의 도량형은 시대에 따라 조금씩 달랐다.

길이의 단위를 보자. 《사기^{史記}》에 보면 공자^{孔子}를 묘사하는데 키가 구 척^{九尺} 여섯 치^{六寸}라 하였다. 이것을 오늘날의 미터법에 맞추어 환산하면 3m 20cm 정도의 거인이다. 그러나 실제로 옛날의 한 자는 오늘날의 3분의 1정도였으므로 공자의 키는 2미터 정도의 장신이었을 것으로 추정된다.

무게의 단위에서는 조금 더 복잡하다.

술과 관계가 있는 것으로 보면 제일 작은 단위로는 근^{斤}이 있으나 당나라 이후에 600g으로 고정되다가 최근에는 500g으로 바뀌었다. 그 전에는 256g 정도가 일반적이었다고 한다.

부피의 단위로 흔히 쓰이는 것에는 말[斗]이 있다.

두보가 이태백을 기려 지은 시중에 '이백은 한 말의 술(斗酒)이면 시 백수를 짓는다'고 읊은 구절이 있었다. 우리도 가끔 술 많이 마시는 사람을 가리켜 '저 친구는 두주불사斗酒不辭(말술을 사양하지 않다는 뜻) 형이지'라고 할 때의 두주도 바로 같은 의미에서 쓰이는 말이다.

한 말은 열 되[升]와 같다. 그러나 중국에서 술의 양을 잴 때는 근斤으로 말하거나 말斗로 하지 되升로 하지는 않았다. 한 말의 크기는 시대가 흐르면서 커져 주나라 때는 2리터에 불과했으나 당나라 때는 6리터, 청나라 때는 10리터 정도로 늘어났다. 그러니까 이태백이 한 말의 술을 마셨다는 것은 오늘날로 치면 큰 주전자로 세 개 정도의 분량이 아니었나 생각된다. 마신 술의 도수는 아마도 20도를 넘지 않는 지금의 소흥주 정도가 아니었을까 싶다. 이보다 더 큰 단위로는 섬[石]이 있다. 한 섬은 열 말이므로 주나라 때는 20리터, 당나라 때는 60리터, 청나라 때는 100리터 정도로 추산할 수 있겠다.

그렇다면 무송이 마신 한 잔은 약 300g에 해당하니, 무송이 도중에 마신 술은 모두 12kg 정도가 되는데 이것이 과연 가능할까?

사람들은 '술 배는 따로 있어 몸을 가지고 말할 수는 없다(酒有別腸 不可以肢體)'고 한다.

중국인 특유의 과장법도 감안하고, 마시다 쉬어가고 쉬다가 마시는 과정에서 먼저 마신 순서대로 차례차례 배출되었을 것이기 때문에 전혀 불가능하지는 않았을 것이라는 게 필자의 소견이다.

석 잔만
마셔라

명나라 때 쓴 《서담개敍譚槪》라는 책에 보면 다음과 같은 이야기가 있다.

남경南京의 진陳 씨 성을 가진 어느 학자가 산동에 가서 훈장을 지냈다. 그가 평소에 술을 무척 즐긴다는 것을 잘 아는 그의 아버지가 하루는 편지를 보내어 술을 너무 마심으로써 가르침을 게을리 하는 일이 없도록 주의를 주었다. 아버지의 글을 받은 훈장은 즉시 술잔을 하나 맞추었는데 이 잔은 두 되들이의 초대형 잔이었고 그 잔 속에는 이런 글귀를 새겨 넣었다고 한다.

'아버님께서 술을 삼가 하여 석 잔만 마시도록 하였노라.'

그런가 하면 우리나라에도 이에 못지않은 술 석 잔의 풋풋한 이야기가 전해 온다.

조선 성종 때 정승 손순효孫舜孝는 집이 남산골에 있었는데 평생을 청렴하게 살면서도 술을 매우 즐겼고 대나무 그림에 능했다. 성종이 하루는 경복궁 경회루를 거닐다가 문득 멀리 남산을 바라보니 큰 나무 아래 두어 사람이 앉아 있는 것을 보고 손순효가 그 중의 하나일 것으로 믿고 내시를 시켜 확인을 해보라 일렀다.

내시가 가보니 과연 손순효가 친구 두엇과 상을 차려놓고 막걸리를 마시고 있는데 안주라고는 참외 한 개 썰어 놓은 것이 전부였다.

내시가 이것을 보고 돌아와 성종에게 아뢰자 성종은 즉시 술상을 차려다 주라고 분부하였다. 참으로 수채화같이 아름다운 이야기라 하겠다.

그런데 이렇게 술을 좋아하는 손순효를 아끼던 성종이 어느 날 그에게 술을 하루 석 잔 이상 마시지 말도록 엄명을 내렸다. 하루는 급한 일이 있어 그를 불렀으나 한참을 찾아도 찾을 수가 없었다. 겨우 해질 무렵에야 그가 임금 앞에 나타났다. 그러나 옷매무새도 엉망이고 머리는 흐트러져 있어서 성종은 임금의 명령을 어기고 과음을 한 것을 크게 꾸짖었다. 이에 대해 손순효는 조금도 부끄러움이 없이 변명을 하였다.

"신에게 시집을 간 딸이 하나 있어 오랫동안 보지 못하다가 오늘 모처럼 사돈댁에 들러 술을 대접받았지만 술은 분부의 말씀대로 석 잔 이상 마시지 않았습니다."

석 잔 술에 그럴 리가 있나 하고 이상하게 생각한 성종이 그게 무슨 잔이냐고 묻자 손순효는 놋쇠주발이라고 대답하였다.

이 같은 분은 죽음에 임하는 태도도 남다르다.

자식을 불러 모아 놓고 하는 말씀. "우리 집은 초야에서 일어났기 때문에 대대로 전해오는 물건이나 재물이 없다. 다만 청렴하고 결백한 것을 전해주는 것으로 만족할 따름이다."라고 말하고서 자기의 배를 가리키면서, "이 속에는 더러운 것이 조금도 없다. 내가 죽거들랑 비석 따위는 세울 생각도 말고 소주나 한 병 묻어다오."라고 말했다 한다.

심심치 않게 공직자들의 재산문제가 불거져 온 세상이 시끄럽지만 시대를 뛰어넘어 빛나는 참 선비이자 참 벼슬아치의 모습에 우리는 머리를 숙이게 된다.

홍루의 꿈을 꾸다 간
조설근

청나라 때의 소설가 조설근曺雪芹은 원래 만주족으로 증조할아버지 대에 집안을 크게 일으켰고 할아버지가 강희제의 두터운 신임을 받은 적도 있으나 50이 되기 전에 병들어 죽으면서 점차 집안은 쇠락했다. 그러나 조설근은 어려서 부유한 집에서 좋은 교육을 받았기에 이러한 분위기를 그의 10년에 걸친 역작,《홍루몽紅樓夢》에 담을 수 있었다.

조설근은 성품이 매우 고상하였고 술 마시며 대화하는 것을 즐겼다. 청나라 황실은 종실 자제들을 위해 학교를 열었는데, 그는 이곳에서 관리로 일하면서 학생으로 있던 돈민敦敏, 돈성敦誠 형제와 친구가 되어 그들과 자주 어울리며 함께 술 마시고 시를 지으며 유유자적할 수 있었다.

건륭제 때 어느 가을 날, 조설근은 공무로 복잡한 머리도 식힐 겸 북경 성안에 살던 돈민을 찾아갔다. 가을비가 부슬부슬 내리는 이른 아침인데 얇은 옷을 입어 한기를 느낀 조설근은 따뜻하게 데운 술과 몸을 녹일 난로 생각이 간절했다. 다만 너무 이른 아침이어서 아직 잠을 자고 있는지도 걱정이고 따뜻한 술은 어떻게 구해올 지가 걱정이 되어서 집밖에서 서성이고 있었다. 이때 멀리서 의관을 갖추고 걸어오는 사람이 있었는데 바로 돈성이었다. 돈성은 마침 형 돈민을 찾아오는 길이었다. 두 사람은 반갑게 인사를 나누고 형을 잠에서 깨우지 않기 위해 부근의 주점으로 향해 술을 마시기 시작했다. 몇 잔이 들어가자 조설근은 생기가 돌았고, 둘은 점차 고담준

론에 빠져들며 연신 술을 마시다 보니, 마침내 작은 주점의 술이 다 떨어졌고, 주머니의 돈도 떨어졌다.

그러자 돈성이 허리에 차고 있던 칼을 풀어 놓고 "이 칼이 서릿발처럼 좋으니 팔아서 돈을 만들어야겠소. 소와 밭을 사지 못할 바에는 전쟁에 나가 적을 베어야 할 텐데, 이도 저도 안 된다면 칼을 맡겨서라도 우리 목구멍의 때나 벗겨야겠습니다."

이것을 듣고 조설근이 맞장구를 치면서 지어 부른 노래가 〈패도질주가^{佩刀質酒歌}〉(패도를 맡기고 술을 마시는 노래라는 뜻)이다.

조설근은 말년에 더욱 곤궁해져 그림을 그려 생계를 꾸렸다. 돈을 벌면 겨우 죽이나 끓여먹을 정도를 가족에게 주고는 자신은 술을 사 마셨다. 돈이 없으면 빌리거나 주점에 외상장부를 만들어 두고 술을 사서 집에 오는 도중에 길가에 앉아서 마시기도 하였다.

불후의 명저《홍루몽》의 저자는 살아생전 곤궁한 삶을 살았지만, 지금 중국에서 홍루몽의 내용과 관련해 일어난 '홍학^{紅學}'은 중국 중세의 음식, 생활, 복식, 문장 등 다양한 문화 콘텐츠로 크게 발전하고 있다.

노신과 태조주

노신^{魯迅}은 1881년 중국 절강성 소흥에서 출생했다. 본명은 주수인^{周樹人}이다. 필명인 노신은 뚜르게네프의 루딘을 모방한 것이다. 대

노신 기념관

　지주의 장남으로 태어나 애지중지하는 가운데 자랐다. 노신이 13세 때 할아버지가 아버지의 과거시험에 연루되어 투옥되고, 아버지가 이때 받은 충격으로 병을 얻은 다음에 할아버지와 아버지가 거의 동시에 모두 사망하면서 집안이 하루아침에 풍비박산이 되었다.

　집안 형편이 점차 어려워지자 주위 사람들로부터 따돌림을 당하고 그런 중에 농민 자제들과 친교를 두터이 하면서 '상류사회의 타락'과 '하류사회의 불행'에 동정심을 갖게 되었다. 훗날 노신은 '나는 그때 비로소 세상 돌아가는 진면목에 눈을 뜨게 되었다.'며 당시의 충격을 회고했다.

　어릴 적부터 글 잘하는 수재였던 노신은 당시 전근대적인 중국 한의술 때문에 부친을 잃었다고 생각하고 서양의학을 공부하여 의학으로 나라를 구할 생각으로 일본 유학길에 올랐다. 그런 어느 날 세균학 시간에 우연히 러일전쟁 관련 시사영화를 보게 되었는데 한 중국인이 러시아를 위한 스파이 혐의로 일본군에게 총살되는 모습을 아무 생각 없이 멍하니 구경만 하고 있는 중국 군중을 본 뒤 민중의 육체적 질병을 고치는 일보다 민족의 자각을 깨우치는 일, 즉 정신적 질병을 고치는 것이 급선무라 여긴 노신은 의학공부를 중단하고 문학으로 전향했다.

신해혁명이 성공하자 북경으로 돌아가 교육부 직원으로 일하면서 처녀작 〈광인일기狂人日記〉(1918)를 썼다. 광인일기는 낡은 봉건왕조를 청산하려는 중국 젊은이들에게 큰 자극제가 되었으며, 글에서 쓰는 말과 실제로 일상생활에서 쓰는 말을 하나로 통일(言文一致)함으로써 중국 신문예를 탄생케 하는 기폭제가 되었다. 그로부터 3년 후에 발표한 《아큐정전阿Q正傳》은 중국인의 국민성을 풍자한 소설로서, 중화의식에서 벗어나지 못하고 항상 자기만족에 빠져 스스로를 기만하며 사는 중국인의 어리석음과 약점을 '아Q'라는 인물에 집약하여 냉철하게 묘사하였다.

그는 중국 작가동맹의 좌익계 중심인물로 활동하면서 프롤레타리아 문학논쟁의 구심점이 되었다. 맹렬하게 문학 투쟁을 하던 노신은 중일전쟁 발발이 일어나기 한 해 전인 1936년, 폐결핵과 천식이 악화되어 향년 56세로 사망했다. 1만 명의 조객과 7천 명의 운구행렬 속에 '만국공묘'에 묻혔으며, 그의 비석에는 '민족혼'이란 글자가 새겨졌다. 후에 윤봉길 의사가 폭탄을 던진 상하이의 '홍구공원虹口公園'으로 이장하였는데 홍구공원은 노신의 이름을 따 '루쉰공원魯迅公園'으로 바뀌었고 그 안에는 거대한 루쉰기념관과 동상이 세워졌다.

〈공을기孔乙己〉는 노신이 1919년에 발표한 단편소설의 제목이면서 주인공의 이름이다. 여기서 공을기는 황주를 데워서 마시고 술안주는 소금으로 절인 죽순이나 회향두茴香豆를 주로 먹었다. 지금 우리나라에도 성업 중인 중국 음식점으로 '공을기孔乙己'가 있는데, 북경에도 같은 이름의 음식점이 강남요리 전문점으로 인기를 얻고 있지만 루쉰과 그의 소설 속 주인공 공을기가 실제로 즐겨 가던 음식점은

'함형주점咸亨酒店'이다.

노신은 집에서 홀로 술을 마시는 일이 드물었다. 특히 나이가 들어갈수록 부인과 의사의 권고를 받아들여 술을 적게 마셨으나, 그의 일기에 보면 잠이 안 오거나 손님이 있어 특별한 날은 소흥주를 마시기도 하고 가끔은 분주를 마시는 경우도 있었다고 한다.

'함형주점咸亨酒店'은 1894년에 창업하였으며 원래 노신의 본가 자리에 개설한 작은 술집이었다. 노신의 소설 〈공을기〉가 함형주점의 이름을 전국적으로 소문나게 하였다. 함형주점은 신점과 구점이 있는데 노신의 분위기는 노신중로魯迅中路에 있는 구점이 낫다. 구점 앞에는 공을기의 모습을 조각하여 세워두었다. 주점 탁자의 의자는 두셋이 함께 걸터앉는 벤치 모양의 나무 의자로 옛 분위기를 살렸다.

함형주점의 황주는 태조주太雕酒로서 알코올 함량이 14%인데 주로 데워서 마신다. 함형주점에서 내는 특산물로는 회향두, 황주 이외에 냄새가 지독한 두부요리 '유작취두부油灼臭豆腐 요우주오초우떠푸'가 있다.

三部

안주와 주법

안주 按酒

음식에 관해서는 졸저 《중화요리에 담긴 중국》에서 어느 정도 밝혔기 때문에 안주에 대한 자세한 설명은 피하고자 한다. 또한 따지고 보면 요리와 안주의 구분이 애매한 탓이기도 하다. 굳이 유명 인물들과 안주에 얽힌 기록들을 찾아보면 송나라 때 조숭현趙崇絢이 쓴 자료에 '주의 문왕은 창포 뿌리, 무왕은 절인 생선, 제나라 의왕宜王은 만두, 진陳의 후주後主는 당나귀 고기'를 즐겼다는 것을 알 수 있다.

그런데 《시경》 대아大雅 기취편旣醉篇에 보면 손님에게 뼈가 붙은 고기를 내놓는다는 표현이 들어 있어 당시 술안주로는 육류가 중심을 이루었음을 알 수 있고 부예편鳧鷖篇에도 청주에 말린 고기를 안주로 올린다는 것으로 보아 역시 고기가 안주로 쓰였음을 알 수 있다. 하기는 하와 주가 멸망한 것도 모두 공통적으로 마지막 왕들이 주지육림에서 허우적거린 탓이라 하였으니 술과 고기는 따로가 아님을 알 수 있다.

《논어》 향당편^{鄕黨篇}에 보더라도 공자의 일상생활을 기록하는 가운데 술이나 말린 고기는 시장에서 파는 것은 불결하니 집에서 만들어 먹는다는 표현이 들어 있다.

한나라 때에는 고기 적^{炙}도 유행하기 시작했다. '술과 적(酒炙)'이라는 표현이 나타나기 시작한 것이다. 《한서^{漢書}》의 한연수^{韓延壽} 전에 보면 그가 죄를 지어 형장으로 가는 길에 그를 평소 흠모하던 백성들 수천 인이 나와 환송을 하면서 '술과 적^{酒炙}'을 올렸다는 글이 나온다.

《위략^{魏略}》이라는 책에도 보면 조조의 아들 조식이 문인 한 사람과 대면을 하고 고금의 문학과 정치를 토론할 적에 주방에 술과 적(酒炙)을 올리라고 명하는 대목이 있다.

또한 《후한서^{後漢書}》에 보면 좌자^{左慈}라는 도사가 여러 가지 도술을 부려 조조를 놀라게 했다고 한다. 그 중에 어느 날 조조가 백 명의 대신들과 함께 근교로 놀러갔을 때 좌자가 술 한 되와 육포 한 근을 가지고 와 참석자들에게 일일이 나누어 주었는데 모두 취하고 배불리 먹었다고 한다. 마치 예수의 기적과도 같은 일에 놀란 조조가 좌자가 자주 다니는 술집으로 관리를 보내 조사를 해보니 그곳의 술과 육포가 모두 사라지고 없었다고 한다. 이것을 봐도 술자리에 안주는 육포가 일반적임을 알 수 있다.

명대의 《칠수유고^{七修類稿}》라는 책에는 원과 명의 연회에 보통 나오는 요리로 다섯 가지의 과일, 다섯 가지의 마른안주, 다섯 가지의 채소요리, 기타 따뜻한 요리 5~7가지(五果 五按 五蔬菜 湯食五七)를 들고 있다. 우리가 흔히 말하는 '안주^{按酒}'라는 표현은 바로 여기에 근원을 두고 있는 셈이다. 조선 초기에 간행한 중국어 학습서인 《노걸대^{老乞大}》와 《박통사^{朴通事}》에도 안주라는 표현이 등장하는 것을 보면 안주라는 단어는 우리나라 사람에게도 조선시대부터 이미 익숙한 단어로 자리잡았음을 알 수 있다.

그런데 중국은 땅이 넓다보니 지역에 따라 선호하는 음식이 다른 면이 있다. 자연스럽게 가볍게 마시는 술상에 올리는 안주도 이런 취향을 반영하기 마련인데, 예를 들어 소주 사람들은 단맛을 좋아해서 거의 모든 요리에 설탕을 넣고, 영파寧波 사람들은 냄새 나는 것을 좋아하여 취두부臭豆腐(삭힌 두부), 취어臭魚(삭힌 생선), 취함재臭鹹齋(절여서 삭힌 채소) 등을, 강서, 호남, 호북 사람들은 매운맛과 쓴맛을 좋아해서 끼니마다 상 위에 고춧가루를 그릇에 담아내며, 쓴 오이[苦瓜]도 즐겨 먹는다. 산동사람은 신맛을 좋아하고 항상 생파, 생마늘, 생부추 등을 만두에 끼워 넣어 먹거나 춘장에 찍어먹는 것을 좋아하며, 산서 사람은 특히 초를 좋아해서 백년 묵은 식초를 진귀한 것이라며 즐기고 웬만한 요리에는 식초를 뿌려서 먹기를 좋아한다. 심지어 산서 사람들은 전쟁터에 나갈 때도 개인별로 입에 맞는 식초병을 차고 출전했다는 말이 있을 정도이다. 또한 노신이 소흥주를 마시며 취두부와 절인 땅콩을 안주로 즐긴 것도 그의 고향이 절강성인 것과 무관하지 않은 까닭이다.

여기에서는 술 마시며 먹기 좋은 요리 몇 가지만을 안주로 소개하고자 한다.

새우찜 바이주샤白灼蝦

중국인들과 식사를 하게 되면 약방의 감초처럼 빠지지 않는 요리가 바로 새우찜이다. 전채前菜처럼 맨 먼저 나온 뜨거운 새우찜의 껍질을 까서 먹는 재미는 다음에 나오는 주 음식을 예고해 주는 신호탄과도 같다.

새우찜 바이주사白酒蝦

그러나 새우찜은 사실 찜이라기보다는 새우데침이라고 해야 옳다. 왜냐하면 싱싱한 새우를 펄펄 끓는 물에 7~8초 가량 살짝 데쳐 내는 것이기 때문이다. 이렇게 데쳐낸 새우를 양념간장에 찍어서 먹노라면 상 위에는 엷은 갈색의 따뜻한 물을 담은 그릇이 놓여진다. 이것은 중국차이다. 때로는 레몬까지 띄우므로 입가심하라는 것으로 오해하기 십상이지만 사실은 새우를 까먹느라 냄새가 밴 손가락을 씻으라고 놓아두는 것이다.

이 찻물은 새우나 게 따위 갑각류로 만든 음식을 손으로 집어 들고 먹었을 때 손가락을 씻는 데 비누 이상의 효과를 가진다. 그래서인지 중국인들은 우리보다 기름기 많은 음식을 섭취해도 콜레스테롤을 비롯하여 동맥경화나 고혈압 같은 순환기성 질환에 덜 걸리는 것인지도 모르겠다.

훠엔풰이샤火焰醉蝦 조리 장면

언젠가 주책없기로 유명했던 우리나라 정치인 한 사람이 타이완을 방문했을 때 일이다. 그때만 해도 타이완과 우리나라는 서로가 우방 중의 우방이었고, 그는 당시 박대통령이 특별대우를 해주던 신분이기도 해서, 장개석 총통이 그를 위해 특별만찬을 베풀었는데 메뉴 중에 새우데침이 들어 있었고 당연히 손가락 씻을 차가 담긴 그릇도 나왔다. 그런데 그가 별 생각 없이 이것을 마셔버렸으니 주위의 사람들 놀래어 눈이 휘둥그레졌을 수밖에. 그러나 식탁 분위기가 어색해지는 것을 느낀 장총통이 자기 앞의 사발을 들어 자연스럽게 마셨다 한다. 대만을 한 손에 쥐고 휘두르는 그가 같은 실수(?)를 따라하니 자리를 같이한 모두가 차처럼 후루룩 마셨다. 이것으로 실수는 실수가 아니게 된 것이다. 이 이야기는 장총통의 재치로 미화되어 사람들에게 전해진 것이지만, 알고 보면 마셔도 하등 문제될 것은 없다. 용

훠옌쮀이샤 火焰醉蝦

도가 손씻기용일 뿐 본디 마실 수 있는 차인 까닭이다.

새우데침보다 고급의 새우요리로는 훠옌쮀이샤^{火焰醉蝦}가 있다. 이것은 산 새우를 담은 그릇에 구기자^{枸杞子}, 천궁^{川芎}, 당귀^{當歸}, 감초^{甘草} 따위의 한약재를 넣고 술을 부은 후, 불을 붙여 저어가면서 익히는 요리다. 그릇 속에서 술기운과 불길에 요동을 치며 튀는 새우가 빨갛게 익어 가는 모습을 바라보는 재미도 그만이지만, 술과 한약재의 맛이 배어 약간 쌉쌀한 듯 느껴지는 게 이 요리의 별다른 맛이다. 여기에 쓰이는 새우는 주로 기위하^{基圍蝦}인데, 민물이 흘러드는 바닷가에 울타리를 치고 양식하기 때문에 이 같은 이름을 얻었다.

새우와 비슷한 종류로 바닷가재가 있다. 이것은 가재를 토막치고 마늘로 양념하여 찐 다음 다시 볶아 먹는 쏸룽쥐룽샤^{蒜茸焗龍蝦} 방식이

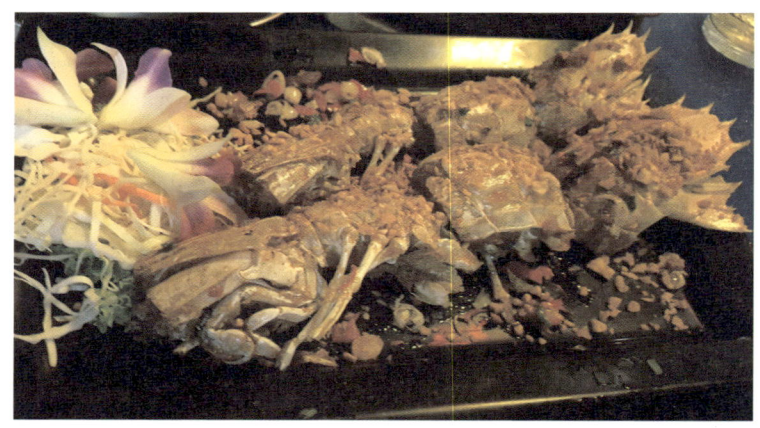

쟈오옌푸꿰이사 椒鹽富貴蝦

일반적인 조리법으로서 맛이 좋으나 비싼 것이 흠이다. 요즘은 중국에서도 가재를 회로 먹는 사람들이 늘어나고 있다. 속살은 회를 치거나 볶고, 껍데기 부분은 죽으로 끓여내는 방식인데, 생선회를 먹지 않던 중국인의 식생활에도 변화가 온 것이다.

또한 가재와 새우를 둘 다 닮은 갯가재와 맛조개는 우리나라의 경우 단순히 삶아서 횟집의 서비스 안주로 주는 수준이지만 중국에서는 좋은 요리가 된다. 먼저 것은 주로 고춧가루와 소금을 뿌리고 볶아내면 바다가재만큼 비싸고 맛있는 쟈오옌푸꿰이사 椒鹽富貴蝦라는 고급요리가 되고, 맛조개는 주로 콩짜개와 마늘로 양념을 해 츠즈성즈 豉汁聖子를 만든다. 조리하기에 따라서는 별 볼일 없는 재료도 고급의 요리로 탈바꿈을 시키는 것이 중국요리의 재주라 하겠다.

또한 사천식으로 맵게 조리며 볶은 민물가재는 필자가 베이징에 근무할 당시 적적한 집으로 그냥 가기 싫을 때 개당 우리돈 몇백 원에 시원한 생맥주와 함께 먹으면 최고의 안주였다.

통돼지구이 카오루주 烤乳猪

광뚱 지방에서 요리상에 돼지구이요리가 있느냐 없느냐 하는 것은 상당히 중요한 의미를 지닌다. 특히 새끼돼지 통구이는 빼려야 뺄 수가 없는 필수 메뉴다. 이는 마치 우리나라 호남지방의 잔칫상에 홍어요리가 오르는 만큼의 의미를 갖는다.

통돼지구이는 광뚱성의 주장珠江 삼각지 일대가 유명한데, 잘 익은 돼지의 겉 색깔이 황금빛으로 아름다워 금돼지라고 하며, 어미돼지는 대금저大金猪, 새끼 돼지는 유저乳猪라고 한다. 유저는 우리의 애저에 해당하는 말이다. 그러나 음식점의 메뉴에서는 보통 췌이피루주脆皮乳猪로 올라 있는데 이는 바싹 구워 아삭아삭 씹히는 맛에 착안하여 붙인 이름이다.

이 요리는 모든 중국인들이 사랑하는 주은래와도 관계가 있다.

《In Search of History》라는 책을 쓴 화이트[T. H. White]는 돼지고기를 먹는 것은 신을 모독하는 행위라고 생각하는 유태인이었다. 그런데 어느 날 주총리가 그를 초청하여 만찬을 베풀었고, 식탁의 가운데에는 화려한 황금빛 색깔을 자랑하는 췌이피루주[脆皮乳猪]가 놓여 있었다. 저우는 중국인의 식사예법에 따라 고기를 집어주면서 권하였지만, 유태인인 화이트가 진땀을 흘리며 사양하다보니 분위기가 식어버렸다.

이때 주총리가 재치를 발휘하였다.

"괜찮습니다. 중국에서는 이것이 돼지고기가 아니고 오리고기입니다."

참석자들은 모두 크게 웃었고, 화이트도 용기를 내어 입에 집어넣었다. 뒷날 그는 그때를 회상하면서 교리에 어긋난 행위에 대하여 하나님에게 용서를 빌었지만, 뛰어난 맛에 탄복하지 않을 수 없었다고 실토했다고 한다.

통돼지구이는 이미 3천 년 전 주나라 때의 기록에도 여덟 가지 진기한 요리의 하나로 들어 있고, 청나라의 공식 궁중요리인 만한전석[滿漢全席]에서도 으뜸이었다 한다. 지금도 웬만한 연회를 할 경우 테이블마다 네다리를 벌리고 납작 엎드린 새끼돼지가 한 마리씩 오르게 마련이다. 대개 연회의 초번에 내놓는다.

삶은 내장과 거위고기

간장, 술, 설탕에 팔각[八角], 초과[草果], 감초[甘草], 계피, 진피[陳皮]따위를 넣고 끓여낸 육수를 노수[滷水]라고 하는데, 중국 광동성 조주[潮州] 지방에는 이런 저런 고기를 이 노수에 삶은 요리가 발달해 있다. 그 중에

루쉐이따창 鹵水大腸

돼지내장을 삶은 노수대장鹵水大腸 루쉐이따창과 거위고기를 삶아 썬 노수아편鹵水鵝片 루쉐이어피엔은 특히 담백하면서도 깊은 맛이 있어 필자도 즐기는 편이다.

탕수육, 탕추러우 糖醋肉

우리나라 사람들이 가장 즐기는 중국요리 가운데 하나가 탕수육이다. 물론 탕추러우糖醋肉이라는 이름의 탕수육도 있기는 하나 대개는 꾸루러우咕嚕肉(광뚱사투리로 꼬로욕)로 부른다.

청나라 말기에 광저우를 외국에 개방했을 때, 그들은 중국요리 중에서 탕추파이구糖醋排骨를 가장 좋아했다 한다. 이것은 달고 새콤하게 요리한 돼지갈비인데 젓가락질이 서툰 그들을 위해 개발한 것으로 돼지갈비의 살만을 발라내어 술을 붓고 달걀과 전분을 섞어 설탕, 식초, 간수 따위로 간을 맞추어 바삭하게 튀겨 낸 것이다.

꿔바오러우鍋包肉

　이에 비해서 튀김 옷으로 찹쌀 반죽을 입혀서 튀겨낸 것은 요즘 우리나라에서 인기를 얻고 있는 찹쌀탕수육 꿔바오러우鍋包肉인데 그 뜻은 중국 튀김냄비에서 튀겨낸 돼지고기라는 뜻이다.

마오쉐왕毛血旺과 허파무침 푸치페이피엔夫妻肺片

　모두毛肚는 소의 내장 중에서도 밥통 즉, 양을 뜻하지만 이 요리에는 이밖에도 콩팥이며 등심, 물고기의 살코기, 닭피, 해삼, 그리고 두부, 버섯 따위를 넣어 끓여 먹는다. 물론 여기에 술이며 쓰촨지방 음식에 감초처럼 빠질 수 없는 생강가루며 산초, 고추 따위를 넣어 얼큰하게 만들기 때문에 우리네 한국의 서민들도 맛있게 먹을 수 있는 음식이라 하겠다. 마오쉐왕毛血旺이라고도 한다. 얼큰한 소내장탕이라하면 되겠다.

마오쉐왕毛血旺

이 요리의 역사는 짧으나 인기는 매우 높다. 지금으로부터 70여 년 전 청뚜에 곽조화郭朝華라는 사람이 살았는데 부인과 함께 소 내장 무침을 만들어 손수레에 싣고 다니며 팔았다. 사람들이 값이 싸면서도 그 맛이 훌륭하므로 부부가 만들어 파는 허파요리肺片라 하여 푸치페이피엔夫妻肺片이라고 불렀다. 처음에는 허파를 주재료로 사용하다가 후에 살코기와 심장, 혀, 밥통, 머리고기 따위를 더 넣어 발전시켰어도, 이름은 여전히 허파무침으로 통하고 있다.

예전에 필자의 모교인 고려대학교의 안암동 로타리에도 허름한 허파집이 있었는데 허파 한 접시면 막걸리 서너 되는 거뜬히 마실 수 있어서 주머니 얄팍한 학생들에게 인기가 높았으나 사라진 지 오래이다. 학생들의 형편이 나아져서 찾는 이가 적어 도태 된 것인지, 아니면 삼대三代를 넘기는 명가가 드문 우리나라의 풍토 때문인지 모르겠으나 아쉬운 일이다.

닭고기볶음 궁빠오지띵

중국관련 책자에서 흔히 보이는 궁보(宮保)라는 단어는 원래 왕자를 가르치는 선생을 뜻하는데, 천년을 두고 사용된 오랜 직책의 하나였으나 차츰 명예직으로 변해 국가에 공을 세운 대신들에게 주는 호칭으로도 사용되었다.

19세기 중엽 청나라. 쓰촨 총독으로 정보정(丁寶楨)이라는 인물이 있었다. 그는 원래 꿰이저우(貴州) 사람으로서 산뚱에 근무할 때 공을 세워 궁보(宮保)의 명예를 얻었는데, 그 뒤로 사람들은 그를 정궁보(丁宮保)라고 불렀다. 그러면 정보정이 어떻게 하여 궁보의 명예를 얻었고, 궁보와 닭고기요리는 무슨 관계가 있는지 알아보자.

당시의 황제는 광서제였지만 실권은 자희태후(慈禧太后)에게 있었다. 그녀는 서태후(西太后)로 더 잘 알려진 중국역사상 삼대 악녀(惡女)의 하나다. 집권 40여 년 동안 그녀는 많은 실책을 저질렀는데 그 중에서도 대표적인 것이 의화단의 베이징 외교공관 공격 때 이를 지지함으로써 기회만 노리던 외국세력에게 공격의 빌미를 준 것이고, 이로써 청나라는 망국의 길로 들게 된다.

중국 역사에서 나라가 망할 때는 언제나 그렇듯이 서태후도 태감(太監)들에게 너무 의지하여 나랏일을 그르쳤던 것으로 알려져 있다. 그때 태감중의 안덕해(安德海)라는 자는 그녀의 절대적인 총애를 믿고 대신들까지도 부하 다루듯이 하였다고 한다. 마침내 참다못한 대신과 왕족들이 일제히 탄핵을 하므로 태후도 어쩔 수 없어 그를 비밀리에 지방으로 보냈다. 그러나 정신을 차리지 못한 안덕해는 가는 곳마다 지방의 수령들에게 흠차대신(欽差大臣)으로 행세하며 위세를 떨쳤는데, 그가 산뚱에 이르렀을 때 이곳을 다스리던 이가 바로 정보

궁빠오지띵 宮保鷄丁

정이었다.

정보정이 누구인가. 그는 즉시 안덕해를 체포하자마자 목을 자르고 조정에 보고하였다. 내시가 공식 허락 없이 대궐을 떠났기 때문이며, 이미 저지른 죄가 여차여차해서 먼저 처단한 것이라고 분명하게 아뢰었으므로 태후로서도 어찌할 도리가 없었다. 사실 태감이 공식 허락 없이 궁궐을 떠나면 죄가 컸기 때문이다. 안덕해의 처단으로 그의 이름은 전국에 널리 알려져 칭송을 받게 되었다.

그런데 당시 사람들에게는 안덕해가 겉만 내시로 위장했을 뿐 사실은 멀쩡한 남자로서 태후의 정부인 까닭에 그토록 위세가 당당하다는 소문이 파다했었다. 정궁보는 그를 처단한 다음 벌거벗긴 시체를 사흘 동안 길거리에 방치하여 소문이 사실이 아님을 입증함으로써 태후의 체면을 세워 주었다. 이 사건이 수습되고서 그에게 궁보의 명예가 주어진 것이다.

정궁보가 쓰촨 총독으로 부임하면서 고향인 궤이저우에 잠시 들르자, 일가친척들은 천하에 이름을 떨친 그가 고향을 방문하게 되자 잔치를 크게 준비하였다. 그러자 강직한 정궁보는 그들이 음식을 장만하느라 고생이 많은 것을 알고 쓸데없는 고생이나 낭비를 하지 말고 닭볶음요리나 준비하라고 지시했다. 요리사들이 그의 지시를 받들어 정성 들여 개발한 요리가 바로 위의 닭볶음이고 많은 사람들이 이 요리를 좋아하게 되자 그가 죽은 뒤 그의 높은 뜻을 받들어 궁빠오지띵宮保鷄丁이라 이름 지은 것이다. 여기서 궁보는 물론 정보정의 명예직을 일컫는 것이고 계정鷄丁은 네모나게 썬 닭고기를 뜻한다. 이는 중화요리 칼다루기에서 정丁이라는 단어가 네모썰기를 지칭하는 까닭이다. 이 요리는 원래 궤이저우 요리로서 그다지 맵지 않았으나 정보정이 근무하던 쓰촨사람들도 먹게 되면서 고추를 많이 넣게 되었고 이제는 분류상으로도 쓰촨요리에 속하게 되었다.

삼겹살조림 홍사오러우 紅燒肉

중국공산당 홍군이 장정을 끝내고 연안지역에서 국민당 정부군과 대치하고 있던 1947년. 모택동은 폐렴으로 기침이 심한데다가, 대대적인 공세에 맞서 밤낮 없이 계속되는 작전 지휘로 극도로 쇠약해진 상태였다. 이때 서북야전군이 정부군 36사단을 섬멸했다는 승전보를 듣고 기분이 좋아져 경호원 이은교李銀橋에게 음식을 부탁했다. 그것은 모택동의 고향인 후난지방의 가정식 백반 수준의 요리로서 매운 돼지고기 조림이었다.

맛있게 먹는 것을 본 경호원이 다음에도 다시 준비하려 하자 모택동은 이를 만류하면서 최전선의 전사들은 죽음으로 싸우며 변변한 음식도 못 먹는데 지휘부에서 호강을 할 수는 없다고 나무랐다. 당시 홍군의 사령관을 맡아서 작전을 총지휘한 주덕朱德은 항상 밥이며 잠자리를 일반 병사들과 똑같이 하였다. 막강한 국민당정부

홍사오러우 紅燒肉

군을 상대로 중화인민공화국을 건설한 것은 이같은 리더쉽이 아니었으면 애당초 불가능한 일이었다. 중국인민들이 지금껏 모택동 주석을 존경하고 주은래 총리와 주덕 총사령관을 마음으로 사랑하는 것은 허황된 이미지가 아니다.

소동파식 돼지고기조림 똥풔러우 東坡肉

동파는 송나라 때의 정치가이자 위대한 문학가이고 또한 뛰어난 미식가였던 소식의 호이다. 오죽했으면 호를 노도 老饕, 즉 식탐늙은이라고까지 하였겠는가. 당쟁에 밀려 후베이성 황저우 黃州라는 곳으로 좌천된 적이 있는데, 이때 친구에게서 동쪽의 밭을 빌려 경작했기 때문에 동파거사 東坡居士라는 호를 가지게 되었다.

소동파는 우리의 금수강산에 대해 전해 듣고 "원컨대 고려에 태

똥풔러우^{東坡肉}

어나서 금강산을 한번 보고 싶구나"라는 시를 쓰기도 했던 인물이다. 그는 정치가로서 문학가로서 중국 곳곳에 그의 발자취가 없는 곳이 없고 많은 음식이 그와 얽힌 인연과 사연을 간직하고 있다. 이 요리도 그렇다.

그가 항저우에서 태수를 지낼 때의 일이다. 아름다운 시후도 관리 소홀로 일부가 메워지고 잡초만 자라 폐허가 되어서 농사짓는 저수지 구실도 제대로 못하고 있었다. 이를 본 소동파는 백성들의 힘을 빌려 시후를 완벽하게 복구하였다. 항저우 사람들이 이를 고맙게 생각하여 감사한 마음을 나타내는 방법 또한 지극히 중국답다.

그들은 소동파가 돼지고기를 좋아하는 것을 알고 돼지를 바쳤는데, 백성을 사랑하는 그가 혼자 챙길 일은 아니어서 이 돼지를 모두 요리해서 같이 먹었고, 사람들이 그 맛에 탄복하여 그의 호인 동파를 따 똥풔러우^{東坡肉}라 부르게 되었다.

이 똥풔러우는 들어가는 재료도 많지 않고 요리법도 비교적 간단하여 우리도 한번 시도해볼 만하다고 생각된다. 돼지고기 삼겹살 부분을 큼직하게 썰어, 끓는 물에 살짝 삶았다가 찬물에 씻은 다음 파, 술, 간장 따위를 함께 넣고 약한 불로 졸이다가 약간의 설탕과 뜨거운 물을 붓고 센 불로 끓이면 된다.

음식을 백성들과 함께 나누어 먹는 정겨운 모습이 마치 우리의 설렁탕의 유래와도 어떤 면에서는 통하는 데가 있어 아름다운 이야기라 하겠다. 공직자 선임 때면 으레 부정한 재산 증식으로 말도 많고 탈도 많은 우리네 정치인들과 고위 관리들에게 꼭 들려주고 싶은 이야기이다.

상하이 게찜 상하이따쟈세 上海大甲蟹

가을이 되면 국화가 꽃을 피우고 그 향기는 가을바람 속에 널리 퍼져 사람들은 저마다 계절의 미각을 좇아 쑤저우의 양징후洋澄湖와 쟈싱嘉興의 난후南湖를 찾았다. 그 목적은 바로 이들 호수에 서식하는 민물게를 즐기고자 함이었다.

중국 사람들에게 이곳의 게가 얼마나 인기가 높았는지는 많은 에피소드에서도 짐작할 수 있다.

중국의 유명한 여성시인의 한 사람으로 쑤저우에서 살다간 탕국리湯國梨는 "양징후의 게를 좋아하지 않으면서 어찌 쑤저우에 살리오"라는 시를 지었고, 이 모라는 화가는 매년 가을이 되면 적어도 백 마리의 게를 먹어 치워 사람들이 '게 백 마리 이씨'라고 부를 정도였다.

그뿐이 아니다. 진晉의 시인 필탁증畢卓曾은 "술자리 펼친 배에 올라,

상하이따쟈셰 上海大甲蟹

오른 손에 술잔을 들고 왼손에는 집게발을 잡고서 먹노라면 인생살이 족하지 않는가"라 할 정도로 게를 좋아하였고, 술꾼들의 영원한 표상 이태백도 "게 알은 황금의 액체"라고 읊어 게 예찬론자의 대열에서 빠지지 않았다.

그러면 구월은 암게 시월은 수게라는 말은 어떤 연유인가. 게는 대갑장군大甲將軍이라고도 하고 횡행공자橫行公子라고도 한다. 앞의 별명은 게가 두꺼운 껍질을 뒤집어 쓴 모습이 장군과 같은 위엄이 있어 붙여진 것이고, 뒤의 것은 옆으로 걷는 모습을 빗대어 붙인 별명이다. 게는 음력 구월이면 암컷의 배에 알이 가득해지고 시월이 되면 수컷의 살이 찌면서 맛이 좋아지기 때문에 달에 따라 까다로운 미식가들의 입맛에 맞추어 위와 같이 말하게 된 것이다.

중국 사람들은 철이 아니거든 먹지 말고 이름난 것이 아니면 먹지 않는다고 하였다. 때가 가을이고 이름난 양징후의 게라면 사람들은 돈을 아끼지 않고 사서 먹는다. 다만 수요는 많고 공급은 워낙 딸리므로 부근 창장의 아무 지류나 여기저기의 호수에서 잡아온 가짜를 양징후의 게로 속여 팔아도 이를 구분하기가 쉽지가 않다. 한 가지 판별법을 소개하자면 온몸에 털이 촘촘히 난 것을 고르라는 것이다. 이 게는 정식 이름을 중화융모해^{中華絨毛蟹}라고 하며 간단히 줄여서는 모해^{毛蟹}라 할 정도로 몸에 털이 많기 때문이다. 이 게는 강남해^{江南蟹} 또는 대갑해^{大閘蟹}라고도 부르는데 일반적으로 가장 잘 알려진 상품명은 상하이따쟈셰^{上海大閘蟹}이다.

게의 본고장인 쑤저우는 일찍부터 게 요리가 발달하여 쩡칭세^{蒸青蟹}, 세펀떠우푸^{蟹粉豆腐}, 세펀차오딴^{蟹粉炒蛋} 따위의 요리가 이를 대표한다.

쑤저우는 그렇지 않아도 미인이 많기로 유명한 곳이다. 이 미인들이 어려서부터 게를 먹고 자라면서 자연스레 게의 조리법을 익혔고, 인기 높은 쑤저우 미인들이 새로 발달하는 신흥 상업도시 상하이로 많이 시집가면서 쑤저우 요리가 상하이의 본바닥 요리처럼 굳어진 것이다. 그러므로 상해게^{上海蟹}라는 이름도 이 같은 배경에서 생긴 것이지 상하이에서 잡히는 게를 가리키는 말은 아니다.

이 민물 게를 먹을 때는 소흥주^{紹興酒}를 곁들이는 것이 제격이며 게를 제대로 먹는 사람은 다 먹은 다음에 껍데기를 재조립하면 다시 원래의 모습을 찾을 정도로 깔끔하게 먹어야 한다고 한다.

게를 먹을 때 최고로 치는 부분은 알집과 소화샘으로 이들은 노란색을 띠므로 세황^{蟹黃}이라고 한다. 차오세황여우^{炒蟹黃油}가 바로 게의 알집을 요리한 것인데, 귀한 상하이 게의 귀한 부분만을 모아 요리한 것이니 값이 비쌀 것은 당연한 일이다. 이렇듯 귀한 게이고 보니 게살 대신에 쏘가리 고기를 이용하여 게살가루를 만들고 달걀노른자로 알집을 대신하기도 한다. 다른 재료와 어울리면 웬만한 사람은 모르고 넘어가기 마련이다.

게 요리를 이야기하다 보면 수양제^{隋煬帝}를 빼놓을 수가 없다. 그가 고구려의 영웅 을지문덕 장군에게 혼이 나기 얼마 전 양저우^{揚州}에 들른 일이 있었다. 목적은 고구려를 치기 위한 준비 작업으로 대운하 공사를 독려하려고 온 것이었지만 기왕에 들른 김에 양저우의 명승지 네 곳을 둘러보았다.

이곳의 경관이 인상 깊었던 수양제는 궁으로 돌아가 수라간의 책임자를 불러 이것을 이야기 해주고 그 네 곳의 특징과 관련지은 요리를 만들어 내라고 분부하였다. 앞에서도 이야기했지만 수나라와 당나라 때에는 경치와 음악적인 요소를 표현한 요리가 발달하였던 까닭이다.

얼마 후 수양제의 앞에 놓인 요리가 돼지고기로 만든 퀘이화센러우^{葵花獻肉}. 양저우의 명승지 이름과 관련지어 퀘이화깡^{葵花崗}의 퀘이화를 따내어 이름 지은 재치가 돋보인다. 수양제가 이것을 먹어보고서 크게 칭찬하자 이 소식이 양저우에 거꾸로 전해지고서 더욱 발전하였다. 세월이 흐르면서 퀘이화^{葵花}의 모양이 사자머리 같다 하여 이름도 칭뚠세펀스즈터우^{清燉蟹粉獅子頭}로 바뀌었다. 기본재료는 게살과 돼지의 갈빗살이다.

이 사자두에 돼지머리고기, 연어대가리^{蓮魚頭}를 보태면 값이 싸면서도 이름난 양주의 세 가지 머리요리가 된다.

집집마다 만복이 깃들라, 취앤쟈푸

요즘 우리나라의 웬만한 고급 음식점이면 다 내놓는 전가복^{全家福}도 처음 등장하는 데는 사연이 있다.

취앤쟈푸^{全家福}

　여행을 좋아하였던 청의 건륭제가 여섯 번째로 난징을 찾았을 때 난징 총독은 천하를 호령하는 황제일 뿐만 아니라 으뜸가는 미식가를 맞아, 요리사에게 최고의 음식을 준비하라고 분부하였다.

　이윽고 황제를 모신 상 위에는 천하의 온갖 산해진미가 그득하였으나 건륭제는 별로 탐탁찮은 표정이었다. 이를 보고 놀란 총독이 황급히 뛰어 나가 요리사를 불러 다시 한 번 좋은 요리를 만들어 보라고 엄히 일렀다. 이에 요리사가 해삼, 닭고기, 중국식 햄, 깐새우 따위를 넣고 볶아 내었더니 상 위에 오른 뒤에도 아직 김이 오르면서 향이 좋았다. 이를 맛본 건륭제가 요리사를 불러 칭찬을 하고 요리의 이름을 물었으나 마땅한 이름이 없어 "폐하가 이곳에 납시어 모든 사람들에게 복이옵니다."라고 말할 뿐이었다. 이에 임금이 "마땅한 이름이 없으면 앞으로 취앤쟈푸^{全家福}로 부르라."하였다.

　그러나 전가복 요리는 난징만의 전유물은 아니다.

　다음은 진시황에 쫓긴 어느 선비의 얘기다. 진시황이 유교의 경전을 불태우고 선비들을 땅에 묻어 죽일 때, 방재^{方才}라는 선비는 어찌 어찌 목숨을 건져 멀리 산뚱으로 도망쳤다. 그러나 얼마 지나지 않아 큰 홍수가 나 방씨 집안은 또 피해를 입게 되었고 그 후로도 이런 저런 고생이 막심하였다. 이 집안의 어려운 운세는 진시황이 죽고 나서야 풀렸고 온 가족은 고향 땅에서 다시 만날 수 있었다. 그 기구한 이야기를 전해 들은 어느 요리사가 각종 재료를 넣고 탕을 끓여서는 온 가족이 살아 돌아와 복이 찾아왔다는 뜻으로 전가복^{全}^{家福}이란 이름을 붙였다고도 한다.

북경오리구이 $^{北京烤鴨\ 베이징카오야}$

오늘날 세계 각국에서 중국요리를 대표하는 이 요리는 6세기경인 남북조시대의 기록에도 보이지만, 지금과 같은 형태로 발전한 것은 명나라가 난징을 첫 수도로 정하였을 때 이미 난징에서 대중화되어 있던 오리요리를 구이로 개발하면서부터라는 것이 정설인 듯하다.

명나라가 서울을 다시 베이징으로 옮긴 뒤부터는 아예 오리구이 전문점이 등장하였는데 19세기 말 청나라 때에는 마침내 전취덕고압점$^{全聚德烤鴨店\ 취엔취더카오야디엔}$의 간판이 걸렸고 그 이름을 전 세계에 떨치게 된다.

역사상 이름난 미식가인 건륭제가 1761년 3월 5일부터 17일까지 13일 동안만 해도 여덟 번이나 이 오리구이를 먹었다는 기록이 있는 것을 보면 과연 그 맛이 뛰어난 것임에는 틀림없는 듯하다. 하기는 오리를 한자로는 압^{鴨}이라 하는데서 우리는 힌트를 얻을 수 있다. 다시 말해서 새[鳥] 중의 으뜸[甲]이라는 뜻이니 오리요리가 이러한 대접을 받는 것도 무리는 아니라고 생각된다.

베이징카오야 北京烤鴨

그러면 북경오리구이 北京烤鴨 베이징카오야가 남다른 맛을 내는 데에는 어떤 비결이 있을까.

첫째는 재료의 차이다.

베이징카오야는 특별한 방식으로 살을 찌운 베이징오리만을 쓰고 있다. 베이징오리는 난징오리를 베이징의 왕실용 오리농장에서 개량한 것으로 하얀 털에 눈은 검고 부리와 발은 오렌지색인데 부화 후 2개월이면 2Kg이 될 정도로 성장이 빠르고 일 년에 140여 개의 알을 낳는다.

베이징오리는 부화 후 50일쯤 지나면 운동은 시키지 않고 하루 2~4회씩 환약처럼 만든 사료를 목구멍에 가득 차도록 먹여 강제로 살을 찌운다는 데서 전압 塡鴨이라는 이름을 얻게 되었는데, 살집이 많고 고기가 부드러운 것이 특징이다.

베이징카오야 北京烤鴨

　우리가 암기위주의 강제적인 교육을 주입식 학습법이라고 하는데 중국 사람들은 이를 전압식교학법填鴨式教學法, 즉 오리먹이채워넣기식 교육법이라고 하는 것을 알면 이해가 쉬울 듯하다.
　다른 하나는 굽는 방법에 있다.
　오리를 잡으면 깃털과 내장을 제거하고 물갈퀴를 떼어 내어 겉에 엿을 발라서 나흘 간 그늘에 말린 다음, 몸속에 공기를 불어넣어 보기 좋게 부풀린 오리를 대추나무나 배나무 장작 불 위에 매달아 놓고 비법의 맥아당 양념을 발라가며 다갈색으로 익을 때까지 오랜 시간 구워 내는 것이다(이 장작들은 연기가 없고 불이 세 오리구이용 땔감으로 적합하나 나무가 귀해지면서 지금은 목탄이나 가스 불을 이용하고 있다).
　이렇게 해서 구워낸 오리는 식기 전에 껍질을 얇게 썰어 상 위에 올리는데 숙달된 요리사는 6분 이내에 한 마리를 처리할 수 있다.

베이징카오야 北京烤鴨

이 껍질을 빠오삥薄餠이라는 밀전병에 첨면장甛麵醬 티엔미엔장이라 부르는 양념장과 생파, 생오이 썬 것을 함께 싸서 먹는다.

오리의 각 부분을 전부 사용한 경우에는 전압석全鴨席 취앤야시이라고 하는데 이때는 혀와 발의 물갈퀴 부분도 나온다. 베이징오리를 주문하였을 때 껍질을 썰어 내놓고 손님의 별다른 주문이 없으면 나머지는 그냥 가져가기도 하지만 베이징의 전문 오리집에서는 전압석으로 내놓는 것이 보통이다.

신선로와 훠궈

베이징은 양고기를 즐기는 북방민족들의 침입과 지배를 많이 받았고 짐승의 도살과 공급에 돼지고기를 먹지 않는 회교도들이 주로 종사하면서 독특한 양고기 문화가 발달했다.

얇게 썬 양고기를 끓는 육수에 살짝 데쳐 먹는 쇄양육涮羊肉 쏸양러우는 본래 몽골족의 음식이었는데, 베이징이 원의 서울이 되면서 전파되어 명나라 때에는 대중화되었고 이후 점차 베이징의 명물 요리로 자리를 굳혔다. 18세기 청의 가경제嘉慶帝가 한 번은 1천 명의 건강한 노인들을 초청하여 잔치를 베풀었는데 이때 준비한 화로가 1,500여 개에 달했다고 한다.

이때의 기록에 보면 야화과野火鍋 예휘꿔니 양육화과羊肉火鍋 양러우휘꿔니 하는 말이 나오는데 여기서 휘꿔는 바로 얇게 썬 고기를 육수에 넣어 데쳐[涮] 먹는 신선로 모양의 그릇을 말하는 것으로 보아 이것들이 오늘의 쏸양러우의 조상에 해당하는 것임을 알 수 있다.

신선로神仙爐가 우리 기록에 처음 나타난 것은 18세기 중엽의 역관으로 있던 이표李杓가 쓴 책《수문사설謏聞事說》인데 당시의 이름은 열구자탕悅口子湯 즉, 입을 즐겁게 해주는 탕이라는 뜻을 가진 음식이었다. 이 신선로도 고려 말에 우리가 원의 침입을 받고 난 뒤 그들의 풍습이 전해지면서라는 이야기가 있다.

이 같은 쏸양러우에 쓰이는 양고기로는 내몽골산을 최고로 친다.

양고기를 종이처럼 얇게 썰어 살짝 데친 것을 간장, 새우소스, 참기름, 소흥주, 고추기름, 식초 따위의 소스에 찍어 먹는다. 고기를 얇게 써는 것이 기술인데 양고기가 잿빛으로 변한다 싶을 정도에서 재빨리 꺼내어 국물을 휘꿔에 잘 털고 먹는 것이 요령이다. 다만 국물이 소스에 너무 많이 섞이게 되면 제 맛을 잃으므로 이점은 반드시 유의해야 한다.

우리나라에도 전통음식 중에 넓은 냄비에 육수를 끓이며 쇠고기나 국수 따위를 데쳐 먹는 토렴이라는 음식이 있었지만, 언제부턴가

몽골족의 전통음식 쏸양러우

샤브샤브 또는 징기스칸으로 이름이 바뀌었다. 쏸양러우는 먹는 방식은 토렴이고, 사용하는 그릇은 신선로와 같다고 생각하면 이해가 쉬울 것이다.

원래 훠궈에는 목탄을 썼으나 요즈음은 가스나 고체알콜을 쓰기도 하며 베이징의 인민대회당에서 사용하는 훠궈는 겉을 은으로 도금하고 표면에는 중국 고대 음식 그릇에 있는 도안을 넣어 매우 예스럽고 아름답다. 하지만 요즘 쏸양러우는 쓰촨식의 매운 훠궈에 밀려 겨우 명맥을 유지하는 느낌이다.

화궈火鍋 훠궈는 중국식 신선로인데 소고기, 양고기, 각종 야채, 버섯 등을 넣고 끓여 먹는 것으로, 쓰촨 지방에서 시작했으나 지금은 베이징을 포함한 중국 화북지방에서도 인기가 높아 곳곳에 쓰촨훠궈四川火鍋, 충칭훠궈重慶火鍋의 간판이 즐비하다. 오히려 오리지널이라 할 베이징의 이름난 양고기 샤브샤브 수안양러우涮羊肉가 빛을 잃었다.

사천식 훠궈^{火鍋}

여러 가지 변형이 있지만 필자는 버섯샤브샤브를 정말 좋아했다. 쓰촨이나 베이징에 가면 수십가지 버섯만을 취급하는 화과집들이 있다. 필자가 베이징 체류시 매일밤 이어진 술자리에도 불구하고 지금껏 건재하게 된 것은 아마도 이 버섯샤브샤브 덕분이었을 것이라고 굳게 믿는다.

양고기를 먹는 방식에는 데쳐 먹는 방식도 있지만 불에 굽는 방식도 있다. 이 양 불고기, 즉 카오양러우도 위의 쏸양러우처럼 본래는 북쪽 유목민족의 전통 음식이었다. 이것도 마찬가지 과정을 거쳐 중국화된 것으로, 뜨겁게 달군 철판에 양 기름을 두르고 간장, 술, 생강즙, 설탕, 참기름을 넣어 잘 섞은 양념에 재워둔 양고기를 얹어 뒤집어 가면서 구워 내는 것인데 양고기 자체가 부드러운 만큼 독특한 풍미가 있다.

요즘은 우리나라에서도 크게 인기를 끌면서 대중화가 된 것으로

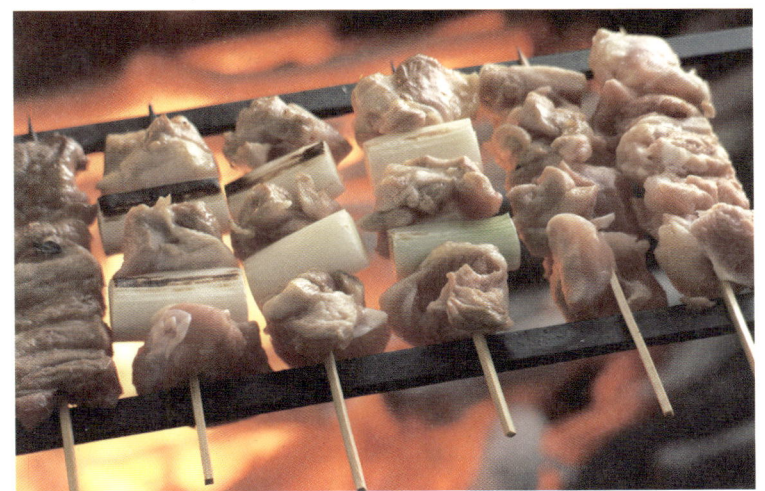

양꼬치구이 양러우촨^{羊肉串}

양고기꼬치구이가 있다.

80년대에 연변에 처음 가서 길거리 간판에 쮄집이라는 글을 보고서 아주 궁금했었다. 저게 도대체 무슨 뜻일까? 궁금했지만, 그게 양고기를 꼬챙이에 꿰어서 굽는다는 뜻을 아는데 많은 시간이 필요치는 않았다. 이미 중국의 동북지방에서는 대중음식으로 자리잡고 있었던 까닭이다. 토막낸 양고기를 이렇게 구어서 먹는 것은 원래 위구르족 등 서북유목민들이 즐기는 방식이었는데, 이제는 중국 대륙의 어디를 가나 먹을 수 있는 음식이 되었고 심지어는 우리나라에서도 동네 먹자골목마다 쉽게 볼 수 있게 되었다. 양고기가 익으면 찍어먹는 양념은 위구르어로 즈란$^{孜然\ 자연}$, 영어로는 커민^{Cumin}이라고 한다. 미나리과의 식물로 그 씨앗을 말려 향신료로 사용하는데 양고기의 냄새를 없애면서 그 풍미를 높여주는 역할을 한다.

그리고 신선한 양고기 중에서 좋은 부분은 생으로 먹기도 한다.

중국인들이 간단한 술안주로 즐기는, 돼지고기를 잘게 채썰어 춘장에 볶은 징장로우쓰^{京醬肉絲}

 필자도 중국인 친구가 생고기를 처음 권할 때는 약간 께름칙하게 생각했으나 한번 먹어 보고서는 그 맛에 반하고 말았다. 전혀 느끼하지 않고 비린내도 느껴지지 않았을 뿐만 아니라 부드럽고 깨끗한 맛이 무어라 형용할 수가 없었던 까닭이다. 옛날에는 양고기가 잔치에 매우 일상적으로 이용되던 식품이었다. 그러므로 이와 관련되어서는 재미있는 이야기가 많다.

 전국시대에 송나라의 장군 화원^{華元}은 전쟁에 나가기 전날 밤 양을 잡아 군사들을 배불리 먹였는데 자기의 전차를 모는 부하를 깜박 잊고 부르질 않았다. 이에 앙심을 품은 부하는 다음날 전투가 시작되자 화원을 태운 전차를 몰아 곧바로 적진으로 들어가 버렸고, 덕분에 화원은 포로가 되고 말았다.

 중산국^{中山國} 왕은 연회를 베풀면서 양으로 국을 끓였는데 양이 모자라 사마자기^{司馬子期}는 먹을 수가 없었다. 그는 무시를 당했다고 생각하고 위나라의 힘을 빌어 중산국을 쳤다. 이에 중산국 왕이 "양

파를 듬뿍 썰어 넣고 볶은 총빠오양러우 葱爆羊肉

고깃국 한 사발 때문에 나라를 망쳤구나!"하고 탄식을 했다고 한다.

양고기를 보다 간단하게 먹는 방법으로는 파를 듬뿍 썰어 넣고 만드는 양고기 볶음 葱爆羊肉, 총빠오양러우이 있고, 돼지고기를 채썰어 춘장에 볶은 경장육사 京醬肉絲, 징장로우쓰도 우리 입에 잘 맞는다. 이 두 가지는 가격도 저렴하고 맛도 좋아서 북경의 서민들이 평소 가장 즐겨 먹는 음식이자 안주들이다.

맛있는 안주를 찾기 위한
중화요리 이해의 숨은 열쇠

요즘은 인터넷과 통신기기의 발달로 앉아서도 전 세계를 둘러볼 수 있고, 반대로 세계 어디를 가도 그곳의 찾고 싶은 정보를 쉽고 빠르게 구할 수 있는 세상이다. 그러니 예전과 달리 내 취향의 중국술과 거기에 잘 어울리는 안주, 곧 중화요리를 주문하는 것도 그리 어려운 일만은 아니다. 게다가 웬만한 음식점 메뉴판에는 요리 이름에 사진까지 함께 있으니 주문하는 사람으로서도 여간 편리하지가 않다. 그러나 예전보다 많이 수월해졌다고 해서 모든 궁금증이나 불편함이 단박에 해소되는 것은 아니다. 매번 먹을 때마다 주문할 때마다 일일이 물어보거나 찾아볼 수도 없고, 또 어느 궁벽진 곳에서는 통신기기가 무용일 때도 있으니 기본적인 중화요리의 맥을 이해해두는 것도 나쁘지 않다.

중화요리의 핵심인 재료와 불다루기, 칼다루기 같은 조리법의 기본 몇 가지 명칭만 이해하면 음식의 새로운 세계를 경험할 수 있으니 말이다. 예를 들면 앞에서도 소개했듯이 닭고기요리인 궁빠오지띵을 보자. 궁빠오는 이 요리의 유래와 관계있는 인물 정보정^{丁寶楨}의 관직명인 궁보에서 따온 것이고 지^{鷄}는 재료인 닭의 명칭이다. 그렇다면 정^{T}은 무엇인가? 정궁보의 성씨인가? 그렇지 않다. 칼다루기와 썰기의 기본동작 중 한 가지인 네모썰기가 정^{T}이다. 결국 궁빠오지띵은 정궁보를 위해 '닭고기를 네모나게 썰어 (간장을 뿌려 간을 해두었다가 마른 고추, 술, 식초, 소금 따위를 넣고) 볶은 음식'이라는 뜻이다. 그러니 술과 잘 어울리는, 입맛에 맞는 안주를 찾기 위한 첫걸음으로 중화요리의 중요한 재료명과 불다루기 칼다루기의 기본 몇 가지만 이해하고 넘어가자.

재료명 이해하기

◨ 해물류(민물에서 나는 것 포함)

연와^{燕窩} : 바다제비의 둥지

어시^{魚翅} : 상어 지느러미

어순^{魚脣} : 상어 입술

포어^{鮑魚} : 전복.

해삼^{海蔘} : 해삼, 검은 것은 오삼^{烏蔘}이라 하여 최고로 친다.

간패^{干貝} : 키조개의 패주(일명 가이바시)를 쪄서 말린 것, 여기서 간^{干}은 마를 건^{乾}자의 간체자이다.

호시^{蠔豉} : 말린 굴

함어^{鹹魚} : 소금에 절여 말린 생선

하미^{蝦米} : 말린 새우

석반어^{石斑魚} : 영어 이름인 가루파^{Garoupa}로 더 잘 알려진 석반어는 우럭바리라고도 하며 바다 속의 바위틈이나 자갈밭에 주로 사는데 종류가 대단히 많아 값이 싼 니반^{泥斑}으로부터 고급의 홍반^{紅斑}이나 성반^{星斑}에 이르기까지 여러 가지가 있으나 역시 최고급은 노서반^{老鼠斑}이다. 껍질의 색과 무늬로 쉽게 구별할 수 있다.

시어^{鰣魚} : 준치의 일종

황어^{黃魚} : 조기

오어^{烏魚} : 송어의 일종

우어^{魷魚} : 오징어

기위하^{基圍蝦} : 바닷물을 끌어들인 못에서 양식하는 새우

용하^{龍蝦} : 바다가재

화해^{花蟹} 또는 홍해^{紅蟹} : 꽃게

라^{螺} : 소라

대자^{帶子} : 키조개

이어^{鯉魚} : 잉어

전계^{田鷄} : 개구리. 닭고기 맛으로 밭에서 나는 닭고기라는 뜻

대갑해^{大甲蟹} : 민물게이며 게살은 해육^{蟹肉} 또는 해분^{蟹粉}, 그리고 알은 해황^{海黃}이라고 한다.

수어^{水魚} : 자라를 뜻하며 갑어^{甲魚}라고도 한다. 중국인들에게 자라나 거북은 그다지 이미지가 좋지 못해서, 거북^{龜}은 기둥서방을 뜻하고, 거북이나 자라를 나타내는 왕팔^{王八}(또는 王八蛋^{왕빠딴})은 중국에서는 매우 험악한 욕이므로 절대 사용해서는 안 된다.

■ 육류

육^{肉} : 중화요리에서 육^{肉}이라 하면 돼지고기를 뜻한다. 돼지고기가 기본이기 때문에 고기[肉]라 하면 당연히 돼지고기를 가리키는데 새삼스럽게 돼지[豚, 猪]라는 수식어를 붙일 필요가 없다.

우육^{牛肉} : 쇠고기

양육^{羊肉} : 양고기

구육^{狗肉} : 개고기

저수^{猪手}, 제^{蹄} : 돼지 족

화퇴^{火腿} : 중국식 햄

백엽^{百葉}, 두肚: 소의 밥통

장^{腸} : 창자

배골^{排骨} : 갈비

간^{肝} : 간

요^{腰}, 요화^{腰花} : 콩팥

남^{腩}: 배 부분의 연한 살

근^{筋}(또는 ^{根}) : 힘줄

우유^{牛柳} : 소의 등심살

■ 날짐승
날짐승으로는 다음의 것을 많이 먹는다.

계^{鷄} : 닭. 흔히 봉황^{鳳凰}으로 비유한다. 그러므로 봉황의 발톱을 뜻하는 봉조^{鳳爪}는 닭발이고 봉익^{鳳翼}은 닭날개이다.
압^{鴨} : 오리. 오리발은 압장^{鴨掌}이라 하고 새의 혀 중에서 가장 맛있다는 오리 혀는 압설^{鴨舌}이라고 한다.
아^{鵝} : 거위
합^{鴿} : 비둘기
암순^{鵪鶉} : 메추리

그밖의 것으로 뱀은 용^{龍}으로, 삵쾡이[果子狸]나 고양이는 호랑이[虎]로 나타내는 경우가 많다.

■ 야채류
백채^{白菜} : 중국 중남부 지방의 배추로 우리 배추보다 작고 부드럽다. 일설에는 우리의 배추라는 이름이 이것에서 비롯되었다고 한다.
라복^{蘿蔔} : 무우
홍라복^{紅蘿蔔} : 홍당무
채심^{菜心} : 중국 남부지방에서 계절에 관계없이 가장 사랑 받는 야채로서 광동말로는 초이삼이라 한다.
두묘^{豆苗} : 완두의 연한 줄기와 잎으로 늦가을에서 겨울에 걸쳐 먹는다.
공심채^{空心菜} 또는 동채^{洞菜} : 줄기 속이 빨대처럼 비어 있어 붙여진 이름.
개람^{芥藍} : 우리말 이름은 동갓으로 브로콜리의 일종이다.

향채^{香菜} : 향냄새가 강한 풀로서 흔히 요리 위에 얹어 나온다. 이것을 먹으면 중국음식에 대한 면허장을 얻은 것으로 인정받을 만큼 우리에게는 그다지 친숙하지 않은 맛을 가지고 있다.
구화^{韭花} : 꽃이 달린 채로 먹는 부추
구황^{韭黃} : 누런 부추
근채^{芹菜} : 미나리
설채^{雪菜} : 갓 잎. 보통 소금에 절여 먹으며 우리의 시래기와 흡사
가자^{茄子} : 가지
황과^{黃瓜} : 오이
고과^{苦瓜} : 여주, 수세미나 오이처럼 생기고 맛이 씀
동순^{冬筍} 또는 죽생^{竹笙}
총^蔥 : 파
양총^{洋蔥} : 양파
화생^{花生} : 땅콩
서근^{西芹} : 샐러리
노순^{露筍} : 아스파라거스
현채^{莧菜} : 비름
은이^{銀耳} : 흰참나무버섯
동고^{冬菇} : 입춘 전 겨울에 딴 표고버섯
초고^{草菇} : 버섯의 일종으로 색깔은 표고버섯과 같으나 모양은 미더덕과 비슷하다.
목이^{木耳} : 목이버섯
동과^{冬瓜} : 박의 일종으로 중국남부지방에서 산출
서미^{西米} : 야자열매를 깨알만큼 썰어 만드는데 식후에 야자 즙에 담아 내놓으면 우유에 쌀알이 뜬것처럼 보이지만 마치 우리의 식혜와 비슷하다.

행인杏仁 : 살구씨
미분米粉 : 쌀가루 혹은 쌀국수
분사粉絲 : 녹말로 만든 당면
속미粟米 또는 옥미玉米 : 옥수수

 메뉴에서 특별한 이름 없이 시소時蔬 또는 합시合時라고 했을 경우에는 철에 맞는 야채, 곧 제철채소라는 뜻이다

■ 향신료
팔각八角 : 붓순나무 열매로 차이나타운의 독특한 냄새가 바로 이것이다. 우리를 마늘냄새로 특징짓듯 팔각 향은 중국사람을 특징짓는다.
정향丁香 : 정향나무 기름으로 고기요리에 주로 쓰인다.
화초花椒 : 산초나무 열매
진피陳皮 : 말려 묵힌 귤껍질인데 오래 묵은 것일수록 비싸다.
육계肉桂 : 계피가루 또는 그 기름
회향茴香 : 회향풀 또는 그 기름
오향분五香粉 : 육계, 팔각, 정향, 산초, 회향을 섞어 만든 가루로 우리가 즐기는 오향장육五香醬肉은 바로 이 오향을 이용하여 장에 절인 것이다.
두시豆豉 : 콩을 발효시켜 말린 중국식 청국장
노추老抽 : 색은 짙으나 싱거운 간장(우리의 왜간장에 해당)
생추生抽 : 짠 간장(우리의 진간장에 해당)
호유蠔油 : 굴을 발효시켜 만든 조미 소스로 활용도가 높다
지마장芝麻醬 : 참깨 따위를 으깨서 만든 것
첨면장甛麵醬(또는 甛面醬) : 밀가루로 만드는 단맛의 된장으로 북경식 오리요리를 먹을 때는 필수품이다.
춘장春醬 : 짜장면의 원료가 되는 중국 된장

사다장^{沙茶醬} : 된장에 새우, 참깨, 땅콩 따위를 넣어 만든 것으로 중국 남부지방에서 주로 먹는다.
랄초장^{辣椒醬} : 붉은 고추를 짓이겨 만든 것으로 언뜻 우리의 다진 양념과 흡사하다. 중국음식이 입에 맞지 않을 때 이것을 찍어 먹으면 아쉬운 대로 목을 넘길 수 있다.
향초^{香醋} : 검은 식초
랄초^{辣椒} : 고추
산^蒜 : 마늘
강^{薑(또는 羌)} : 생강
개말^{芥末} : 겨자가루
랄유^{辣油} : 고추기름
마유^{麻油} : 참기름
염^鹽 : 소금

밀즙^{蜜汁} : 꿀
행인분^{杏仁粉} : 아몬드가루
가리^{咖喱}: 카레
지사^{芝士} : 치즈

조리방법 이해하기(불 다루기)

 중국요리의 조리방법은 수없이 많지만 그 중에서도 대표적인 것으로 다음과 같은 것들이 있다. 다만 여기서 조리방법이라는 것은 조리할 때 불의 세기와 시간, 즉 화후^{火候}에 따른 구분을 말하는 것이며 실제 중화요리에서는 화후가 요리의 특성을 결정짓는다 해도 과언이 아니어서 대개 조리방법은 화후와 같은 의미로 받아들인다. 대부분의 음식은 그 이름에 이미 조리방식을 나타내고 있어서 사람들은 요리이름을 보고 해당 요리가 어떻게 조리되었는지 짐작할 수 있다.

초^{炒} 차오 : 강한 불을 사용하여 기름으로 짧은 시간에 볶는 것. 중화요리에서 가장 많이 이용하는 조리법으로 영양분의 손실이 적고 재료 본연의 맛을 유지할 수 있다.
예) 청초하인^{淸炒蝦仁} 청차오샤런 : 깐 새우를 볶은 것

전^{煎} 지엔 : 소량의 기름을 두른 다음 지지거나 부치는 것
예) 생추전하^{生抽煎蝦} 성초우지엔샤아 : 새우를 간장과 기름을 두른 프라이팬에서 지진 것

소^{燒} 사오 : 기름으로 튀기거나 볶은 다음 국물을 붓고 다시 볶거나 졸이는 방법
예) 간소명하^{干燒明蝦} 깐사오밍시아 : 새우에 고추기름을 뿌리고 볶은 것
☞ 홍소^{紅燒} 홍사오는 재료에 기름과 설탕을 넣어 살짝 볶고 간장을 넣어 검붉은 색이 나도록 천천히 졸이는 방법

증^{蒸} 정 : 찌는 것
예) 청증석반어^{淸蒸石斑魚} 칭정스빤위 : 가루파^{Garoupa}[우럭]를 쪄서 뜨겁게 끓인 기름을 끼얹은 것

반^{拌} 빤 : 무치는 것
예) 량반해철^{涼拌海蜇} 량빤하이저 : 해파리무침

돈^{燉} 뚠 : 약한 불에 장시간 푹 고아 내는 것
예) 옥죽돈노호어탕^{玉竹燉老虎魚湯} 위주뚠라오후위탕 : 둥굴레[玉竹]와 쑤기미를 중탕으로 푹 고아낸 국
예)청돈우미^{淸燉牛尾} 청뚠뉴웨이 : 쇠꼬리, 술, 산초, 소금 따위를 함께 넣고 오랜 시간 삶은 것으로 우리의 꼬리곰탕과 흡사

작^{灼} 쥐 : 뜨거운 물에 데쳐내는 것으로 광동요리에서 많이 사용하는 방법
예) 백작하^{白灼蝦} 빠이줘샤 : 펄펄 끓는 물에 산 새우를 넣어 데쳐낸 것. 영어로 Steamed Shrimp라고 하기 때문에 흔히 새우찜으로 알고 있으나 찐 것이 아니고 데친 새우이다.

고^{烤} 카오 : 불에 직접 올려 구은 것으로 겉은 바삭바삭하고 속은 부드러운 특징을 가짐
예) 베이징오리구이^{北京烤鴨} 뻬이징카오야 : 베이징식 오리구이

자^{煮} 주 : 솥[鍋] 안에 재료를 넣고 센 불로 끓이다가 반쯤 익으면 중불로 바꾸고 완전히 익으면 다시 약한 불로 끓이는 방식
예) 청과자생하^{靑瓜煮生蝦} 청꽈주성샤 : 오이와 산새우를 넣고 삶은 요리

국^{焗} 쥐 : 물을 이용하지 않고 은박지 따위로 싸서 찌는 것으로 특히 소금을 이용하였을 경우는 염국^{鹽焗}이라 함
예) 염국계^{鹽焗鷄} 옌쥐지 : 소금을 발라 찐 닭요리
예) 국화화작^{焗禾花雀} 쥐허화차오 : 참새[禾花雀]의 털을 벗기고 내장을 꺼낸 다음 간장과 후추를 뿌려 간을 해두었다가 땅콩기름을 붓고 뜨겁게 달군 솥에 육수, 술, 참기름 따위를 함께 넣고 끓여 낸다.

민燜면 : 재료를 한번 볶은 다음 소량의 육수를 붓고 뭉근 불로 끓이는 것
예) 황민어시黃燜魚翅 황민위츠 : 고급 상어지느러미스프의 하나

갱羹 겅 : 고기나 야채를 찌거나 삶아서 만든 걸쭉한 스프의 일종으로 광동요리에 많다.
예) 태극소채갱太極素菜羹 타이지쑤차이겅 : 야채를 갈아서 끓인 것을 녹색과 흰색으로 태극문양을 만들어 낸 것

노滷 루 : 향신료와 간수를 사용하여 약한 불에 삶아 식힌 다음 먹는 방식
예) 노수아편滷水鵝片 루쉐이어피엔 : 간수에 삶아 넓직하게 썰어낸 거위요리

훈燻 쉰 : 연기를 쐬며 익히는 방식
예) 훈청두燻靑豆 쉰칭떠우 : 콩을 꼬투리채로 삶아 소금에 묻혀 훈제한 것
작炸 자 : 기름을 듬뿍 붓고 튀기는 방식
예) 작하구炸蝦球 자시아처우 : 저민 고기와 새우로 만든 완자에 빵가루를 묻혀 튀긴 것

  짜장면의 중국어 발음은 자장미엔炸醬麵이다. 짜장면은 춘장春醬을 돼지기름으로 볶은 것에 면을 비벼 먹는 것으로, 중국인들이 우리 입맛에 맞게 개발한 것이기 때문에 중국 현지에 가면 우리가 먹는 짜장면과 동일한 것은 없고, 북경 자장면이 있으나 장이 다르고 매우 짜서 우리 입맛에는 맞지 않는다.

유熘(또는 溜) : 뜨거운 프라이팬에 기름을 부어 달구다가 재료를 넣고 볶은 다음 녹말가루 갠 물 따위를 부어 다시 볶는 것으로 우리가 좋아하는 탕수육도 이 방식에 속한다.
예) 유어편熘魚片 류위피엔 : 생선을 살을 발라 편을 떠서 볶은 요리

보煲 빠오 : 뚝배기 같이 속이 깊은 그릇에 넣고 푹 끓이는 방식
예) 가자보茄子煲 치에쯔빠오 : 다진 돼지고기와 기름을 넣고 볶다가 가지를 넣고 끓인 음식으로 한국 사람치고 싫어하는 사람을 못 봤다.

구扣 커우 : 재료를 썰어 찜 냄비에 넣고 그 위에 조미료를 뿌려 찐 다음 밑의 국물을 다시 끼얹어 내는 방식
예) 매채구육梅菜扣肉 메이차이커우러우 : 시래기와 삼겹살의 찜

쇄涮 수안 : 육류를 얇게 썰어 신선로 모양 그릇의 끓는 육수에 살짝 데쳐 먹는 방식
예) 쇄양육涮羊肉 쏸양러우 : 양고기를 데쳐 먹는 북경요리의 하나

탕湯 탕 : 탕은 닭이 주가 되어 어류, 돼지나 쇠고기, 닭뼈, 돼지뼈 따위 육류로 만드는 탕과 야채, 콩 따위로 만드는 소탕素湯으로 나뉘는데 각각이 독립적인 요리 구실을 하기도 하고 다른 요리의 부재료로 쓰이기도 한다.
예) 산랄탕酸辣湯 쏸라탕 : 닭이나 돼지의 선지와 두부를 잘게 썰어 갈분과 식초를 넣고 끓인 맵고 새콤한 국

동凍 똥 : 한천이나 젤라틴으로 식혀서 굳히는 방식
예) 동제凍蹄 똥티 : 돼지족의 살코기를 다져서 다른 재료와 함께 섞어 익힌 것을 한천으로 굳힌 것

취醉 쮀이 : 삶은 닭이나 게를 향신료와 함께 소흥주紹興酒에 담가 맛과 향을 내는 방식
예) 주취봉익酒醉鳳翼 지우쮀이훵이 : 닭날개와 파, 생강 따위를 삶아 식힌 다

음 술, 소금 따위를 붓고 이틀쯤 재워 둔 것

외^{煨 웨이} : 한번 데치거나 튀긴 다음 전분 따위를 풀어 다시 끓여 내는 방식. 또는 뭉근 불에 천천히 삶는 방식
예) 홍외양장^{紅煨羊腸 홍웨이양창} : 양의 내장을 펄펄 끓는 물로 씻어 내어 냄새를 제거한 다음 파, 생강 따위를 넣고 뭉근 불로 반시간쯤 삶고서 다시 간장, 술, 고춧가루 따위를 넣고 반시간쯤 삶다가 전분을 풀어 낸 다.

편^{煸 삐엔} : 채소나 고기 따위를 끓는 기름에 볶아서 반쯤 익히는 방식
예) 생편초두^{生煸草頭 성삐엔차오터우} : 기름에 뜨겁게 볶다가 금화채^{金花菜}(草頭)와 소금을 넣고 살짝 볶은 다음 버섯을 더해 익힌 것

회^{燴 훼이} : 재료를 찌거나 볶은 후에 소량의 물과 전분을 풀어 끓이는 방식
예) 회생계사^{燴生鷄絲 훼이지쓰} : 닭가슴살을 가늘게 썰어 볶은 다음 약간의 전분과 계란 흰자를 풀어 끓인 것

팽^{烹 펑} : 부글부글 끓는 기름에 넣었다 꺼내는 방식으로 건팽^{乾烹}(또는 ^{干烹})은 한번 튀긴 재료에 양념이 스며들게 한 조리법. 우리나라 중국음식점의 깐풍기^{乾烹鷄}는 이 방식을 이용한 요리이다.

칼질의 종류와 명칭

중화요리뿐만 아니라 어느 나라 요리에서도 칼질에 따라 그 맛이 달라지는 것은 잘 알려진 바이다. 예를 들면 닭고기나 보신탕의 고기는 칼보다는 손으로 결대로 찢어서 먹는 것이 제 맛인 것으로 알려져 있

다. 생선을 회칠 때도 회의 맛이 칼 솜씨에 크게 좌우되는 것은 생선회나 초밥을 좋아하는 사람이라면 누구나 아는 사실이다.

그래서 앞에서 중국이 자랑하는 칼잡이를 소개한 바가 있다. 장자莊子가 전하는 포정庖丁이라는 전설적인 칼잡이는 칼 하나를 가지고 19년을 써도 칼날이 처음과 같을 정도로 절묘한 솜씨를 가지고 있다고 하였다. 누구라도 자기 직업에 정통하게 되면 우리는 그가 직업상 내보이는 솜씨에서 도道를 느끼게 된다. 포정은 칼잡이로서 도인道人의 경지에 이른 것이다. 포정해우庖丁解牛의 가르침은 비록 중국인 특유의 과장법을 사용한 허황한 이야기임에 틀림없다 해도 칼솜씨와 도교道敎의 도道가 절묘하게 어우러진 '프로예찬론'이 아닌가 생각한다.

아무튼 이 같은 칼잡이의 도사, 포정의 후예들이 노력하여 만들어낸 중화요리에는 갖가지 방식의 칼질을 나타내는 표현이 들어있다. 그러므로 우리는 이름만 보아도 그 요리에 사용된 주재료의 모양이 어떠한지를 쉽게 알 수 있는 것이다. 여기서는 칼질의 방식과 아울러 음식의 모양내기를 소개한다.

편片 피엔 : 넓적하게 썰기
예) 백육편白肉片 빠이러우피엔 : 청나라 궁중요리에서 뺄 수 없는 이 요리는 돼지고기 등심을 덩어리째 넣고 센 불에 삶다가 약한 불에서 익힌 다음 넓적하게 썰어 양념장에 찍어 먹는 것으로 우리의 편육과 흡사하다.

괴塊 콰이 : 토막치기
예) 작팔괴炸八塊 자빠콰이 : 닭고기를 토막 쳐서 파, 생강, 술, 팔각八角 따위와 함께 볶은 것

정丁 띵 : 네모나게 썰기

예) 궁보계정^{宮保鷄丁} 꿍빠오지띵 : 닭고기를 네모나게 썰어 간장을 뿌려 간을 해두었다가 마른 고추, 술, 식초, 소금 따위를 넣고 볶은 것

사^絲 쓰 : 가늘게 썰기
예) 구삼사^{扣三絲} 커우싼쓰 : 돼지고기와 햄, 닭가슴부위 살, 죽순의 세 가지를 가늘게 썰어 각각 찐 다음 봉오리모양으로 쌓아 올린 것인데 상해 사람들이 특히 좋아함

구^球 츄 또는 환^丸 환 : 공 모양으로 둥글게 썰거나 뭉쳐 만들기
예) 하구^{蝦球} 샤츄 : 새우를 으깨어 둥글게 뭉친 것.
작환자^{炸丸子} 자환즈 : 돼지고기를 다지고 생강과 파의 즙을 섞어 저은 다음 둥글게 뭉쳐서 기름에 튀긴 것

용^茸 룽 또는 니^泥 니 : 재료를 으깨고 짓이기기
예) 우니^{芋泥} 위니 : 토란을 으깨어 걸쭉하게 끓인 것
　산용^{蒜茸} 쏸룽 : 다진 마늘

송^鬆 또는 쏭^松 : 생선, 새우, 살코기 따위를 실가닥처럼 혹은 굵은 가루처럼 다지기
예) 초합송^{炒鴿松} 차오꺼쏭 : 쌀가루를 볶고 따로 비둘기 고기와 닭의 간을 콩알 만 하게 썰어 볶다가 함께 섞어 파, 생강 따위를 넣고 센 불에 다시 볶은 것으로 양상치에 싸서 먹음

조^條 티아오 : 굵은 가닥으로 썰거나 빚어 만들기
예) 유조^{油條} 여우티아오 : 밀가루반죽을 굵은 막대기 모양으로 빚어 기름에 튀긴 것

립^{粒 리} 또는 말^{末 뭐} : 가루로 만들기

단^{段 뚜안} : 비교적 두껍게 토막치기

불수^{佛手 포소우} : 사람의 손처럼 갈래를 만들기

용^{龍 룽} : 길다란 재료에 칼집을 넣어 마치 용의 몸통과 같은 느낌이 들도록 썰기

권^{卷 쥐앤} : 음식을 말아서 만들기
 예) 춘권^{春卷 춘쥐앤} : 밀가루를 얇게 민 다음 가늘게 썬 돼지고기나 닭고기, 부추, 숙주나물 따위를 속으로 만들어 넣고 둥글게 말아 튀긴 것

백절^{白切 빠이체} : 백숙으로 삶아 작은 조각으로 잘라 내놓는 방식
 예) 백절계^{白切鷄 빠이체지} : 닭을 백숙으로 삶아 토막친 요리

회^{會 훼이} : 주재료로 두 가지 이상을 모은 것
 예) 용봉대회^{龍鳳大會 룽펑따훼이} : 뱀(龍)과 닭(鳳)을 주재료로 하여 만든 스프

병^{倂 핑} : 두 종류 이상의 찬 음식[凉菜]을 한 접시에 모둠으로 내놓는 방식
 예) 금수병반^{錦繡倂盤 진슈핑판} : 해파리 데친 것, 오리고기구이, 햄, 닭고기찜 따위를 한 접시에 모둠으로 차린 것

　이런저런 음식은 최종적으로 그릇에 담겨 나온다.
　그러므로 예로부터 중국에서는 식기를 매우 중시했다. 이 식기에는 용과 봉황의 그림이 그려져 있는 경우가 많은데 용은 황제를 상징하고

봉황은 황후를 상징하였다. 또한 우리 그릇에도 자주 사용하는 희囍자 문양은 희喜자가 중복되어 쌍희雙喜 즉, 기쁨이 겹침을 뜻한다.

이밖에도 연꽃蓮花은 천국에서 피는 꽃이라 하여 많이 이용되며 식기의 가장자리에 테처럼 둘러 쳐져 있는 ㄹ자 모양의 연결무늬는 악을 쫓는 문양으로 사용하고 있다.

탕완湯碗 : 스프나 즙이 많은 요리를 담는 속이 깊은 주발
소탕완小湯碗 : 공기 정도의 작은 탕완
대원반大圓盤 : 병반倂盤 따위의 전채前菜를 담는 큰 접시
접자楪子 : 접시
반완飯碗 : 밥사발
개완蓋碗 : 뚜껑이 있는 공기
사과沙鍋 : 뚝배기
화과자火鍋子 : 우리의 신선로와 같은 형태의 음식 끓이는 금속제 그릇
탕시湯匙 : 스프를 떠먹는 작은 숟가락. 도기류가 많다.
우리나라의 고급 중국음식점에서도 스프가 나올 때 놓여서 우리나라 사람들은 일반 요리도 이것으로 떠먹지만 중국 사람들은 탕시로는 스프만 떠먹고 다른 요리는 젓가락으로 먹는다.
쾌자筷子 : 젓가락
골호骨壺 : 물고기나 고기의 뼈를 추려 담는 그릇

지역 이름과 사람 이름이 담긴 음식명

요리 이름에는 지방 이름이 흔히 보인다.
이렇게 지명이 요리이름에 들어 있으면 그 요리가 어떤 지방의 전통

요리이거나 그 지방과 특별한 관계를 가지고 있음을 알 수 있다.

경^京 : 北京^{베이징}
천^川 : 四川^{쓰촨}
진^津 : 天津^{톈진}
소^蘇 : 蘇州^{쑤저우}
월^粵 : 廣東(월은 광뚱의 줄인 이름)
호^滬 : 上海(호는 상하이의 줄인 이름), 또는 상
노^魯 : 山東(노는 산뚱의 줄인 이름)
민^閩 : 福建(민은 푸젠의 줄인 이름)
상^湘 : 湖南(상은 후난의 줄인 이름) 또는 후
악^鄂 : 湖北(악은 후베이의 줄인 이름)
예^豫 : 河南(예는 허난의 줄인 이름)

그러므로 이상의 이름을 참고하면 우리는 중국음식점의 간판 한 귀퉁이에 씌어 있는 글자만 보아도 그 음식점이 어떤 지방의 음식을 전문적으로 취급하는지 알 수 있게 된다. 대개 지방을 나타내는 줄임말에 요리를 뜻하는 채^菜자를 다음과 같이 붙여서 표현한다.

징차이^{京菜} : 베이징식 요리
웨차이^{粵菜} : 광뚱식 요리
후차이^{滬菜} : 상하이식 요리
루차이^{魯菜} : 산뚱식 요리
민차이^{閩菜} : 푸젠식 요리
커차이^{客菜} : 커자식 요리

또 상당수 음식점은 아예 음식점 이름으로 지역을 나타내는 표현을 쓰기도 한다.

차오장춘^{潮江春} : 차오저우^{潮州}식 음식점
후장춘^{滬江春} : 상하이식 음식점
뚱팅러우^{洞庭樓} : 후난식 음식점(뚱팅후는 후난에 있는 호수이다)
진장춘^{錦江春} : 쓰촨식 음식점(쓰촨의 수도인 청뚜^{成都}의 옛 이름 진청^{錦城}에서 따온 이름)

그리고 많은 요리에는 그 요리와 관계가 깊은 도시 이름이 붙기도 한다.

양저우^{揚州} : 장쑤^{江蘇} 성의 한 도시. 옛날부터 음식으로 유명
진링^{金陵} : 난징^{南京}의 옛 이름
진화^{金華} : 저장^{浙江} 성의 한 도시. 중국식 햄으로 유명
뚱장^{東江} : 광뚱^{廣東} 성의 한 도시
시후^{西湖} : 저장성 항저우^{杭州}에 있는 크고 아름다운 호수
스치^{石岐} : 홍콩의 한 지방 이름으로 식용 비둘기의 사육지로 유명(광뚱 사투리로는 섹키)
바이윈^{白雲} ; 광뚱 광저우시 인근 산 이름
원창^{文昌} : 하이난^{海南}의 현^{縣} 이름으로 송미령 자매의 고향으로 문창계^{文昌鷄}가 유명하다.

주법 酒法

일상 생활 풍속에서 중국인들은 술과 매우 가깝다. 명절 때는 예외 없이 술을 마시며 서로 축하하는 자리를 갖고 평상 생활에서도 이런저런 구실을 붙여 술자리를 자주 만든다.

자식을 낳으면 백일이 되는 날을 맞아 '백일주百日酒'를 준비해 일가친지들을 초청하는데, 초대받은 이들은 각자 선물을 가지고 찾아와 아이의 백일을 축하하고 술자리를 즐겼다.

아이를 낳으면 부근의 절이나 도교 사원을 찾아 스님이나 도사에게 이름을 받고 집에 돌아와 일가친지들을 모신 가운데 조상에게 제상을 차려 놓고 술자리를 베푸는데, 이 술을 '기명주寄名酒'라고 한다.

수주壽酒는 노인들에게 올리는 술자리인데 50, 60, 70세 등 생일을 맞아 일가 친지들을 초청해서 장수를 기원하며 함께 주연을 갖는다.

'상량주上樑酒'와 '진옥주進屋酒'는 모두 집짓기와 관련이 있는 의식인데 대들보를 올리는 날 마시는 술이 상량주이고, 집에 처음 입주하

수주를 맞아 활짝 웃는 노인과 가족들

면서 마시는 술이 진옥주이다. '개업주^{開業酒}'는 영업을 처음 개시하면서 갖는 주연이고, '장행주^{長行酒}'는 먼 길을 떠나는 친구를 위해 베푸는 술자리이다. 이렇게 보면 술자리 만드는 핑계는 그들도 우리와 크게 다를 것이 없는 풍속이라 하겠다. 그러나 중국 사람들의 술 마시는 예법은 우리와 비슷하면서도 사뭇 다른 점 또한 적지 않다.

첫째, 자기 잔을 남에게 돌리지 않는다

우리는 경주의 포석정^{鮑石亭}에서도 알 수 있듯이 잔을 주고받는 문화권에 속한다. 잔에 서로 입을 대고 마심으로써 상하 또는 동료 간에 일심동체를 확인하는 것이 우리다. 그러나 중국인은 각자 자기 잔을 따로 사용하는 문화권에 속한다. 대부분의 민족이 여기에 속하지만 유독 우리는 비위생적이라 할 수 있는 주고받기 문화권에 속한다. 물론 위생적이냐 아니냐를 따지는 것은 무의미하다. 찌개에 이 사람저 사람이 숟가락을 함께 넣고 퍼 먹는다든가 잔을 여기저기로 돌리면서 입을 맞대는 것은 끈질긴 우리의 문화 전통일 뿐이다. 동남아나 중동지역 대부분의 나라에서는 한 접시에 담긴 음식, 심지어 국물이 뚝뚝 떨어지는 볶음요리도 한 자리에 둘러 앉아 모두 밥알이 붙어 있는 맨손으로 먹고 있지만 어느 누구도 이를 비위생적이라 생각하지 않는 것과 마찬가지이다. 그러므로 굳이 내 잔을 중국인에게 돌리려면 먼저 우리나라의 잔 돌리는 습관에 대해 양해를 얻어두는 것이 좋다. 자칫 마치 내가 윗사람으로서 아랫사람에게 하사를 하는 듯한 오해를 불러일으키지 않도록 말이다.

그리고 한국 사람을 많이 접해본 중국인들은 나름 알고 있지만 중국인들은 폭탄주(중국인들은 작탄주^{灼彈酒}라고 함)에 그다지 익숙하지 않다. 경험자들은 약간의 두려움으로, 초보자들은 호기심으로 폭탄주 잔을 받는데 아무래도 폭탄주가 일상적인 우리보다는 약하다는 생각이다. 필자는 전에 청도의 장모 당서기가 베푸는 만찬에서 평소 주량이 소문난 호주가였던 그가 마오타이와 칭다오 맥주로 만든 폭탄주 열댓 잔에 취하여 화장실 가는 문을 잘 못 찾고 벽을 긁자 수하의 시장이 내게 쫓아와 연회를 그만 끝내자고 제의하는 것을 경험한 적이 있다. 중국과 인연을 맺은 지 20여 년에 필자로서도 처음 겪는 황당한 일이었지만, 윗사람의 실수를 방지하고자 하는 부하 공무원의 마음 씀씀이에 감탄을 하고 연회를 중도에 파한 적이 있었다.

둘째, 남의 잔은 조금만 비워도 채워야 한다

우리는 완전히 비우지 않은 상대방의 잔에 술을 채우지 않는 것이 관례다. 혹시 남은 잔에 채우면 퇴주잔이나 첨잔이라며 기분 나빠하기도 한다. 술이 약한 사람들이 간혹 술을 바닥에 남긴 채로 술을 받는 수가 있으나 혹시라도 알게 되면 한마디쯤 싫은 소리를 들어야 한다. 그러나 중국에서는 다르다. 잔을 들어 조금이라도 마시면 잽싸게 마신 만큼 채운다. 이것을 소홀히 하면 상대방에게 관심이 없는 것으로 오해 받을 소지가 다분하다. 그러므로 더 마실 생각이 없으면 잔에 술이 가득 찬 채로 대화만 즐기면 된다.

셋째, 새로운 요리가 나오면 술을 마신다

우리는 새로운 요리가 나오는 것과 술 마시는 것에 별다른 관계를 두지 않는다. 그러나 중국인들은 새로운 요리가 나오면 "신차이라이新菜來!", 즉 "새로운 요리가 나왔네요!"라고 하면서 건배를 하기 마련이다. 이것은 새 요리가 나오는 기회를 이용해 술자리의 분위기를 살리자는 뜻과 함께 음식을 먹기 전에 입맛을 돋우는 효과도 노리는 것 같다.

넷째, 과음하지 않는다

우리는 음식점에서 과음을 하는 경우가 많다. 2차를 가기 전에 이미 음식점에서 식사를 하는 과정에 벌써 취하곤 한다. 2, 3차에서 술이 취하는 것은 별도로 하고 말이다. 그러나 중국인들은 산동이나 동북지방 사람이 아니면 대개 지나친 과음을 하지 않는다. 술이 사람을 취하게 하는 것이 아니라 사람이 스스로 취한다는 것이 그들의 기본 생각이다. 자리를 함께 한 사람들도 강제로 권하지 않고 자신의 능력껏 마신다. 그러므로 술주정뱅이도 적을 수밖에 없다.

중국인들에게 '배배주흘과가당(杯杯酒吃垮家當) 모모우타습의상(毛毛雨打濕衣裳)'이라는 말이 있다. '한잔 한잔 조금씩 마시는 술에 집안 재산 다 털어먹고 조금씩 내리는 비에 옷이 다 젖는다'는 뜻이다. 우리 속담으로 하면 '가랑비에 옷 젖는다'는 식이다. 만리장성의 붕괴도 벽돌 하나부터 시작한다는 얘기일 것이다.

물론 이런 것이 앞에서 소개한 바와 같이 공자의 가르침 때문만은 아니다. 왜냐하면 어차피 우리도 똑같은 유교 문화체계 속에서 살아온 까닭이다. 어쨌든 중국인들은 기분 좋고 식탁이 들썩거리도록 호쾌하게 마셔도 다른 사람을 불쾌하게 만들지는 않는다. 이런 점은 우리도 배웠으면 싶다.

우리는 서울의 도심지 음식점이나 유흥가 곳곳에서 술에 취해 고래고래 소리 지르거나 방뇨하고, 주위 사람들과 시비를 거는 사람을 쉬 볼 수 있다. 그러나 그런 추태는 중국인들에게는 구경거리가 된다. 그리고 만찬자리에서 주사를 부렸다가는 다시 상종 못할 사람으로 평가받기 십상이다. 혹시라도 취하게 되면 참았다가 집이나 호텔에 돌아가 거꾸러지는 것이 상책이다.

공자의 가르침을 다시 한 번 되새겨 보자.

술에 정해진 주량은 없지만 취해서 흐트러지는 데까지는 이르지 않는다 惟酒无量不及亂

사람이 말이 많고 망언을 함은 모두 술에 기인한다 言多語失皆因酒

다섯째, '깐뻬이乾杯!' 하면, 정말로 건배한다

우리는 술자리에서 흥이 나면 자주 건배를 외친다. 기분이 내키면 한 번도 아니고 여러 번 잔을 부딪치며 건배를 하는 것이다. 그러나 대부분의 참가자들은 건성으로 건배를 외칠 뿐 술잔을 살펴보면 그저 조금 비웠을 뿐이다. 우리에게 건배라는 말은 영어로 이야기하면 Cheers!에 해당할 뿐이다. 그러나 중국인들은 깐뻬이乾杯! 하면 반드시 잔을 비우는 것이 원칙이다. 왜냐하면 잔을 "비우자^{乾杯}"고 하였으니 말 그대로 잔을 비워야 한다는 것이다. 심지어는 잔을 머리 위에 거꾸로 세워 턴 다음 잔이 비었음을 보여주기까지 한다.

물론 요즘은 중국 사람들도 마시는 시늉만 하는 경우도 적지 않다. 특히 장강 이남 사람들은 술 마시기를 그리 좋아하지 않아서 소흥주를 가볍게 마실 정도이고 백주 계통의 독한 술은 거의 마시지 않는다. 다만 홍콩에서는 꼬냑을 비교적 좋아해서 특이하게도 얼음을 채워 마시는 방식(Under Rock)을 선호하는 사람들이 많아서 프랑스로서는 대단히 중요한 수출국이었는데 80년대말 프랑스의 모 일간지에서 이것을 비꼬는 기사를 싣는 바람에 불매운동이 벌어져 프랑스의 꼬냑 수출업자와 관계 고위 공무원들이 진사사절단을 구성해 사과를 하고 돌아간 적이 있을 정도였다. 그러나 꼬냑도 그야말로 홀짝거리는 정도지 우리처럼 한 자리에서 한두 병을 비우는 일은 거의 없다.

건배 할 때에 주의할 것 몇 가지

하나는 술자리에는 아무래도 직위로나 나이로 보아 윗사람이 있기 마련이다. 그리고 연회를 베푸는 사람은 가운데 상석에 앉는 것이 보통이다. 아무래도 술자리의 분위기는 이 상석을 중심으로 이루어진다. 중국인과의 술자리에서는 이 핑계, 저 핑계로 건배를 자주하게 되는데, 이때는 스스로를 낮추어 가급적 상대방 잔의 아래쪽에 내 잔을 부딪치는 것이 좋다. 때로는 서로 낮추다 보면 모든 잔들이 탁자의 바닥에 닿아 더 이상 내려갈 수 없는 상황이 종종 벌어진다. 이것이야 동양식의 겸양지덕이니 보기 나쁜 모습이라고 할 수 만은 없다.

상이 너무 커서 손이 닿지 않는 경우, 예를 표하고 싶은 사람에게 직접 다가가 건배를 하거나 술잔을 채우고서 건배를 해도 좋고, 다가갈 형편이 못될 경우는 제자리에서 왼 손바닥을 내 잔의 밑에 두고 잔을 들면서 고개를 가볍게 숙여 예를 표하면 된다.

또 경우에 따라서는 상대방이 멀리 있어 잔을 부딪치기가 어려울 경우, 잔을 탁자에 가볍게 부딪치며 마음을 전한다는 뜻으로 '꿔디엔過電!'하거나 인터넷에 내 마음을 올린다는 뜻으로 '상왕上網!'이라 하는 수도 있다.

또한 술자리가 무르익으면 주위를 돌아다니면서 술을 권할 필요가 있다. 우리도 그렇지만 특히 중국인들의 술자리는 다소 시끄럽고 부산스러운 느낌이다. 옛날에는 주령酒令이라 하여 여러 가지 방법으로 내기를 걸어 벌주를 마시게 하는 등 술자리 흥을 돋우는 놀이가 따로 있을 정도로 그들은 술자리의 분위기를 중시했다. 중국인들과 갖는 만찬자리가 떠들썩한 분위기인 것은 이런 까닭이다. 좀 시끄러우면 어떤가. 모름지기 술자리는 술자리답게 유쾌하고 즐거워야 하지 않겠는가.

물론 그렇다고 해서 그들이 우리와 전혀 다른 인간은 아니다.

술은 좋은 친구와 만나면 천 잔으로도 부족하고 말은 마음이 맞지 않는 사람과는 반 마디도 많다(酒逢知己千杯少 話不投機半句多)고 생각하는 사람들이 그들이다. 그러므로 기분이 맞으면 술 배는 따로 있다(酒有別腸)고 하며 권하기도 한다. 그런가 하면 술을 마셔야 속마음을 털어 놓는다(酒後吐眞言)고 생각하는 것도 마찬가지이다.

그래서 중국에서 굴삭기판매 1위의 신화를 만들어내며 우리나라 D사의 신강자치구 대표로 있던 모씨가 처음 시장을 개척할 당시, 공략하기 어렵던 거래처 대표와 밤을 새워 술을 마신 끝에 쓰러졌다가 사흘 만에 혼수상태에서 깨어나, 친구로 인정받고 큰 거래를 성사시켰다는 전설 같은 이야기도 전해진다. 사나이 대 사나이로서 우정에 크게 일조를 한 경우다.

다만 절주를 당부하는 뜻은 웬만하면 자신의 주량을 생각해 스스로 절제하는 습관이 몸에 밴 것이 일반적인 중국인들의 음주문화인 까닭에, 너무 우리식의 주법을 강요해 어색한 분위기로 만들거나 자제를 하지 못해 크게 취해 돌이킬 수 없는 실수를 저지르면 안된다.

자, 술자리가 이렇게 거나해졌으면 이 정도로 파하고 이제 다향을 음미할 만하다.

술상 위의 중국

초판 제1쇄 발행 2016년 9월 15일
초판 제2쇄 발행 2016년 11월 15일

지은이 고광석

펴낸이 김현주

편집장 한예솔
교 정 김형수
디자인 노병권
마케팅 한희덕
펴낸곳 섬앤섬

출판신고 2008년 12월 1일 제396-2008-000090호
주소 경기도 고양시 일산동구 백석로 119, 210-1003호
주문전화 070-7763-7200 **팩스** 031-907-9420
전자우편 somensum@naver.com
출력 나모 에디트(주)
인쇄 우진테크(주)

ISBN 978-89-97454-21-1 03910

이 책의 출판권은 '섬앤섬' 출판사가 소유합니다. 저작권법에 따라 보호를 받는 저작물이므로 무단 전재와 복제를 금합니다.